비트코인 투자
무작정 따라하기

비트코인 투자 무작정 따라하기
The Cakewalk Series – Bitcoin Investment

초판 1쇄 발행 2025년 12월 20일
초판 2쇄 발행 2025년 12월 30일

지은이 오태민
발행인 이종원
발행처 (주)도서출판 길벗
출판사 등록일 1990년 12월 24일
주소 서울시 마포구 월드컵로 10길 56(서교동)
대표 전화 02)332-0931 | **팩스** 02)323-0586
홈페이지 www.gilbut.co.kr | **이메일** gilbut@gilbut.co.kr

기획 및 책임 편집 박윤경(yoon@gilbut.co.kr) | **디자인** 박상희 | **마케팅** 정경원, 김진영, 박민주, 류효정
유통혁신 한준희 | **제작** 이준호, 손일순, 이진혁 | **영업관리** 김명자, 심선숙, 정경화 | **독자지원** 윤정아

교정교열 최원정 | **전산편집** 예다움 | **일러스트** 정민영
CTP 출력, 인쇄, 제본 금강인쇄

▶ 이 책은 저작권법의 보호를 받는 저작물로 이 책에 실린 모든 내용, 디자인, 이미지, 편집 구성은 허락 없이 복제하거나 다른 매체에 옮겨 실을 수 없습니다.
▶ 인공지능(AI) 기술 또는 시스템을 훈련하기 위해 이 책의 전체 내용은 물론 일부 문장도 사용하는 것을 금지합니다.
▶ 잘못 만든 책은 구입한 서점에서 바꿔 드립니다.

ⓒ오태민, 2025

ISBN 979-11-407-1700-2 13320
(길벗도서번호 070562)

정가 20,000원

독자의 1초를 아껴주는 정성 길벗출판사

(주)도서출판 길벗 IT단행본&교재, 성인어학, 교과서, 수험서, 경제경영, 교양, 자녀교육, 취미실용 www.gilbut.co.kr
길벗스쿨 국어학습, 수학학습, 주니어어학, 어린이단행본, 학습단행본 www.gilbutschool.co.kr

비트코인 투자 무작정 따라하기

오태민 지음

길벗

프롤로그

아직도 비트코인을
제대로 모르는 당신에게

2025년 9월, 블록체인에 대해 수년간 침묵만 하던 구글(알파벳)이 갑자기 큰 발표를 했다. AI 에이전트가 사람 대신 결제를 수행하는 '에이전트 결제 프로토콜(AP2)'을 공식 발표한 것이다. 여기에는 스테이블코인 같은 암호화폐 결제 방식도 포함된다.

업계 보도에 따르면 구글은 자체 블록체인 '구글 클라우드 유니버설 레저(GCUL)'도 개발 중이라고 한다. 금융기관들이 활용할 수 있는 중립적 인프라를 만들겠다는 의지이다.

이는 갑작스레 비트코인 상승장을 타고 등장한 프로젝트가 아니다. 구글은 오래전부터 블록체인 가능성을 탐색해왔고, 이더리움 창시자 비탈릭 부테린을 영입하려 했던 사실도 알려져 있다. AI와 금융, 스테이블코인을 결합하는 이번 전략은 결국 글로벌 금융·상거래 시스템이 디지털 자산 중심 구조로 변화하기 시작했음을 의미한다.

여기서 '블록체인이 혁신 기술이고 유망하다는 것은 알겠지만 비트코인과 블록체인은 다르지 않나?'라고 의문을 가지는 사람도 있을 것이다. 이 주장은 일면 타당하지만 심각한 오해를 불러일으키기도 해서 많은 사람들에게서 좋은 투자 기회를 앗아가기도 했다. 이들의 논리를 잠시 살펴보자. 블록체인은 정보가 투명하게 공개되고 하나의 거대 정부나 기업에 의해 좌우되지도 않는다. 그래서 블록체인 자체는 혁신 기술로서 의미가 있지만 블록체인 기술로 만들어진 비트코인은 우리가 알던 기존의 화폐 정의에 부합하지 않고 국가가 보증하지도 않는 데다 투기적 수요만 있어서 사람들의 근로 의욕과 건전한 투자 습관을 훼손한다고 보는 것이다. 이런 대중적 생각에 미디어와 정부가 합세해서 오랫동안 '비트코인은 나쁘지만 블록체인은 좋다.'라는 간트라(주술)가 일반적인 사람들의 생각을 지배해왔다.

그렇다면 그 좋은 블록체인에 대해서 구글이나 빅테크 기업들은 왜 그토록 오랫동안 침묵했을까? 왜 비트코인을 제외하고는 글로벌 대중들의 일상을 뒤흔드는 이렇다 할 블록체인 플랫폼이 등장하지 않고 있을까?

이런 합리적인 질문을 몇 가지 계속 던지다 보면, 블록체인의 시작점, 혁신성 등 비트코인에 대해 우리가 무언가를 놓치고 있는 건 아닌가 하는 생각에 도달하게 된다. 결국, 현실에 부합하는 질문은 다음과 같다.

- 비트코인은 왜 살아남았을까?
- 비트코인은 왜 날로 커지고 있을까?
- 왜 빅테크 기업들은 비트코인을 주시하기만 하다가 미국이 비트코인을 제도화한 이후에 크립토(혹은 블록체인) 프로젝트를 본격화하려는 것일까?
- 비트코인과 금융혁신 사이에는 므슨 연결고리가 있을까?

이 책은 바로 이 질문들에 대한 답을 독자가 이해하기 쉽게 풀어내기 우해 쓰였다. 물론, 이 질문에 대한 해답을 얻지 못해도 비트코인은 적당히 출렁이는 금융투자 상품으로서 투자자들의 이목을 끌 수 있다. 언제 없어질지 모르지만 그게 당장 내일 일어날 일만 아니라면 남들이 좋게 생각하는 동안 샀다가 여론이 나빠지면 파는 식으로 꽤 그럴듯한 투자 이윤을 얻을 수도 있을 것이다. 실제로 지난 십수 년 동안 이런 식으로 비트코인 투자에 접근한 사람들이 많고, 그들 중 일부는 큰 수확을 거두기도 했다. 이런 투자자들은 비트코인에 대해 너무 진지하게 생각해서 '이 새로운 현상을 논리적으로는 도저히 납득할 수 없으므로 수용하지 못하겠다.'라고 거부했던 이들보다는 훨씬 나은 처지라고 말할 수도 있겠다.

그러나 경험을 돌이켜보면, 비트코인을 일찍 접했고 투자도 했으나 비트코인이 던지는 질문에 진지하게 다가가지 않았던 이들은 대부분 몇 배 안 되는 수익률에 만족하고 떠나갔다. 그들이 다시 투자를 시작할 수도 있었겠으나 자신이 수천만 원에 팔아버린 자산을 수억 원을 주고 다시 산다는 것은 결코 쉬운 일이 아니다.

비트코인의 미래 가치가 크지 않다면 몇 배의 수익률을 얻고 떠난 이들이 너무 진지하게 접근하느라 접근조차 하지 않았던 이들보다 결과적으로 더 낫다고 보아야 한다. 하지만 비트코인이 미래에도 중요한 자산이고 이제 시작에 불과하다면 오히려 진지하게 접근하다가 기회를 놓친 이들에게 희망이 있다. 논리적으로 납득하지 못해서 접근하지 않았던 투자자라면 거꾸로 논리적으로 납득만 한다면 투자할 수 있고 한번 투자하기가 어렵지 시작만 한다면 가벼운 일로 흔들리지 않을 수 있기 때문이다.

이 책은 비트코인 초보 투자자를 위해 쓰였기 때문에 사고파는 가벼운 투자에 대해서도 다룬다. 그러나 이 책이 전달하고자 하는 메시지는 '비트코인은 미래에 중심적 역할을 하는 자산이다'라는 것이다. 그렇다면 사고파는 것보다는 적절한 타이밍에 투자를 시작해서 피치 못할 사정이 생기기 전까지 장기적으로 모아가야 하는 자산이다. 만약 내 주변 지인들이 11년 전 나의 권유로 시작한 비트코인 투자를 지금까지 고수했다면 300배가 넘는 수익률에

도달했을 것이다. 그러나 그들은 기껏해야 2~3배에 만족하고 비트코인을 떠났다.

언제나 그렇듯 선택은 각자의 몫이다. 비트코인이라는 이름이 지구촌 시민들의 머릿속에 각인된 지도 10년이 되어가고 있다. 몰라서 기회를 놓쳤다는 건 말이 안 되는 변명이다. 제대로 몰라서 기회를 놓쳤던 것이고 사실은 제대로 알려고 하지 않았다는 것이 더 맞다.

제대로 알기만 하면 장기적 인생을 바꿀 수도 있는 투자 대상으로서 비트코인은 아직도 기회의 엘도라도이다. 왜냐하면 대다수의 지식인들은 비트코인의 의미와 비트코인이 가져올 혁신에 대해 여전히 둔감하기 때문이다. 그들이 모두 인정할 날은 결코 오지 않을 수도 있으나 최근 몇 년 동안 비트코인을 무시하던 지식인들의 태도가 조금씩 바뀌고 있다. 아직 대중들의 눈에 띄지 않을 정도로 미미하다는 것은, 이제 시작이라는 뜻이기도 하다.

이 책이 너무 늦지 않게 독자에게 전달되기를 바라는 이유이다.

오태민

차 례

프롤로그 – 아직도 비트코인을 제대로 모르는 당신에게   004

준비마당   비트코인 투자의 기본기 익히기

001   비트코인이란 무엇인가?   018
    가상화폐? 암호화폐? 비트코인의 개념 이해하기   018

002   비트코인은 어떻게 생겨났을까?   020
    이골드의 성공과 좌절   021
    비트코인 개념의 등장   022
    이골드와 비트코인   023
    비트코인과 도덕경   024
    달에 보낸 금, 비트코인   025
    사토시 나카모토와 이중지불 문제   026
    잠깐만요   베히스툰산과 인류 최초의 '변경 불가능한' 등기소   030

003   비트코인의 발행량은 정해져 있다   031
    2,100만 개로 한정된 비트코인의 발행량   031
    발행량의 한정과 희소성의 특징   034

004   비트코인의 사이클 이해하기   036
    온체인 데이터의 대표주자, 해시레이트   037
    잠깐만요   비트코인 관련 사이트   038
    MVRV Z-Score: 고평가와 저평가를 나타내는 지표   038
    기타 확인해야 할 신호   040

005   비트코인의 경제적&지정학적 의미   044
    트럼프는 왜 비트코인과 달러 스테이블코인에 주력하는가?   044
    미국 국가 부채의 위기   044

중국의 도전과 미국 국채 · 045
잠깐만요 비트코인과 달러 스테이블코인의 연관성 · · · · · · · · · · · · · · · · 046
비트코인, 국가 부채를 담보할 수 있을까? · 047
러시아-우크라이나 전쟁 : 탈달러화의 강력한 촉매제 · · · · · · · · · · · · · 048
러시아의 비트코인 전략 : 제재 우회와 탈달러화 · · · · · · · · · · · · · · · · · 049
BRICS와 탈달러화 · 051
지정학적 자산으로서의 비트코인 · 052
잠깐만요 거래상대방 위험(Counterparty Risk) · · · · · · · · · · · · · · · · · · · 052

006 금·달러·비트코인의 상관관계와 새로운 자산 패러다임   053
하버드대학교 투자 결정의 의미 · 053
달러·금·비트코인의 상관관계 · 054
잠깐만요 포트폴리오 위험의 2가지 종류 : 체계적 위험과 비체계적 위험 056
비트코인은 안전 자산이다 · 057
비트코인은 비상관 자산이다 · 058

첫째마당 비트코인 투자 전에 꼭 알아야 할 것들

007 라면박스처럼 쌓이는 거래 기록의 비밀, 블록체인   062
블록은 무엇인가? · 062
왜 여러 서버(컴퓨터)가 필요한가? · 064
잠깐만요 해시 함수의 마법 · 066

008 누가, 왜, 어떤 대가로 블록을 만드는가? 채굴과 보상   067
전기 소모와 보상의 원리 · 067
블록체인의 충돌과 정리 : 포크, 와이프아웃, 그리고 코인베이스의 성숙 068
채굴의 근본 원리 : 비용 투입과 분산 · 069
전기 소모의 의미 : 전기의 금융화 · 071

부탄이 비트코인을 채굴하는 이유	071
채굴 보상이 사라진 이후, 비트코인은 안전할까?	073

009 지갑 주소, 개인키, 거래의 실제 흐름 — 076
- UTXO에 기반한 비트코인 거래 — 076
- 비트코인의 마지막 보루, 자기 보관 지갑 — 079
- 주소, 공개키, 개인키, 트랜잭션 이해하기 — 081
- 상속의 딜레마와 비밀키 헌팅 — 084
- **잠깐만요** 비트코인 가격 변동과 반감기 연표 — 086

010 하드포크의 개념과 비트코인의 생존력 — 087
- 양자컴퓨터의 위협: 비트코인의 보안을 뚫다 — 087
- 비트코인은 양자컴퓨터의 위협에 어떻게 대응할까? — 089
- 비트코인 업그레이드의 역사: 분열과 통합 — 089
- **잠깐만요** 양자컴퓨터 채굴은 비트코인을 무너뜨릴까? — 092
- **잠깐만요** 용어 정리 — 093

둘째마당 › 비트코인 투자 시작하기

011 거래소별 특징과 계좌 개설 방법 — 096
- 비트코인 투자 프로세스 이해하기 — 096
- 거래소별 특징: 업비트, 빗썸, 코인원, 코빗, 바이낸스 — 097
- 계좌 개설 방법 — 102
- **무작정 따라하기** 계좌 개설하기 — 104
- **무작정 따라하기** 투자 시작하기 — 105

012 비트코인 ETF 승인 — 107
- 비트코인 ETF 승인은 제도권 진입의 전환점 — 107

ETF의 오랜 열망과 SEC의 끈질긴 반대	108
법원의 판결과 SEC의 '마지못한' 항복	109
비트코인 ETF의 폭발적인 성과와 시장의 변화	110
비트코인 투자 대중화의 관문	112

013 비트코인을 안전하게 보관하는 법 – 개인키 직접 소유하기 — 114

가장 완전한 개인키 보관법	115
버리는 노트북, 파이선과 AI 그리고 커리는 프린터	115
잠깐만요 LTM코인	126
덜 완전하지만 유용한 '콜드월렛'	127
편리하지만 위험하기도 한 핫월렛	131

014 비트코인 투자 전 해야 하는 마음수련 — 133

비트코인, 사긴 쉬워도 '버티긴' 어려운 이유	133
공부 없는 믿음은 불신보다 위험하다	134
지루함을 견디는 자가 기회를 잡는다	135

셋째마당 비트코인과 세금·규제 이해하기

015 비트코인 투자 전 반드시 알아야 할 과세 제도 — 138

과세의 형평성 문제	138
CARF(암호자산 보고기준)	139
투자자라면 꼭 알아야 할 제도적 기반	140

016 비트코인 투자 시 알아야 할 세금: 양도소득세와 증여세 — 143

가상자산 양도소득세	143
가상자산 증여세	144
해외자산 신고의무	145

017 **거래소와 자산보호: 소비자 보호 장치의 유무**   **147**
    거래소 보안과 투자자의 자기 방어 원칙   147
    FTX 사태: 역외거래소 리스크의 현실   148

018 **글로벌 규제 환경: 미국, 유럽, 일본**   **151**
    미국   151
    유럽연합(EU)   153
    일본   154

넷째마당 비트코인 실전 투자 전략

019 **단기투자와 장기투자**   **158**
    사이클을 이해하는 투자 전략은 무엇인가?   158
    매도는 '결정'이 아닌 '관점'이다   160

020 **반감기와 유동성, 그리고 인간 심리의 반복**   **162**
    사이클 기반의 분할 매수·매도 전략   162
    잠깐만요 비트코인 투자 시 지켜야 할 원칙 6가지   164

021 **온체인과 차트를 함께 읽는 법**   **165**
    주식 투자와 비트코인 투자에서 차트 분석의 같은 점과 다른 점   165
    실전 차트 매매 방법   167
    비트코인 시장을 읽는 3가지 지표: 미결제약정·펀딩비율·청산 규모   169
    잠깐만요 크립토 데이터 분석 플랫폼   170
    잠깐만요 2025년 10월 초, '레버리지 연쇄 청산' 사태   171

다섯째 마당: 비트코인 이후, 확장되는 블록체인 세상

022 이더리움: 세계 컴퓨터를 꿈꾸는 블록체인 — 174
- 거대한 가상 컴퓨터 이더리움의 변천사 — 174
- 이더리움의 탄생: '세계 컴퓨터'를 향한 야심 — 175
- 초기 성장과 ICO 붐: 가스비 폭등의 시작(2017~2018년) — 176
- 더 다오 해킹과 이더리움 클래식의 뿌리: '코드 이즈 로'의 시험대(2016년) — 177
- 확장성 문제의 심화와 '이더리움 2.0'의 시작(2019~2021년) — 178
- 더 머지(The Merge): PoW에서 PoS로의 대전환(2022년) — 179
- 잠깐만요 PoS 전환 이후 드리운 그림자: MEV 공격과 구조적 취약성 — 180
- 이더리움, '본질 회귀'를 선택하다 — 181
- 이더리움의 미래: 엔드게임과 레이어2의 역할 — 182
- 자산 토큰화와 월가의 선택 — 183

023 솔라나: 이더리움의 약점을 겨냥한 초고속 블록체인 — 186
- 속도와 확장성 경쟁 — 186
- 이더리움의 딜레마와 솔라나의 등장 배경 — 186
- 아키텍처(구조) 비교 — 187
- 생태계 비교: 깊이와 넓이의 차이 — 188
- 투자자의 핵심 고려 요소: 초기 코인 분배와 투명성 — 189
- 솔라나의 성장과 이더리움의 진화 — 191

024 글로벌 등기소, NFT 이해하기 — 192
- UTXO 호텔 비유로 풀어보는 NFT — 192

025 트럼프 2기 정부의 선택, 달러 스테이블코인 — 195
- 미국 국채 조달과 달러 패권 확장의 전략적 도구, 달러 스테이블코인 — 196
- 비트코인과 스테이블코인의 지정학적 의미 — 197
- 달러 스테이블코인과 은행망의 해체 가능성 — 199

026 기업형 블록체인의 원조, 리플 — 201
    은행을 위한 비트코인 — 201
    영욕의 역사: 오해와 조롱, 그리고 소송 — 203
    기업 경영과 코인 판매: 새로운 자금 조달 모델 — 203
    미국의 애국주의 물결 속 리플: 스토리를 잃고 가격을 얻다 — 204
    '달러 스테이블코인'이 리플 서사의 허구를 드러내다 — 205
    기업형 블록체인의 원조 — 207
    얄밉고 기민한 2등주의, JP모건의 크립토 전략 — 208
    잠깐만요 XRP 초기 투자자들의 '투매'와 스텔라 분리의 여파 — 209

027 자산의 토큰화: 모든 금융이 온체인으로 이동한다 — 210
    국가 주도의 온체인 금융 혁신, SEC의 프로젝트 크립토 — 211
    궁극의 디지털 담보이자 미래 금융의 기축 인프라, 비트코인 — 212
    비트코인 레포: 무한 등비수열로 작동하는 새로운 금융 엔진 — 213

비트코인 투자 무작정 따라하기

001 비트코인이란 무엇인가?
002 비트코인은 어떻게 생겨났을까?
003 비트코인의 발행량은 정해져 있다
004 비트코인의 사이클 이해하기
005 비트코인의 경제적&지정학적 의미
006 금·달러·비트코인의 상관관계와 새로운 자산 패러다임

비트코인 투자의
기본기 익히기

001
비트코인이란 무엇인가?

가상화폐? 암호화폐? 비트코인의 개념 이해하기

비트코인 투자자가 많이 늘었다고 해도 여전히 가상화폐, 가상자산, 암호화폐, 비트코인의 개념에 대해 제대로 설명할 수 있는 사람은 그리 많지 않다. 비트코인을 제대로 이해하려면 먼저 가상화폐의 개념부터 이해해야 한다.

가상화폐는 온라인에서만 존재하는 디지털 화폐를 통칭하는 말이다. 게임 속에서 쓰는 게임머니, 포인트, 사이버머니 등도 모두 가상화폐에 포함된다. 현실의 지폐나 동전처럼 실물이 없고 컴퓨터 시스템 안에서 숫자로만 존재한다는 점이 특징이다.

암호화폐는 가상화폐 중에서도 암호학적 기술을 사용해 보안성과 신뢰성을 높인 화폐를 뜻한다. 거래를 기록할 때 블록체인 기술을 이용해 위·변조를 막으며 중앙기관 없이도 거래가 이루어지도록 설계되어 있다. '디지털 화폐' 중에서도 특히 신뢰성과 개방성이 강화된 형태라 할 수 있다.

비트코인은 2009년, 사토시 나카모토(Satoshi Nakamoto)가 만든 블록체인을 활용한 세계 최초의 암호화폐이다. 기존 금융 시스템은 은행이나 중앙은행이 거래를 승인하고 기록하지만 비트코인은 전 세계 수많은 참여자가 거래를 검증하고 블록체인에 기록한다. 그 결과 중앙기관이 없어도 안전하게 거래가 이루어진다.

비트코인의 가장 큰 특징은 '탈중앙화'와 '한정된 공급량'이다. 2,100만 개만 발행되도록 프로그래밍되어 있어 인플레이션 위험이 적고 누구나 참여할 수 있는 개방형 네트워크로 운영된다. 이런 특성 덕분에 비트코인은 '디지털 금'으로 불리며 가치 저장 수단으로도 주목받고 있다.

정리하자면, 가상화폐는 넓은 개념이고 암호화폐는 그중 보안이 강화된 가상화폐이다. 비트코인은 그중에서도 가장 오래되고 대표적인 암호화폐이다. 이 기초 개념을 이해하면 비트코인이 단순한 투기 자산이 아니라 새로운 금융 시스템 실험이라는 점을 인식할 수 있다.

▼ '가상화폐 > 암호화폐 > 비트코인'의 관계

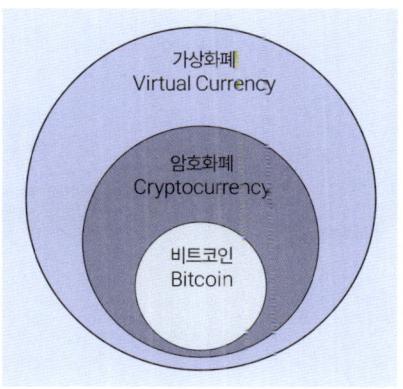

▼ 가상화폐, 암호화폐, 비트코인의 특징

구분	가상화폐 (Virtual Currency)	암호화폐 (Cryptocurrency)	비트코인 (Bitcoin)
개념	인터넷·디지털 환경에서 쓰이는 모든 디지털 화폐	암호학과 블록체인 기술로 발행되고 검증되는 디지털 화폐	최초의 암호화폐, 탈중앙화 P2P 전자화폐
중앙관리 여부	중앙기관·플랫폼에서 발행 및 관리 가능(게임사, 기업)	네트워크 참여자가 거래 검증, 탈중앙화 지향	완전 탈중앙화, 중앙 발행자 없음
기술적 기반	필수 아님(DB·서버 기반 가능)	암호기술, 분산원장(블록체인)	SHA-256, 작업증명(PoW) 블록체인
가치 변동성	발행사의 정책에 따라 비교적 안정적일 수 있음	수요·공급·프로젝트 신뢰도에 따라 변동성 큼	공급량 2,100만 개로 제한 → 희소성에 따라 가격 변동폭 큼
예시	게임머니(넥슨캐시), 마일리지, 페이팔 포인트	이더리움, 리플, 도지코인	비트코인(BTC)
장점	• 편리한 사용성 • 즉시 결제 가능 • 발행사 신뢰 시 안정성 확보	• 보안·투명성 • 검열 저항성 • 국경 없는 송금	• 가장 안전하고 신뢰받는 암호화폐 • 네트워크 효과 강함
단점	발행사 파산·정책 변경 시 가치 상실 가능	• 프로젝트 사기·해킹 위험 • 높은 가격 변동성	• 가격 변동성 매우 큼 • 전송 속도·수수료 문제 존재
투자 포인트	투자가 아니라 '소비·결제 수단'으로 한정	알트코인 투자는 성장성은 높지만 리스크가 큼	• 장기적 '디지털 금' 역할 기대 • 포트폴리오 분산 수단

002 비트코인은 어떻게 생겨났을까?

비트코인을 이해하려면 기술적인 설명보다 먼저 던져야 할 질문이 있다. 바로 "왜 비트코인은 등장했는가?"이다. 이 질문에 대한 답은 2008년 세계 금융위기에서 찾아야 한다. 2008년, 세계 경제는 거대한 쓰나미에 휩쓸렸다. 미국발 서브프라임 모기지 사태(Subprime Mortgage Crisis)가 그 시작이었다. 복잡한 금융상품으로 포장된 부실 대출이 터지면서 리먼 브러더스(Lehman Brothers) 같은 거대 투자은행이 파산했다. 그러자 전 세계 금융시장이 순식간에 마비되었고 은행과 정부는 이 위기를 막기 위해 엄청난 양의 돈을 풀어야만 했다. 통화정책이라는 이름으로 말이다.

여기서 핵심은 '중앙화된 금융 시스템에 대한 신뢰 상실'이다. 안전하다고 믿었던 은행은 사람들의 돈을 위험한 곳에 투자했고 정부는 그 은행들을 살리기 위해 납세자들의 돈을 쏟아부었다. 이 과정에서 평범한 사람들은 은행과 정부가 경제를 좌지우지하는 것을 지켜볼 수밖에 없었다. 이 사건은 많은 사람들에게 '과연 금융 시스템을 은행과 정부가 독점하는 것이 옳은가?'라는 근본적인 의문을 던져주었다.

사실 정부가 돈을 마음대로 찍어내는 것에 대한 반발과 중앙화된 시스템의 한계를 극복하려는 시도는 2008년 이전에도 꾸준히 있었다. 특히 인터넷이 등장하면서 이러한 움직임은 디지털 세계에서 활발하게 전개되었다. 그중 가장 대표적인 것이 '이골드(E-gold)'이다.

이골드의 성공과 좌절

이골드는 1996년 방사선 종양학과 의사인 더글러스 잭슨(Douglas Jackson)이 만든 디지털 화폐였다. 고객이 이골드 발행사에 돈을 보내면 회사는 그 돈으로 금을 사서 안전 금고에 보관했다. 그리고 고객에게는 금에 대한 소유권을 증명하는 디지털 코드를 주었다. 물리적인 금을 직접 주고받는 것이 아니라, 이 디지털 코드를 이용해 서로 결제하는 방식이었다. 이골드는 실물 금보다 훨씬 편리했다. 분할이 자유롭고, 보관의 어려움이 없으며, 무엇보다 진위 여부를 판단할 필요가 없었다. 또한 금은 달러만큼 전 세계에서 보편적인 가치물로 인정받았기 때문에 환전 위험이 적고 국경을 마음껏 넘나들 수 있었다. 결제 시 은행 계좌나 비자·마스터카드 같은 개인 정보를 입력할 필요도 없었다. 이런 편리함 때문에 이골드는 페이팔 다음으로 사용자가 많은 인터넷 결제 시스템으로 자리 잡았다.

그러나 이 편리함이 미국 달러에게는 너무나 큰 위협이 되었다. 이골드가 달러를 통하지 않고도 가치를 저장하고 거래할 수 있는 시스템을 만들었기 때문이다. 미국 정부는 이골드를 달러에 대한 도전으로 간주했다. 명분은 불법 자금 세탁이었다. 결국 이골드의 창시자인 더글러스 잭슨은 비트코인 백서가 발표된 2008년에 불법 송금업 운영 및 자금 세탁 공모 혐의로 유죄 판결을 받게 된다.

이골드의 실패는 미국의 사법 시스템을 극복하지 않고는 디지털 화폐 시스템을 만들 수 없다는 것을 보여주었다. 이골드는 중앙 관리 서버와 실물 금이라는 '공격 지점'을 가지고 있었고, 미국 FBI는 이 두 지점을 동결하여 이골드를 발행하고 운영했던 금융회사를 파산부터 시켜놓고 재판을 진행했다.

비트코인 개념의 등장

바로 이 시점에 사토시 나카모토라는 가명을 쓰는 정체불명의 인물(혹은 그룹)이 등장했다. 2008년 10월, 그는 《비트코인: 개인 대 개인 전자 화폐 시스템(Bitcoin: A Peer-to-Peer Electronic Cash System)》이라는 논문을 발표했다. 이 논문에는 온라인 디지털 화폐가 태생적으로 가지고 있던 이중지불 문제를 해결하기 위한 기술적인 내용이 담겨 있었다. 그리고 백서가 발표된 지 약 4개월 뒤인 2009년 1월 3일, 그는 비트코인 블록체인을 처음으로 가동했다. 그가 처음으로 만든 블록(제네시스 블록)에는 당시 금융 시스템의 문제점을 꼬집는 문구가 새겨져 있다.

"The Times 03/Jan/2009 Chancellor on brink of second bailout for banks.(2009년 1월 3일, 영국 재무장관, 은행들의 2차 구제금융 임박)"

이 문구는 비트코인의 탄생 배경을 선명하게 드러낸다. 중앙화된 은행이 실패를 거듭하고 정부의 세금으로 겨우 연명하는 현실을 꼬집은 것이다. 사토시 나카모토는 기존의 은행 중심 시스템이 아닌, 개인 간 직접 거래가 가능한 디지털 화폐 시스템을 제안했다. 이 시스템의 핵심은 어떤 중앙기관의 통제도 받지 않는 '탈중앙화(Decentralization)'에 있었다.

비트코인은 이골드와 비슷하지만 결정적으로 다른 점이 있었다. 바로 공격 지점의 부재이다. 사토시 나카모토는 중앙 서버나 담보 자산과 같은 통제 지점이 존재하면 언젠가 정부의 공격을 받고 무너질 수 있다는 것을 이골드의 사례를 통해 간파했다. 그래서 그는 이중지불 문제를 해결하기 위해 중앙화된 서버 대신 분산화된 장부인 블록체인을 고안한 것이다. 즉, 비트코인에는 압류할 중앙 서버도, 동결할 실물 자산도 존재하지 않는다.

> **알아두세요**
> - **사토시 나카모토** 비트코인의 창시자로 정체가 밝혀지지 않았다. 개인 혹은 여러 명이 협업한 그룹일 수도 있다는 견해가 있다. 2009년에 초기 블록체인 네크워크를 가동해 비트코인을 발표했으나 2010년 중반부터 활동을 줄여나가 2011년 이후로는 공개적으로 활동을 드러내지 않고 있다. 사토시가 보유한 것으로 추정되는 비트코인 잔액은 약 75만~110만 BTC 수준으로 평가되고 있다.

이골드와 비트코인

이골드와 비트코인에 대한 미국의 대응은 극명하게 달랐다. 이골드는 달러의 지위에 도전하는 시도로 간주되어 미국 정부가 재판이 끝나기도 전에 10년 가까이 운영해온 핀테크 회사를 사실상 파산시켰다. 그러나 비트코인이 탄생한 지 16년이 지난 지금도 미국은 비트코인을 압박하지 않고 있으며 오히려 현물 ETF를 승인하는 등 제도권 안으로 품으려는 움직임을 보이고 있다. 비트코인에는 기소할 사람도, 동결할 재산도, 폐쇄할 중앙 서버도 없기 때문이다.

비트코인은 특히 '정부가 마음대로 화폐량을 늘리는 것에 대한 반발'에서 시작했다는 점에서 기존의 디지털 화폐와 차별화된다. 2008년 금융위기 이후 각국 정부는 경제를 살린다는 명목으로 양적완화라는 이름 아래 엄청난 양의 돈을 찍어냈고 이는 화폐의 가치를 떨어뜨리는 결과를 낳았다.

하지만 비트코인은 총 발행량이 2,100만 개로 고정되어 있다. 혹자는 '그걸 어떻게 믿는가?'라고 반문할 수 있다. 그에 대한 답은 간단하다. 이 규칙은 비트코인 네트워크를 운영하는 수만 명의 풀노드(Full Node) 운영자들이 공유하는 프로그램 코드에 각인되어 있기 때문이다. 이 코드를 바꾸려면 전 세계 모든 풀노드 운영자들이 100% 가깝게 동의해야만 가능하다.

만약 정부가 화폐량을 늘리는 것처럼 비트코인의 발행량을 늘리려 한다면 개당 비트코인의 가치가 떨어지게 된다. 자신의 자산 가치가 희석되는 것에 동의할 사람은 거의 없으므로 비트코인 참여자들이 발행량 증가에 동의할 가능성은 거의 없다. 바로 이 점이 비트코인을 인플레이션에 대한 완벽한 방어 수단으로 보는 핵심적인 이유이다.

결론적으로, 비트코인의 등장은 2008년 금융위기라는 시대적 배경과 맞물려 있다. 중앙화된 금융 시스템의 실패와 신뢰 상실에 대한 반작용으로 탄생한 것이다. 비트코인은 단순히 새로운 투자 상품이 아니라 중앙화된 권력에 의존하지 않는 새로운 금융 시스템을 만들고자 한 하나의 실험이었다.

비트코인과 도덕경

노자의 《도덕경》에는 다음과 같이 그릇에 관한 구절이 나온다.

> 埴以爲器 當其無有器之用
> 진흙을 이겨서 질그릇을 만든다. 그 내면에 아무것도 없는 빈 부분이 있기 때문에 그릇으로서의 구실을 할 수 있다.

사토시 나카모토의 정체는 여전히 미스터리이지만, 일본식 필명과 비트코인이 가진 '비어 있음'이라는 철학적 특징 때문에 혹자는 그가 동양 철학, 특히 도가 사상에 매료된 사람일 것이라고 추정하기도 한다.

사람들은 흔히 비트코인이 실체가 없다고 비판한다. 그러나 비트코인이 가치를 갖는 이유는 그 '비어 있음'에 있다. 이골드는 실물 금을 담보로 가치를 보증했지만 결국 그 실체 때문에 정부의 공격 대상이 되어 무너졌다. 이골드가 금이라는 실체로 인해 가치를 가질 수 있었지만, 바로 그 실체 자체가 이골드의 한계가 된 것이다.

사토시 나카모토는 이골드의 실패를 보고 '국가가 서버와 금을 동결해? 그럼 금과 서버를 없애면 되겠군.'이라고 생각했다. 그러나 일반인들은 '아무것도 없으면 아무 가치도 없다.'라고 생각하기 때문에 이런 개념을 받아들이기 어렵다.

비트코인은 이미 가치를 지니고 있다. 그리고 그 가치를 가지고 있는 그 무엇은 기소할 발행사나 발행회사도 없고, 동결할 자산도 없으며 심지어 서버도 없다. 비트코인은 '비어 있음'으로써 정부의 통제로부터 자유로우며 쓰임에 한계를 두지 않는 것이다.

반면, 이더리움 같은 많은 코인 프로젝트들은 스마트 계약이나 탈중앙화 앱(DApp) 등 특정한 '쓸모(용도)'를 지향하며 탄생했다. 그들은 블록체인 위에서 다양한 기능을 구현하는 데 초점을 맞추었다. 비유하자면 물을 담아 마시거나, 밥을 담아 먹는 등 특정한 용도를 위해 만들어진 '채워진 그릇'에 가깝다.

그러나 최근 이더리움의 창시자인 비탈릭 부테린(Vitalik Buterin)이 "이더리움도 비트코인처럼 단순해진다."라고 선언하면서 상황이 변하고 있다. 이는 결국 돌고 돌아 특정한 용도를 강조하는 프로젝트보다 탈중앙성과 보안성만 견고하게 유지하는 '비어 있는 그릇'인 비트코인이 범용성과 생존력에 있어서 더 뛰어나다는 것을 간접적으로 증명한 셈이다. 비트코인은 '비어 있음'으로써 정부의 통제로부터 자유롭고, 그 쓰임에 한계를 두지 않는 것이다. 이것이 바로 비트코인이 기존 화폐와 근본적으로 다른 점이다.

달에 보낸 금, 비트코인

이골드가 고객의 금괴를 미국이나 두바이의 금고에 보관하는 대신, 로켓에 실어 달로 보냈다고 상상해보자. 물론 이 사실을 미국 정부와 이골드의 고객들은 모두 알고 있다. 이 경우 이골드의 금계좌는 여전히 작동할 수 있을까?

FBI가 달까지 요원들을 보내 금을 동결하기란 거의 불가능하다. 하지만 고객들 역시 달에 있는 자신의 금을 가져올 수 없다. 그럼에도 불구하고 이골드의 금계좌는 여전히 화폐처럼 쓰일 가능성이 높다. 즉, 실물은 닿을 수 없는 곳에 있지만, 그 존재를 모두가 믿고 있기 때문에 화폐 기능은 유지되는 것이다.

비트코인은 바로 이와 같은 속성을 지닌다. 그러니까 비트코인은 FBI가 동결할 수 없도록 기초자산을 달에 보내버린 이골드와 비슷한 셈이다.

이런 비유는 허무맹랑한 상상이 아니라 역사적 사례로 뒷받침된다. 노벨상을 수상한 저명한 경제학자인 밀턴 프리드먼은 자신의 책 《화폐경제학(Money Mischief)》에서 태평양 야프(Yap) 섬의 돌화폐 이야기를 소개한다. 야프 섬에는 화강암이 없기 때문에 부유한 사람들은 인부와 석공, 뱃사공을 고용해 인근 섬에서 큰 돌을 가져왔다. 그런데 때로는 돌을 실은 배가 풍랑을 만나 바다에 빠지는 일이 있었다. 이때 섬의 추장은 부자와 인부, 뱃사공을 불러 증언을 듣는다. 그리고 그 증언을 마을 사람들이 모두 알게 된다. 그러면 회수할 수도, 볼 수도 없는 그 돌이 여전히 유효한 화폐로 인정된다.

이 이야기를 통해서 프리드먼이 전하고 싶은 이야기는 사실 금에 대한 '불편한 진실'이다. 금괴는 여러 화폐의 기초자산으로 인정을 받는다. 그러나 막상 금괴는 깊숙한 지하벙커에 있고 누군가 금을 인출해도 금의 물리적 위치는 바뀌지도 않는다. 포스트잇을 붙여 주인이 바뀌었다고 표시하는 수준에 불과할 때도 있다.

프리드먼은 야프 섬 사람들이 현대 금융시스템보다 훨씬 더 원시적이라 돌화폐를 사용하는 것도 아니고 현대 금융시스템이 야프섬 사람들보다 문명화되었기 때문에 거의 만져볼 일도 없는 금괴를 화폐의 근거 자산으로 삼는 것도 아니라는 점을 강조하고 싶었다.

비트코인을 만든 사토시 나카모토는 장부에 불과한 화폐의 속성을 잘 알고 있었던 것으로 짐작된다. 그는 이골드가 정부에 의해 서버와 자산을 동결당한 사건을 목격한 뒤, 어떤 실물 자산에도 의존하지 않는 새로운 화폐를 설계하여 물리적인 실체가 화폐의 속성이 아니라는 것을 증명해 보였기 때문이다.

사토시 나카모토와 이중지불 문제

비트코인은 단순히 2008년 금융위기에 대한 반발로만 등장한 것이 아니다. 그 배경에는 인터넷이 발전하면서 발생한 구조적인 문제, 바로 '마이크로페이먼트(Micropayment, 소액결제)'의 부재가 있었다.

마이크로페이먼트는 커피 한 잔 값보다도 적은, 몇 센트(cent)나 몇 원 단위의 소액결제를 의미한다. 이러한 소액결제는 오프라인 세상에서는 현금으로 자연스럽게 이루어진다. 예를 들어 현금 몇천 원으로 길거리 노점에서 떡볶이를 사 먹고, 시장 좌판에서 채소 한 봉지를 살 수 있다. 이때 우리는 신분을 노출할 필요가 없고 수수료를 낼 필요도 없으며, 회원가입을 하지 않아도 된다. 오프라인의 재래시장이나 노점이야말로 '신원 노출, 수수료, 회원가입이 없는' 3무(無)의 현금 거래가 가능한 마이크로페이먼트 생태계였던 셈이다.

그런데 인터넷은 달랐다. 인터넷의 초창기부터 사람들은 소액결제 문제를 해결하지 못했다. 신용카드나 은행 계좌를 이용한 결제는 건당 수수료가 비싸고, 반드시 개인 정보와 신원을 노출해야 하며, 회원가입 절차가 필수적이었다. 이 때문에 인터넷 세상에서는 노점이나 시장 좌판 같은 소액결제 시스템을 만들 수 없었다. 즉, 수수료가 비싸고 신원을 요구하는 백화점 방식의 결제 시스템만 가능했다.

마이크로페이먼트가 불가능해지자 인터넷은 비정상적인 방향으로 진화했다. 예를 들어, 좋은 기사 한 편을 읽기 위해 몇백 원을 내는 대신, 사람들은 기사를 '공짜'로 읽고 그 대가로 자신의 개인 정보와 관심(클릭)을 제공하기 시작했다. 콘텐츠 제작자들은 광고 수익으로 돈을 벌었고, 이 과정에서 포털과 광고 플랫폼들이 막대한 권력을 갖게 되었다. 콘텐츠, 커머스, 검색 등 모든 것이 하나의 거대 플랫폼으로 집중되면서 인터넷은 소수의 거대 기업이 모든 개인 정보를 쓸어 담는 중앙화된 생태계로 변모하고 있다. 이 모든 것이 소액결제의 부재로 인한 일종의 '중앙화의 덫'이었다.

일군의 해커, 암호학자, 사상가들, 즉 사이퍼펑크들은 이러한 문제점을 일찍이 간파했다. 그들은 인터넷이 본래의 개방적이고 탈중앙화된 정신을 잃어가고 있다고 생각했다. 그래서 오프라인 현금처럼 익명성을 보장하고, 수수료가 거의 없으며, 제3자(은행이나 포털)의 개입 없이 개인 간에 직접 거래할 수 있는 '디지털 머니'를 만들어야 한다고 주장했다. 이러한 디지털 머니를 만들기 위한 그들의 노력은 수십 년간 계속되었다.

하지만 그들의 노력은 번번이 좌절됐다. 기술적으로 해결하기 어려운 부분이 있었기 때문이다. 그것은 바로 이중지불 문제였다. 디지털 화폐는 무한 복제가 가능하여 무엇이 원본이고 무엇이 복사본인지 알 수 없다는 근본적인 한계에 부딪혔다. 비트코인 이전에 해시캐시(Hashcash)나 비-머니(B-money) 등 여러 디지털 화폐 프로젝트들이 10년 넘게 이 문제를 해결하려고 시도했지만 중앙화된 서버를 두어야 하는 등 완벽하게 분산된 시스템을 구현하지는 못했다.

사토시 나카모토는 바로 이 문제를 해결하여 수십 년간 이어져 온 사이퍼펑크들의 꿈을 현실로 만들었다. 2008년에 발표된 비트코인 백서가 바로 이 이중지불 문제의 해결 방안을 제시한 논문이었다. 이로써 비트코인은 디지털 자산이 원본성을 가지고 무한 복사의 고민 없이 이전될 수 있다는 것을 입증했다. 이는 단순히 '돈'을 보내는 행위를 넘어 '디지털 쪼가리'가 마치 물리적 실체처럼 고유성을 가질 수 있다는 것을 보여준 것으로 매우 확장

> **알아두세요**
> - **사이퍼펑크(Cypherpunk)** 프라이버시를 인간의 기본권으로 보고, 암호 기술을 통해 이를 지켜내려는 운동 또는 사람을 의미한다. 이 단어는 1990년대 초 인터넷 초창기에 등장했으며 'Cipher(암호)'와 'Punk(기성 질서에 저항하는 사람)'를 합친 말이다. 사이퍼펑크의 핵심은 '코드는 무기이며, 암호는 자유의 도구다.'라는 신념이며 비트코인은 사이퍼펑크 운동의 결정체이다.

성이 큰 기술이다.

그가 고안한 시스템의 핵심은 공증(Notarization) 개념에 있다. 이 공증은 단순히 거래가 있었다는 것을 기록하는 수준이 아니라 모든 참여자들이 함께 보고 확인하는 '집단적 목격'이라는 점에서 혁신적이다.

이해하기 쉽도록 설명해보겠다. 철수가 갑수에게 비트코인을 보냈다고 하자. 이때 단지 철수와 갑수만 알고 있는 것이 아니라, 나카모토, 탐, 스미스, 비탈릭, 쇼스키, 왕웨이지 등 전세계 수많은 사람이 그 장면을 실시간으로 함께 목격한다. 마치 결혼식에서 하객들이 보는 앞에서 서약을 나누는 신랑과 신부처럼 이 거래는 모두에게 공개되며 누구도 "그 결혼은 없었다."라고 부정할 수 없게 된다. 이처럼 모든 사람이 함께 본 거래는 위조할 수 없다. 이것이 바로 '분산된 공증'이고 비트코인의 핵심 아이디어이다.

그가 고안한 공증 시스템은 다음의 핵심 개념으로 구성된다.

- **분산된 공개장부(Distributed Public Ledger)**: 모든 거래 기록을 담은 장부를 중앙화된 곳에 보관하는 대신, 비트코인 네트워크에 참여하는 모든 사람이 똑같은 장부의 복사본을 나눠 갖는다. 이 장부는 누구나 열람하고 확인할 수 있는 공개장부이다.
- **작업증명(Proof of Work)**: 이 공개장부에 새로운 거래를 추가하기 위한 공증 과정이다. 비트코인 네트워크에 새로운 거래가 발생하면, 이 거래들을 한데 묶어 '블록(Block)'이라는 것을 만들게 된다. 그리고 네트워크에 참여하는 모든 컴퓨터(채굴자, Miner)들이 이 블록을 공증하기 위해 복잡한 암호화 문제를 풀어야 한다. 가장 먼저 정답을 찾은 컴퓨터가 해당 블록을 장부에 추가하고, 그 공증에 대한 보상으로 새로운 비트코인을 받게 된다. 이 과정이 바로 '채굴(Mining)'이다.

  이 작업은 엄청난 계산 능력을 요구하기 때문에 장부를 위조하기 위해 다른 컴퓨터들보다 더 빠르게 정답을 찾아내는 것은 거의 불가능하다. 모든 네트워크 참여자들이 서로의 공증을 감시하고 검증하기 때문에 위조나 해킹이 사실상 불가능해지는 것이다. 누군가의 '위조된 혼인신고서'는 결혼식에 참석한 많은 하객이 기억하고 있는 상황에서 인정받을 수 없다.

▼ 분산된 공증 절차

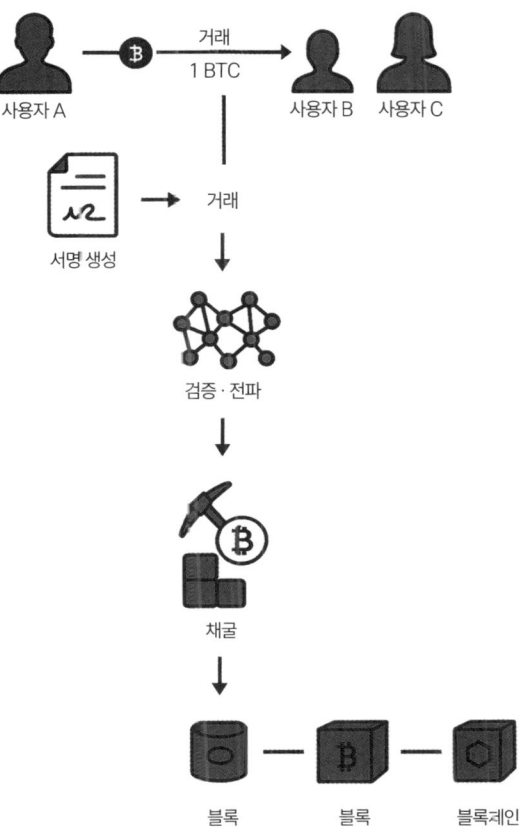

결국 사토시 나카모토는 이 '분산된 공증'을 통해 이중지불 문제를 완전히 해결했다. 그 결과 비트코인은 은행이나 국가 같은 중개자 없이도, 신뢰를 기반으로 작동하는 탈중앙화된 디지털 화폐가 될 수 있었다. 인터넷 역사상 처음으로 디지털 세계에서 '현금'에 해당하는 자유롭고 익명인 교환 수단이 탄생한 것이다.

잠깐만요 베히스툰산과 인류 최초의 '변경 불가능한' 등기소

재산권을 보호하기 위해 인간이 사용해 온 가장 오래된 기술 중 하나가 바로 '공증'이다. 오늘날 한국 부동산 등기 시스템도 일종의 공증이다. 거래 당사자의 신원을 확인하고 계약 내용을 등록해 누구나 열람할 수 있게 하여 허위 매물과 관련한 사기를 차단하는 대신에 그 과정에서 개인 정보가 노출되기에 개인의 사생활은 상당 부분 포기된다.

역사를 거슬러 올라가면 고대 이란의 베히스툰산 비문 역시 일종의 공증이었다. 거대한 산비탈에 새겨진 비문은 왕의 업적과 통치를 영구히 기록하려는 시도였다. 다리우스 대왕은 자신의 업적과 통치를 영구히 기록하려고 거대한 비문을 산비탈에 새겼다. 이 비문은 지상에서 66m에서 100m 높이에 위치해, 고대의 바빌론과 엑바타나를 연결하는 중요한 도로에서 잘 보이도록 설계되었다. 다리우스 왕은 사람들이 비문을 쉽게 읽지는 못하더라도 그 존재를 볼 수 있게 한 것이다. 완성 뒤에는 접근을 막기 위해 아래 선반을 제거했는데 이는 기록을 함부로 바꿀 수 없게 하기 위한 장치였다. 하지만 산비탈에 새겨진 기록이라 해도, 새로운 권력자가 마음만 먹으면 산 자체를 폭파하거나 깎아내어 내용을 바꿀 수 있었다. 이처럼 물리적 기록물은 결국 더 강한 힘 앞에서 변조될 수 있다는 한계를 가졌다.

비트코인은 이런 한계를 인류 역사상 처음으로 극복했다. 비트코인의 블록체인은 어떤 권력자도, 어떤 중앙기관도 변경할 수 없다. 전 세계 수만 개의 노드가 동일한 원장을 보관하며, 이를 조작하려면 네트워크 전체의 압도적인 계산 능력을 장기간 장악해야 하는데, 사실상 불가능하다. 이것은 인류가 처음으로 손에 넣은 '물리적 파괴로부터 영구히 보존되는 등기소'이자 어떤 정권 교체나 무력 충돌에도 변조되지 않는 공증 시스템이다.

베히스툰산의 기록이 '돌' 위에 새겨졌다면 비트코인의 기록은 '수학' 위에 새겨졌다. 그리고 수학은 폭탄으로도 지울 수 없다.

003
비트코인의 발행량은 정해져 있다

2,100만 개로 한정된 비트코인의 발행량

앞에서 언급했듯이 비트코인의 핵심적인 특징 중 하나는 발행량이 한정되어 있다는 점이다. 비트코인의 전체 발행량은 정확히 2,100만 개로 정해져 있다. 이 숫자는 비트코인 시스템의 코드를 만든 사토시 나카모토가 처음부터 못 박아둔 규칙이다. 왜 이러한 한계를 정했을까? 이 질문에 답하기 위해서는 기존 화폐 시스템의 문제점을 다시 한번 생각해봐야 한다.

국가가 발행하는 화폐는 통화량을 조절할 수 있다는 특징을 가지고 있다. 중앙은행은 경제 상황에 따라 돈을 더 찍어내기도 하고, 시중에 풀린 돈을 회수하기도 한다. 그런데 이 과정은 이론적으로는 경제를 안정시키는 데 도움이 되지만 때로는 심각한 부작용을 낳기도 한다. 가장 대표적인 부작용은 바로 인플레이션이다.

만약 정부가 필요한 만큼 계속해서 돈을 찍어내면 어떻게 될까? 시중에 돈의 양이 늘어나면서 돈의 가치는 떨어지게 된다. 1만 원으로 살 수 있었던 물건이 2만 원이 되는 현상이 발생하는 것이다. 내 자산의 가치가 정부의 정책에 따라 쉽게 희석될 수 있다는 뜻이다. 베네수엘라나 짐바브웨 같은 나라에서는 정부의 과도한 통화량 발행으로 인해 극심한 인플레이션이 발생했다.

사토시 나카모토는 바로 이 문제를 해결하고자 했다. 그는 정부의 통제에서 벗어나 발행량이 한정되어 있고 예측 가능한 디지털 화폐를 만들고자 했다. 비트코인 총 발행량 2,100만 개는 누구도 바꿀 수 없는 절대적인 규칙이다. 이 규칙 덕분에 비트코인은 화폐의 중요한 가치 중 하나인 '희소성(Scarcity)'을 갖게 된다.

금과 비슷하다고 생각하면 이해하기 쉽다. 금은 지구상에 존재하는 양이 한정되어 있기 때문에 가치를 인정받는다. 아무리 많은 금을 캐내고 싶어도 한계가 있는 것이다. 비트코인 역시 마찬가지이다. 2,100만 개라는 한정된 수량 덕분에 시간이 지날수록 그 가치는 더욱 높아질 수밖에 없다고 보는 사람들이 많다.

그런데 비트코인은 아직 2,100만 개가 모두 발행되지 않았다. '채굴'이라는 과정을 통해 새로운 비트코인이 조금씩 세상에 나오고 있다. 그런데 이 채굴 보상은 시간이 지날수록 점점 줄어든다. 비트코인 채굴 보상은 약 4년마다 절반으로 줄어들도록 설계되어 있기 때문이다. 이 현상을 '반감기(Halving)'라고 한다. 비트코인 네트워크에서는 이 반감기가 정확히 21만 번째 블록마다 발생한다. 그렇다면 2,100만 개라는 총량은 어떻게 나온 것일까? 이는 수학교과서에 나오는 무한등비수열의 합으로 간단하게 계산된다.

1구간 (1~210,000블록)	처음에는 블록당 50개의 비트코인이 채굴되었다. 50개 × 210,000블록 = 1,050만 개
2구간 (210,001~420,000블록)	첫 번째 반감기 이후에는 블록당 25개씩 채굴된다. 25개 × 210,000블록 = 525만 개
3구간 (420,001~630,000블록)	두 번째 반감기 이후에는 블록당 12.5개씩 채굴된다. 12.5개 × 210,000블록 = 262.5만 개

이런 식으로 블록당 채굴 보상이 반씩 줄어들어 이 과정을 반복하면 총 발행량은 2,100만 개에 정확하게 수렴한다. 이것은 '50 × 210,000 × (1 + 1/2 + 1/4 + 1/8 + …)'라는 무한등비수열의 합이다. 이 덕분에 우리는 비트코인이 최종적으로 2,100만 개까지만 발행되고 더 이상 늘어나지 않을 것이라는 점을 확신할 수 있다.

반감기 덕분에 비트코인의 공급량은 시간이 지날수록 점점 희소해진다. 새로운 비트코인이 발행되는 속도가 느려지기 때문이다. 흥미로운 사실은 지금까지 네 번의 반감기마다 비트코인의 가격이 크게 올랐다는 점이다. 공급이 절반으로 줄어드는 희소성 효과가 가격에 직접적인 영향을 미친 것으로 분석된다.

구체적인 반감기 사례와 가격 상승은 다음과 같다.

▼ 비트코인 가격(단위: 원)

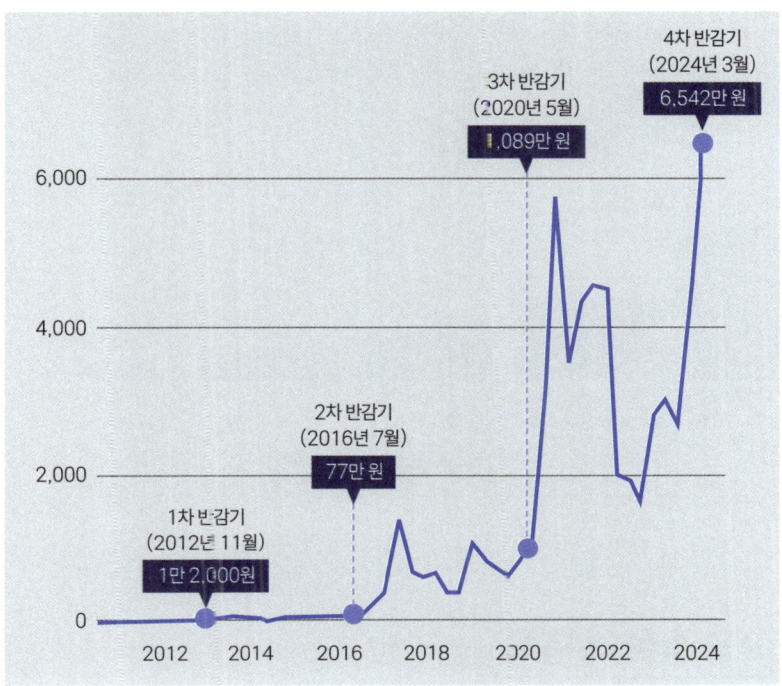

구분	시기	블록 보상 변화	특징
1차 반감기	2012년	50BTC → 25BTC	이후 비트코인 가격은 1년간 100배 이상 상승하며 폭발적인 성장을 기록했다.
2차 반감기	2016년	25BTC → 12.5BTC	이후 비트코인 가격은 1년 반 동안 30배 가까이 오르며 전 세계적인 관심을 받았다.
3차 반감기	2020년	12.5BTC → 6.25BTC	코로나19로 인한 유동성 증가와 맞물려 비트코인 가격은 1년 6개월 만에 8배가량 상승했다.
4차 반감기	2024년	6.25BTC → 3.125BTC	비트코인 현물 ETF 승인 이후 유입된 기관 자금과 맞물려 가격에 어떤 영향을 미칠지 관심이 집중되고 있다.

▼ 비트코인 반감기 주기에 따른 블록 보상

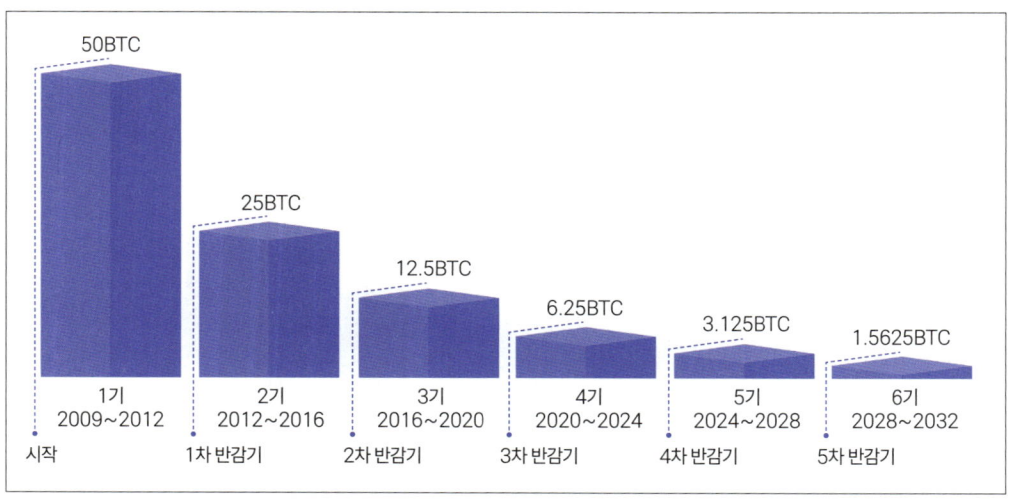

발행량의 한정과 희소성의 특징

이러한 발행량의 한계와 반감기라는 메커니즘은 비트코인이 기존의 화폐와 근본적으로 다른 성격을 갖게 한다. 국가가 발행하는 화폐가 '통화량 조절'을 통해 가치를 조절한다면 비트코인은 '발행량의 한정'과 '희소성'이라는 규칙을 통해 스스로의 가치를 유지하려 한다. 이는 비트코인이 단순히 새로운 형태의 돈이 아니라 인플레이션에 대비한 '안전 자산(Safe-haven Asset)'으로서의 잠재력을 가지고 있음을 의미한다.

그런데 통화량은 왜 증가해야 할까? 경제활동이 증가하고 생산성이 향상되면 자연스럽게 시장에 더 많은 유동성이 필요해진다. 만약 통화량이 전혀 늘지 않는다면 늘어난 생산량에 비해 화폐가 부족해져 물가가 하락하는 디플레이션이 발생하고, 이는 경제 성장을 위축시킬 수 있다.

문제는 이 '통화량 증가 속도'가 예측 불가능하다는 것이다. 20세기 최고의 경제학자 중 한 명인 통화론의 거두 밀턴 프리드먼(Milton Friedman)은 통화량을 일정한 비율(K)로 늘려야 한다고 주장했다. 이것이 바로 'K-퍼센트 준칙'이다. 그는 중앙은행이 경제 상황에 따라 통화량을 가늠대로 조절하는 대신 미리 정해진 규칙에 따라 일정한 속도로만 돈을 공급해야 사회 구성원들이 미래를 예측하고 안정적인 경제활동을 할 수 있다고 보았다.

프리드먼이 통화량의 예측 가능성을 강조한 데에는 중요한 이유가 있다. 통화량 증가가 예측 불가능할 때 부(富)의 재분배가 불공평하게 일어나기 때문이다. 중앙은행이 유동성 공급을 늘리면 그 돈은 먼저 시중의 상업은행으로 흘러 들어간다. 따라서 금융권에 접근이 쉬운 사람들은 새로 발행된 돈을 먼저 사용하게 된다. 이 시점에서는 화폐 가치가 아직 떨어지지 않았기 때문에 이들은 실질적인 이득을 본다. 그러나 화폐 가치가 떨어진 이후에야 그 돈을 쥐게 되는 일반 서민들은 인플레이션의 영향을 고스란히 받게 된다. 통화량 증가의 혜택은 누리지 못하고 그 부담만 떠안는 것이다.

사토시 나카모토는 이 프리드먼의 'K'를 알고 있었다. 그리고 이를 비트코인에 과감하게 적용했다. 비트코인의 '2,100만 개'라는 총 발행량 제한과 '4년마다 반감기'라는 규칙은 통화량 증가 속도를 예측 가능하게 만든다. 시간이 지날수록 새로운 비트코인의 발행량은 감소하고, 결국 통화량 증가율은 0에 수렴한다. 이것은 중앙은행의 인위적인 통제에서 벗어나 코드로 정해진 'K'라는 상수만으로 작동하는 통화 시스템을 만들려는 사토시 나카모토의 의도가 반영된 설계이다.

이러한 배경과 구조를 종합해보면 비트코인은 단순히 기술적 결과물이 아니라 중앙화된 금융 권력에 대한 경제학적 비판이 담긴 하나의 철학적 산물이라고 할 수 있다.

004
비트코인의 사이클 이해하기

비트코인의 가격 움직임은 우연이 아니라 명확한 패턴을 가지고 반복되며 그 핵심은 '반감기'에 있다. 비트코인은 약 4년마다 채굴 보상이 절반으로 줄어들고 이 공급 감소가 새로운 사이클을 만든다. 역사적으로 반감기 전후 1년은 바닥을 다지는 구간이었고 반감기 이후 1년은 강한 상승장이 나타났다. 이후 고점 형성 후에는 큰 조정이 오고 다음 반감기까지 다시 긴 축적의 시간이 이어진다. 이 패턴을 이해하면 공포나 탐욕에 휘둘리지 않고 시장의 큰 흐름을 따라갈 수 있다.

비트코인의 사이클은 투자자의 심리와 유기적으로 연결되어 있다. 가격이 바닥권일 때는 대부분의 투자자가 무관심하거나 공포에 질려 있지만, 이 시점이 바로 분할 매수와 장기 보유, 일명 'HODL'을 준비할 구간이다. 이후 상승이 본격화되면 낙관론이 퍼지고 거래량이 증가한다. 이 구간에서는 포지션을 확대하고 강세장을 적극적으로 활용해야 한다. 하지만 과열기에 들어서면 언론이 앞다퉈 비트코인을 보도하고 대중은 FOMO에 빠진다. 이때는 점진적으로 익절하고 현금 비중을 높여야 한다. 결국 급락이 찾아오면 다시 공포와 후회의 시간이 오지만 이는 다음 축적 구간을 준비할 절호의 기회이다.

알아두세요
- **FOMO(Fear Of Missing Out)** 기회를 상실하거나 유행에 뒤처지는 것 같아 두려움과 스트레스를 받는 심리적 상태를 말한다.

온체인 데이터의 대표주자, 해시레이트

비트코인의 추세를 분석할 때는 그저 차트만 보지 말고 온체인 데이터를 함께 봐야 한다. 온체인 데이터의 대표주자는 해시레이트(Hashrate)이다. 해시레이트는 비트코인을 채굴하기 위해서 얼마나 많은 연산이 이루어지고 있는지를 보여주기 때문에 비트코인 네트워크의 건강성 지표라고 불린다. 초당 얼마나 많은 해시(계산) 작업을 수행하고 있는지를 알 수 있는 수치로서 네트워크에 참여하는 채굴자들의 총 연산 능력을 의미한다. 즉, 해시레이트가 증가한다는 것은 네트워크에 참여하는 채굴자들이 늘어나거나 기존 채굴자들이 더 강력한 채굴 장비를 사용하고 있다는 것을 뜻한다. 이럴 경우 네트워크가 더 안전하고 강력해지고 있다는 신호로 해석된다. 채굴자들이 네트워크에 투입하는 자본과 노력이 늘어난다는 의미이기도 해서 채굴자들이 비트코인의 장기적인 가치를 긍정적으로 보고 있다는 뜻으로도 읽힌다.

반면, 해시레이트가 감소한다는 것은 네트워크에서 이탈하는 채굴자들이 늘어나고 있다는 의미이다. 채굴자들이 떠나면 그만큼 보안이 약해진다. 이는 채굴자들이 비트코인 가격 하락을 전망하고 있다는 뜻이기도 하다.

해시레이트는 비트코인 가격과 밀접한 상관관계를 보이지만 단기적인 가격 변동보다는 네트워크의 장기적인 안정성과 신뢰도를 평가하는 데 더 유용하다. 해시레이트가 지속적으로 상승하는 것은 비트코인의 펀더멘털이 강화되고 있다는 긍정적인 신호로 볼 수 있는데 비트코인의 해시레이트는 비트코인 가격보다는 훨씬 더 견조하게 상승해왔다.

실시간 해시레이트는 암호화폐 거래소나 블록체인 정보 제공 사이트를 통해 확인할 수 있다.

> **알아두세요**
>
> - **온체인 데이터(On-chain Data)** 비트코인·이더리움 같은 블록체인에 직접 기록된 거래, 주소, 블록 정보 등 모든 원본 기록 데이터를 말하며, 누구나 조회할 수 있고 한 번 기록되면 변경하기 매우 어렵다는 특징이 있다. 즉, 블록체인 위에 남은 모든 발자국(거래·지갑·블록 기록들)이고, 그 발자국을 분석해서 투자자의 행동과 심리, 시장의 체온을 읽어내는 것이 온체인 분석이라고 보면 된다.

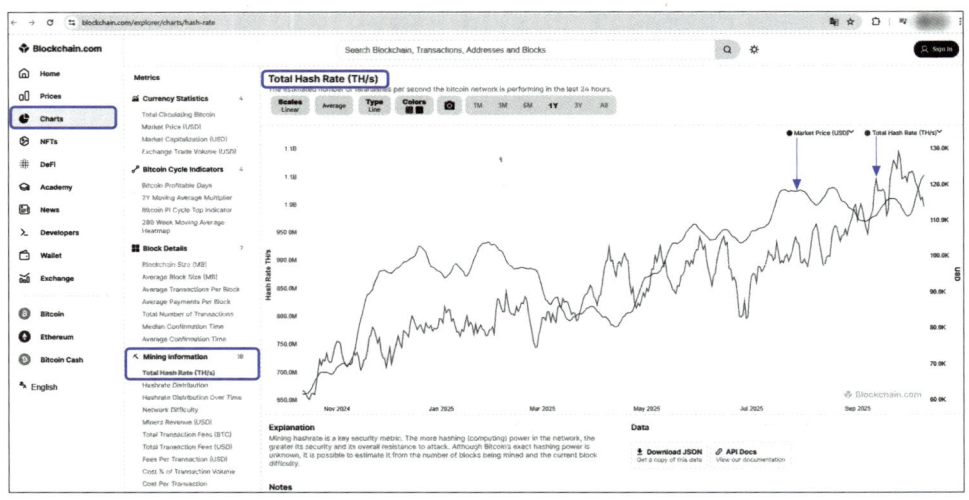

블록체인닷컴 같은 비트코인 관련 사이트에서 해시레이트를 실시간으로 확인할 수 있다.

> **잠깐만요** 비트코인 관련 사이트
>
> - **블록체인닷컴(Blockchain.com)**: 비트코인 및 기타 암호화폐의 실시간 거래 내역, 지갑 생성, 블록 탐색 기능 등을 제공하는 대표적인 블록체인 탐색기 및 지갑 서비스 플랫폼이다.
> - **비트코인닷컴(Bitcoin.com)**: 비트코인의 기본 개념, 사용법, 뉴스, 지갑 다운로드 등 초보자를 위한 다양한 정보와 서비스를 제공하는 포털 사이트이다.
> - **코인마켓캡(CoinMarketCap)**: 전 세계 암호화폐의 시세, 시가총액, 거래량, 거래소 순위 등을 실시간으로 제공하는 대표적인 코인 통계 및 데이터 플랫폼이다.

MVRV Z-Score: 고평가와 저평가를 나타내는 지표

비트코인 투자에서 주목할 만한 온체인 지표 가운데 하나는 'MVRV Z-Score'이다. 이 지표는 현재 비트코인의 가격이 고평가되어 있는지, 아니면 저평가되어 있는지를 가늠하는 데 유용하다. 전통 금융에서 기업 가치를 평가할 때 시가총액과 기업의 회계장부상 가치를 비교하는 것처럼 MVRV Z-Score는 비트코인의 시장 가치(Market Value)와 실현 가치(Realized Value)를 비교한다.

시장 가치는 비트코인의 현재 가격에 유통량을 곱한 값으로, 우리가 흔히 보는 주식의 시가총액과 동일하다. 반면 실현 가치는 각 비트코인이 마지막으로 이동했을 당시의 가격을 기준으로 합산한 값이다. 쉽게 말해, 실현 가치는 네트워크 전체 투자자들의 평균 매입 단가에 가까운 지표이다. 언뜻 복잡해 보이지만 MVRV Z-Score의 핵심은 현재 시가총액이 실현 가치와 얼마나 괴리되어 있는지를 측정하는 데 있다.

MVRV Z-Score가 높다는 것은 시장 가치가 실현 가치보다 크게 부풀려졌다는 뜻이다. 이는 대부분의 투자자가 장부상 큰 이익을 보고 있다는 의미이지만, 이는 어디까지나 미실현 이익일 뿐이다. 시장의 분위기가 조금만 바뀌어도 이익을 현실화하려는 매물이 쏟아져 나올 수 있다. 역사적으로 MVRV Z-Score가 6~7 이상으로 치솟았을 때 비트코인 가격이 큰 폭의 조정을 받은 사례가 반복되었다.

반대로 MVRV Z-Score가 낮다는 것은 투자자들이 만족할 만한 수익을 내지 못하거나 상당수가 손실을 보고 있다는 뜻이다. 만약 비트코인이 결국 사라질 자산이라면 이는 비관적 전망으로 이어져 가격이 더 떨어질 수 있다. 그러나 비트코인의 장기적 존속 가능성과 가치를 믿는다면 오히려 이 시기는 매수 기회가 된다. MVRV Z-Score가 낮다는 것은 매도 압력이 약해지고 있음을 뜻하기 때문이다. 실제로 MVRV Z-Score가 0 이하로 내려간 시점은 대체로 비트코인 가격이 바닥을 다지고 반등을 시작한 구간과 맞물렸다.

비트코인이 다른 자산과 달리 비트코인만의 저력을 보여줄 때가 바로 저평가되었을 때이다. MVRV Z-Score가 0과 −1 사이를 터치하고 나서 비트코인 가격은 견조하게 상승한다. 많은 자산은 저점이라고 판단하고 들어가면 더 낮은 지하로 추락하곤 하지만 비트코인은 지하 1층 이하로 내려가지 않는다. MVRV Z-Score의 역사적 최저점은 −0.2 수준이다. 비트코인 폭락에 대한 요란한 보도와는 달리 이 점수가 −1, −2 미만으로 끝없이 내려가지 않았다는 사실은 비트코인을 장기 자산으로 평가할 때 우리가 특히 주목해야 할 지점이다. 결국 MVRV Z-Score는 단순히 가격의 높고 낮음을 보여주는 지표가 아니라, 시장 참여자들의 평균 매입 단가와 현재 가격의 괴리를 드러내는 나침반이다. 투자자는 이 지표를 통해 군중의 심리가 어느 방향으로 치우쳐 있는지를 읽어낼 수 있고 단기적인 과열이나 장기적인 저평가 구간을 보다 명확하게 판단할 수 있다.

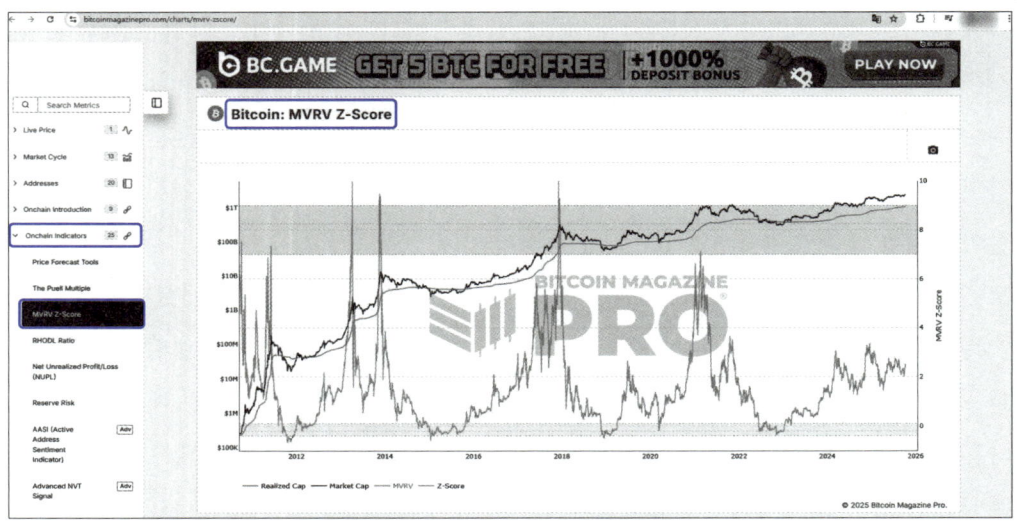

비트코인매거진프로(Bitcoin Magazine Pro) 등에서 MVRV Z-Score를 확인할 수 있다.

기타 확인해야 할 신호

거래소 보유량이 줄어드는 것은 투자자들이 장기 보유를 위해 비트코인을 개인 지갑으로 옮기고 있다는 신호이며, 파생상품 시장의 롱·숏 비율은 과열 여부를 확인하는 지표이다. 이런 데이터를 함께 분석하면 사이클의 어느 단계에 있는지 보다 객관적으로 판단할 수 있다.

이와 함께 뉴스 기사에서 '고래', 즉 큰손의 움직임도 반드시 체크해야 한다. 특히 초창기에 헐값으로 비트코인을 대량 매수해 장기간 보유해온 고래들이 보유 비트코인을 움직이는 시점은 단기적으로 시장에 영향을 줄 수 있다.

이들은 평소 수년간 비트코인을 보유하고 있다가 가격이 급등하면 이익 실현을 위해 대규모 물량을 거래소 주소로 옮기곤 한다. 그러면 짧게는 일주일, 길게는 한 달간 가격이 약세를 보인다. 비트코인 투자가 좋은 것은 이런 데이터들이 모두에게 공개되어 있으며 대량의 코인이 움직일 때는 인터넷뉴스가 바로 알려준다는 점이다. 따라서 단기 트레이딩을 하거나 매수·매도 시점을 고민할 때는 이러한 뉴스와 데이터 흐름에 민감하게 반응할 필요가 있다.

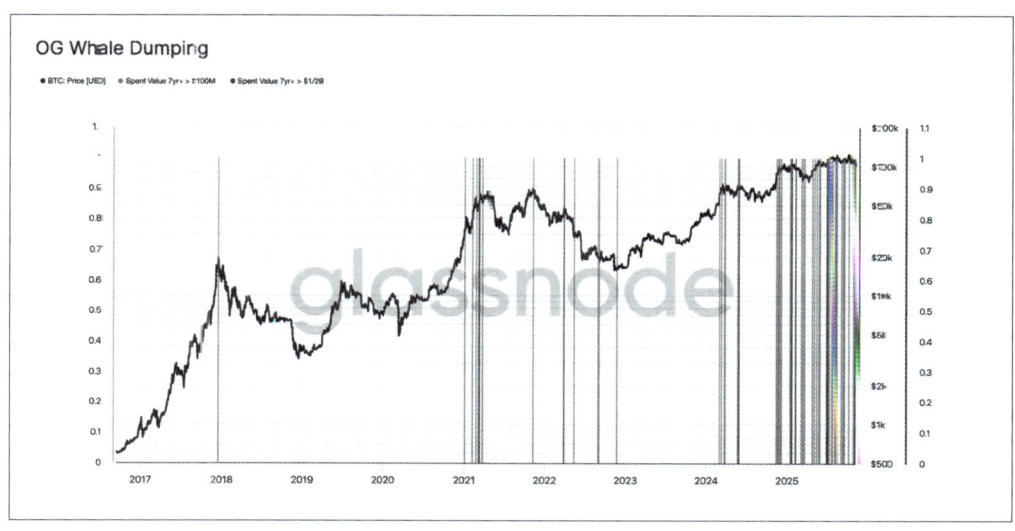

7년 이상 보유한 장기 투자자들의 온체인 매도 데이터 차트

최근의 고래들 움직임에 대한 소식을 하나 살펴보자. 2025년 11월 7일, 암호화폐 전문 투자사인 카프리올 인베스트먼트(Capriole Investments)의 공동 창립자이자 대표인 찰스 에드워즈는 최근 X(구 트위터)를 통해 'OG' 비트코인 고래들이 활발히 보유 자산을 현금화하고 있다고 지적했다. 그는 이와 함께 7년 이상 보유한 장기 투자자들의 온체인 매도 데이터를 보여주는 차트를 덧붙였는데, 차트에는 1억 달러 이상 매도 시 오렌지색, 5억 달러 이상일 경우 빨간색으로 표시되어 대규모 매도가 시각적으로 드러나 있다.

이 차트에 따르면 OG 고래들은 2024년 11월부터 꾸준히 비트코인을 매도해 왔으며, 이로 인해 2025년 내내 비트코인이 다른 고위험 자산 대비 저조한 수익률을 기록한 것으로 분석된다. 실제로 2025년 10월과 11월, 정점 대비 35%에 달하는 비트코인 하락 역시 OG 고래들의 활발한 매도 때문인 것으로 보인다.

흥미로운 점은 과거 사이클과 달리 이러한 대량 매도에도 불구하고 비트코인 가격이 급락하지 않고 견조한 흐름을 보였다는 점이다. 월가 분석가들에 따르면, 6월 말 이후 장기 보

> **알아두세요**
>
> - **OG** OG는 영어 속어 'Original Gangster'의 약자이다. 크립토 분야에서는 비트코인 초기부터 들어와서 지금까지 엄청난 물량을 오래 들고 있는 투자자를 뜻한다. '비트코인 고래'가 비트코인을 많이 가진 큰손을 뜻한다면 'OG 비트코인 고래'는 초기부터 있던 큰손 정도로 이해하자.

유자들이 순매도한 비트코인은 100만 개 이상에 달한다.

만약 저점에서 사고 고점에서 파는 기술을 배우기 위해서 비트코인 사이클을 공부하고 데이터를 분석하려 한다면 이는 매우 위험한 접근이라는 점을 지적해두고 싶다. 반감기 때문에 비트코인은 어떤 자산보다 분명한 사이클을 보이지만 그렇다고 트레이딩이 쉬운 자산은 결코 아니다. 오히려 비트코인의 사이클을 학습하는 것은 비트코인을 사서 장기적으로 보유하는 데 도움이 된다. 가격 변동의 큰 흐름을 알면 급등·급락에도 흔들리지 않고 장기적인 관점에서 투자할 수 있기 때문이다.

다른 자산에 비해서는 분명한 사이클이 있지만, 그 사이클을 정확하게 읽고 트레이딩에 활용하는 것은 쉽지 않다. 이런 인식을 갖고 있다면 틈틈이 분할 매수를 해두다가 현금이 필요할 때도 분할 매도로 위험을 분산할 수 있게 된다. 특히 급등기에 너무 욕심내기보다는 현금 비중을 일부 늘려 다음 하락장에 대비할 수 있어야 한다. 이렇게 장기적 우상향에 대한 확신을 가지고 인내와 절제를 통해서 대비하는 투자자만이 비트코인 사이클의 이점을 온전히 누릴 수 있다.

비트코인 사이클 분석의 핵심 목적은 단기 수익이 아니라 '장기 투자에서의 인내와 절제'를 위한 나침반을 갖는 것이다. 사이클을 이해하고 흐름을 익히면 급등과 급락에도 공포에 휘둘리지 않고 장기적인 안목으로 투자를 이어갈 수 있다.

▼ 비트코인 사이클의 단계별 특징과 전략

단계	특징	투자자 심리	전략
1단계: 축적(Accumulation)	가격이 바닥권, 거래량 적음	무관심, 공포	분할매수, 장기보유 준비
2단계: 상승(Markup)	가격이 고점 돌파, 거래량 증가	관심, 낙관	포지션 확대, 강세장 활용
3단계: 과열(Distribution)	급등·과열, 언론·대중 관심 최고조	탐욕, FOMO	점진적 익절, 비중 줄이기
4단계: 하락(Markdown)	급락·조정, 거래량 감소	공포, 후회	현금 비중 유지, 재축적 준비

▼ 비트코인 사이클의 4단계

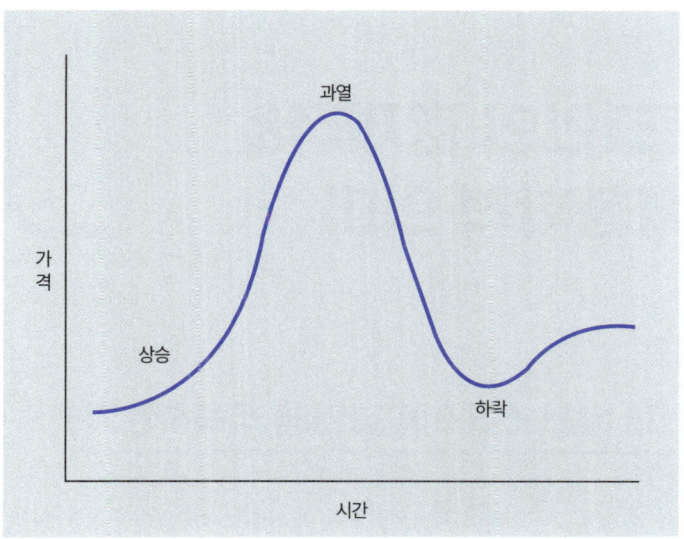

005

비트코인의 경제적 & 지정학적 의미

트럼프는 왜 비트코인과 달러 스테이블코인에 주력하는가?

도널드 트럼프 미국 대통령은 1기 재임 시절에 비트코인을 사기라고 비난했다. 국가 최고 지도자로서는 최초로 비트코인을 언급했는데 하필이면 그 발언이 비트코인에 대한 저주였던 것이다. 그러나 2024년 재선 도전에 나서면서 그의 비트코인에 대한 태도는 180도 바뀌었다. 그는 선거 기간 중 비트코인 행사에 참여해 연설했고, 당선 이후에는 크립토(암호화폐, Cryptocurrency) 관계자들을 위한 백악관 만찬을 성대하게 열며 친(親)크립토 대통령으로 자리매김했다. 심지어 비트코인과 달러 스테이블코인(1코인이 1달러와 연동되도록 설계된 암호화폐)이 미국의 국가 부채 문제를 해결할 수 있다는 파격적인 주장을 내놓기도 했다.

이처럼 트럼프가 태도를 극단적으로 바꾼 이유는 무엇일까? 그 배경에는 미국의 거대한 국가 부채와 복잡한 지정학적 위기, 그리고 비트코인이 가진 잠재력이 숨어 있다.

미국 국가 부채의 위기

미국은 세계 최강대국이지만 동시에 세계에서 가장 거대한 국가 부채를 안고 있는 나라이다. 2025년 현재, 미국의 국가 부채는 약 35조 달러를 넘어섰으며, 이는 매년 꾸준히 증가하고 있다. 이런 막대한 부채는 미국 경제와 달러의 지위에 심각한 위협이 된다. 특히 주목할 점은 국가 부채의 이자 부담 금액이다. 2024년, 미국 정부의 부채 이자 지불 비용은 미국의 1년 국방비 지출을 넘어섰다. 이는 역사상 처음 있는 일로, 세계 경찰 역할을 하는 미국에게만이 아니라 전 세계 시민에게 매우 중요한 의미가 있다. 국방비는 미국의 군사력을 전 세계에 투사하고 지정학적 질서를 유지하는 데 필수적인 예산이다. 만약 이 추세를 꺾지 못한다면 미국은 전 세계에 군사력을 투사할 수 있는 능력을 상실하게 되고, 이는 현재의 지정학적 질서가 근본적으로 변경될 수 있음을 의미한다.

부채의 증가는 인플레이션 압력으로 작용한다. 정부가 부채를 갚기 위해 돈을 계속 찍어내면 통화량이 증가하고, 이는 필연적으로 인플레이션으로 이어진다. 그 결과 달러의 구매력은 약화되고 국민들의 자산 가치를 훼손한다.

또한 미국의 국가 부채는 국제정치 무대에서도 취약점으로 작용한다. 특히 중국과 같은 경쟁국들은 미국의 주요 채권국으로서 미국의 재정 건전성을 문제 삼거나 달러의 지위를 흔들려는 시도를 할 수 있다. 만약 주요 채권국들이 미국 국채를 대량으로 매도한다면 미국 금융 시장에 심각한 혼란을 초래할 것이다. 이처럼 미국은 '끝없이 불어나는 국가 부채'라는 거대한 딜레마에 직면해 있으며, 이는 단순히 경제 문제를 넘어 국가 안보와 글로벌 패권 유지에 직결되는 중대한 위기이다.

중국의 도전과 미국 국채

미국 국채는 오랫동안 '가장 안전한 자산'으로 불리며 전 세계 투자자들의 사랑을 받아왔다. 미국이 기축통화국으로서 무역 적자를 내는 방식으로 전 세계에 달러 유동성을 공급하면 미국에 대한 흑자국들은 잉여 달러를 다시 미국 국채를 구입하는 방식으로 미국으로 돌려보냈다. 이러한 경상수지 적자와 자본수지 흑자 사이의 미묘한 균형이 달러 체제를 굳건히 뒷받침해온 것이다. 과거 서독과 일본이 미국의 요구에 따라 미국 국채를 대량으로 매입하고 자국 통화를 절상한 것은 이러한 달러 시스템의 작동 방식이었다.

그러나 최근 들어 미국 국채의 인기가 시들해지고 있다. 가장 큰 이유는 바로 지정학적 경쟁 때문이다. 과거와 달리 중국은 미국의 말을 듣지 않고 있다. 심지어 시진핑 집권 이후로는 미국 국채 보유량을 꾸준히 줄이고 있다. 중국은 2013년 1조 3천억 달러를 정점으로 미국 국채 보유량을 줄여왔으며, 2025년 현재 약 7천억 달러 수준으로 감소했다. 이는 미국이 언제든 금융 제재를 무기로 사용할 수 있다는 점을 인지하고, 달러 시스템에 대한 의존도를 낮추려는 전략적인 움직임으로 해석된다. 주요 채권국들의 이러한 움직임은 미국 정부가 부채를 조달하는 데 어려움을 가중시키고, 결과적으로 국채 금리를 상승시켜 이자 부담을 더욱 늘리는 악순환을 초래한다.

트럼프 대통령이 비트코인에 관심을 보인 것은 이러한 미국의 국가 부채 문제에 대한 '새로운 해법'을 찾으려는 시도와 무관하지 않다. 그는 비트코인을 인플레이션 헤지 수단으로 바라보고 있고, 비트코인과 밀접하게 연결된 달러 스테이블코인은 미국 국채 시장의 새로운 수요처로 활용될 수 있다고 보고 있다.

잠깐만요 · 비트코인과 달러 스테이블코인의 연관성

비트코인과 달러 스테이블코인(USD Stablecoin)은 '디지털 화폐 생태계'를 지탱하는 두 축이라 할 수 있다. 이 둘은 경쟁 관계이면서 동시에 보완 관계이기도 하다.

둘 다 블록체인 기반으로 발행 및 거래되며 중앙은행이 아닌 분산 네트워크 위에서 작동한다. 지갑 주소를 통해 개인 간(P2P) 거래가 가능하고, 은행 없이도 글로벌 송금과 결제를 할 수 있다. 하지만 비트코인이 탈중앙 구조와 희소성이라는 특징이 있는 데 반해, 달러 스테이블코인은 안정성과 유동성을 목표로 하고 있다.

달러 스테이블코인인 USDT(테더), USDC, FDUSD 등은 '1달러 = 1코인'으로 고정되도록 설계되었다. 이는 실제 달러나 단기 국채 등으로 담보되어 가치를 안정적으로 유지할 수 있고 비트코인이나 이더리움 거래소에서 기준 통화(기축통화)처럼 사용되며, 따라서 거래소 간 송금·유동성 공급에 필수적이다.

이처럼 비트코인이 '디지털 금'이라면 스테이블코인은 '디지털 달러'라고 할 수 있다. 이 둘은 서로 다른 목적을 가졌지만 시장에서는 서로의 존재가 전제되어야만 생태계가 작동한다. 비트코인의 가치가 달러로 표시되기 때문에 스테이블코인이 존재해야 시장이 움직이고, 스테이블코인이 발행될수록 비트코인 매수 수요도 늘어난다.

▼ 비트코인과 달러 스테이블코인의 관계

항목	비트코인	달러 스테이블코인	관계
역할	가치 저장	거래 매개	상호보완
가격 기준	달러로 환산	1달러 고정	달러 시스템 연결
발행 주체	완전 탈중앙	중앙 발행(기업)	철학적 대비
사용	투자·저장	결제·거래	생태계 순환 구조
리스크	변동성	발행사 신뢰	리스크 헤지 상호 보완

비트코인, 국가 부채를 담보할 수 있을까?

빚이 많다는 건 좋은 일이 아니다. 하지만 한 번 더 생각해보면 문제는 빚 자체가 아니라 채무 상환 능력이 없는 상태가 다가오는 것에 대한 두려움이다. 상환 능력이 없는 상태에서 빚만 늘어나는 것이 진짜 문제인 것이다. 개인이 이런 상황에 몰리면 신용을 잃어버리게 되고 주변 사람들이 연락하는 것조차 피한다. 정말 도움이 필요할 때 도움의 손길이 끊기고 마는 것이다. 국가도 마찬가지이다. 한번 신용을 잃으면 그 나라는 더 이상 자본을 끌어올 수도 없고 그마저 있던 자본도 빠져나가기 바쁘다.

이렇듯 빚 자체가 문제가 아니라 변제 능력이 없는 것이 문제이다. 개인의 변제 능력이 충분하면 은행은 돈을 꿔주려고 줄을 선다. 마찬가지로 변제 능력이 풍부한 국가나 회사가 발행한 채권은 불티나게 팔려나간다.

미국 정부가 노리는 것이 바로 이것이다. 국가 부채를 줄이는 것은 현실적으로 어렵다. 그러나 국가 부채가 아무리 늘어나도 미국에 변제 능력이 있다는 것을 입증하면 된다. 예전에는 미국이 보유한 금이 그런 역할을 했다. 그러나 미국은 금 보유고를 정확하게 공개하지 않고 있다. 이는 자신이 없다는 뜻이다.

그런데 만약 미국 정부가 비트코인을 대량 보유하면 어떨까? 몇십 년이 지나 미국 정부가 보유한 비트코인의 총 가치가 미국 정부의 부채보다 더 커지는 날이 온다면 어떨까? 실제로 일부 분석가들은 비트코인의 성장 속도를 고려할 때, 미래에는 비트코인이 미국의 국가 부채를 담보할 수 있는 수준까지 성장할 수 있다고 주장한다. 이는 매우 대담한 주장이지만 그 배경에는 다음과 같은 수학적 계산이 깔려 있다.

미국 국가 부채는 연평균 5%씩 증가한다. 이는 과거의 증가율을 기준으로 한 보수적인 추정이다. 반면 비트코인 시가총액은 연평균 25%씩 성장한다. 실제 비트코인의 과거 성장률은 훨씬 높았지만 장기적인 안정 성장을 가정한 수치이다. 이 두 수치를 기반으로 현재 상황과 미래 계측을 정리해보면 다음과 같다.

- **현재 상황**: 2025년 현재, 미국 국가 부채는 약 35조 달러이며 비트코인 시가총액은 약 2.3조~2.4조 달러 수준이다.

- **미래 예측**: 성장률이 지속된다고 가정하고 트럼프 대통령 임기 동안 미국 정부가 100만 비트코인을 확보할 경우, 2060년 무렵에는 비트코인의 시가총액이 미국의 국가 부채 규모를 넘어설 수 있다는 계산이 나온다. 즉, 이론적으로 비트코인 시가총액이 미국 국가 부채의 100%를 담보할 수 있는 수준에 도달하게 되는 것이다.

이러한 계산은 물론 단순한 모델링이며 비트코인의 높은 변동성이나 미래 경제 상황 등 수많은 변수를 고려하지 않은 이론적인 가능성이다. 그러나 가능성만으로도 미국 정부로서는 외면하기 어려운 희망이라고 할 수 있다. 그만큼 미국의 정부 부채 증가 속도가 심상치 않기 때문이다.

만약 세계의 여타 정부들과 기관들이 비트코인의 가능성을 충분히 자각하지 못한 상황에서 미국이 헐값에 비트코인을 그러모을 수 있다면 미국은 세계 금융의 담보자산이 금이 아니고 비트코인이라고 선언하고 본격적으로 비트코인의 위상을 드높이려 할지도 모른다. 무엇보다 다른 자산으로는 시도해볼 수조차 없는 일을 비트코인으로는 높은 확률로 할 수 있다는 계산이 나온다. 그래서 비트코인이 '디지털 금'을 넘어 국가의 부채를 지탱할 수 있는 새로운 형태의 '디지털 담보'가 될 수 있다는 파격적인 아이디어가 현실성을 얻을 가능성이 점점 높아지고 있다.

러시아-우크라이나 전쟁: 탈달러화의 강력한 촉매제

2022년 2월, 러시아가 우크라이나를 침공하자 미국을 비롯한 서방 국가들은 러시아에 대해 전례 없는 규모의 금융 제재를 가했다. 그런데 이는 탈달러화 움직임을 촉진하는 결정적인 계기가 되었다.

먼저, 러시아의 주요 은행들이 SWIFT(국제 은행 간 통신 협회, Society for Worldwide Interbank Financial Telecommunication) 망에서 배제되었다. 이는 러시아 은행들이 국제 송금을 하거나 받을 수 없게 만들어 러시아의 대외 무역과 금융 거래에 심각한 타격을 주었다. 또한 러시아 중앙은행이 보유하고 있던 수천억 달러 규모의 외환 보유액이 서방 국가들에 의해 동결되었다. 이는 러시아가 자국의 통화정책을 방어하고 경제 위기에 대응할 수 있는 능력을 크게 약화시켰다. 뿐만 아니라 러시아의 주요 인물, 기업, 올리가르히(신흥 재벌)에 대한 광범위한 금융 제재가 잇따랐다. 이들의 해외 자산은 동결되었고 국제 금융 거래도 차단되었다.

이러한 제재들은 러시아 경제에 막대한 영향을 미쳤고, 동시에 다른 국가들에게 강력한 메시지를 던졌다. '만약 미국과 서방에 맞서면, 우리의 자산도 언제든 동결되거나 금융 시스템에서 배제될 수 있다.'라는 메시지는 미국 달러 중심의 국제 금융 시스템에 대한 의존도를 낮추고 대안적인 결제 및 자산 저장 수단을 모색해야 한다는 인식을 전 세계적으로 확산시켰다. 특히 미국과 서방에 비판적인 국가들 사이에서 탈달러화 움직임이 가속화되는 계기가 되었다.

러시아의 비트코인 전략: 제재 우회와 탈달러화

러시아는 서방의 금융 제재를 우회하고 탈달러화를 추진하기 위해 비트코인을 포함한 암호화폐 기술에 적극적으로 관심을 보이기 시작했다.

천연가스와 수력 자원이 풍부한 러시아는 국토가 넓으며 기온이 낮다. 이 요소들은 비트코인 채굴에 유리한 조건이다. 채굴에는 막대한 전기가 필요한데 러시아는 세계에서 손꼽히는 천연가스 매장량과 풍부한 수력발전 자원 덕분에 값싼 전기를 대량으로 생산할 수 있다. 또한 기온이 낮아 채굴기의 냉각 비용이 줄어들고, 넓은 영토는 대규모 채굴 설비를 갖추는 데 유리하다. 게다가 2021년 중국이 자국 내 비트코인 채굴을 전면 금지하면서 러시아는 새로운 글로벌 채굴 허브로 주목받기 시작했다.

러시아는 비트코인을 국가 간 무역 결제에 활용하는 방안을 적극적으로 검토했다. 서방의 제재를 받는 국가들(예: 이란, 북한 등)과의 거래에서 비트코인을 사용하면 SWIFT와 같은 기존 금융망을 거치지 않고도 결제가 가능하기 때문이다. 비트코인의 '국경 없는 자유로움'과 '중립성', 그리고 '되돌릴 수 없는 변제의 최종성'은 러시아의 목적에 완벽하게 부합했다.

러시아 정부는 비트코인을 확보하면 이를 무역 대금으로 쓸 수 있고, 미국이 이를 막을 방법은 사실상 없다는 점을 인지했다. 이러한 인식은 곧 구체적인 정책 논의로 이어졌다.

2022년 9월, 러시아 재무부는 내각 회의에서 비트코인과 같은 암호화폐를 국제 무역 결제에 활용하고 채굴을 합법화하겠다고 공식적으로 발언했다. 이는 서방의 SWIFT 퇴출 협박에 맞서 비트코인을 자국의 금융 주권을 지키는 도구로 삼겠다는 명확한 의지를 보여준 것이다.

예전에는 러시아 외환 보유액의 대부분이 달러·유로 같은 서방 통화로 채워져 있었는데, 이런 구조는 서방이 제재를 가하면서 약점이 드러났다. 실제로 2022년 이후 러시아 중앙은행 자산의 상당 부분이 동결되면서 특정 통화나 금융 시스템에 기대는 게 얼마나 위험한지 확인됐다.

이 때문에 러시아는 비트코인을 국가 자산에 포함하는 방안까지 논의하기도 했다. 비트코인은 중앙은행이나 특정 정부가 통제할 수 없는 분산형 자산이라 국제정치나 경제 상황과 상관없이 독립적인 가치를 가질 수 있기 때문이다.

이런 이유로 단순한 디지털 화폐가 아니라 '지정학적 자산'이라고 불리기도 한다. 지정학적 위기에서 미국을 비롯한 강대국들이 쉽게 동결할 수 없기 때문에 국경을 자유롭게 넘나들 수 있다는 의미이다.

또한 비트코인은 주식이나 채권, 금 같은 전통 자산과 움직임이 크게 겹치지 않는 '비상관 자산'이다. 쉽게 말해, 주식시장이 흔들리거나 달러 가치가 떨어져도 비트코인은 다른 방향으로 갈 수 있다. 이런 특성은 외환 보유고를 운영할 때 달러·유로 의존도를 줄이고 위험을 분산하는 데 매우 유용하다.

결국 러시아가 비트코인을 외환 보유고에 포함하려 했던 건 단순한 실험이 아니라 제재 리스크를 줄이고 스스로의 지정학적 자율성을 확보하려는 전략이었다. 더 크게 보면 달러 중심의 국제 금융 질서에 균열을 낼 수 있는 시도이자 외환 관리 방식의 전환을 시사하는 신호탄이다.

물론 러시아의 이러한 움직임은 국제사회의 감시와 제재를 더욱 강화하는 결과를 낳기도 했다. 하지만 러시아의 사례는 비트코인이 국가의 지정학적 전략에 활용될 수 있는 도구로서의 잠재력을 가지고 있음을 명확히 보여주었다.

BRICS와 탈달러화

브라질의 대통령인 루이스 이나시우 룰라 다 시우바(Luiz Inacio Lula da Silva)는 2023년 4월 중국 방문 중에 미국 달러 중심의 무역 결제 구조에 대해 공개적으로 비판했다. 당시 그는 BRICS 5개국(브라질, 러시아, 인도, 중국, 남아프리카 공화국)이 설립하고 운영하는 국제 개발 금융 기관인 신개발은행(New Development Bank, NDB)의 상하이 행사 연설에서 "왜 모든 나라가 무역할 때 달러를 기본으로 사용해야 하는가?", "달러가 기축 통화가 된 결정은 누가, 언제, 왜 했는가?"라며 분통을 터뜨렸다. 룰라 대통령의 이 발언은 신흥국들이 미국 달러 중심의 금융 질서에 느끼는 불평등과 불만을 대변하는 것이었다.

이 문제의식은 BRICS 국가들의 공통된 고민이기도 하다. 특히 러시아의 우크라이나 침공 이후 서방이 강력한 금융 제재를 가하면서 BRICS는 달러 의존도를 줄이고 새로운 금융 질서를 만들 필요성을 더 절실히 느끼게 되었다. BRICS 정상회의가 열릴 때마다 '탈달러화'와 '대안 국제 결제 시스템'이 빠지지 않고 핵심 의제로 논의되고 있는 이유다. 최근에는 사우디아라비아, 이란, 아랍에미리트 같은 주요 산유국들까지 BRICS에 합류하면서 그 영향력은 한층 커졌다.

실제로 BRICS 국가들은 무역 결제에서 달러 대신 자국 통화 사용을 확대하려는 노력을 하고 있다. 이는 달러에 대한 의존도를 낮추고 자국 통화의 국제적 위상을 높이려는 시도이다. 이와 함께 SWIFT를 대체할 수 있는 독자적인 국제 결제 시스템을 구축하려는 논의도 진행하고 있는데, 이는 블록체인 기술을 활용한 분산원장기술(DLT) 기반의 시스템이 될 가능성이 높다.

이러한 새로운 결제 시스템의 개발 과정에서 주목받는 것이 바로 비트코인과 같은 암호화폐이다. 암호화폐는 국경을 넘어 자유롭게 이동하고 특정 국가의 통제를 받지 않으므로 제재를 우회하는 효과적인 수단이 될 수 있기 때문이다. 중국은 비트코인 거래와 채굴을 강력히 금지하고 있지만 동시에 디지털 위안화(CBDC) 개발에 박차를 가하고 있다. 이는 달러 패권에 대항하여 자국 통화의 디지털화를 통해 새로운 금융 패권을 쥐려는 전략이다. 이러한 러시아와 중국, 그리고 그 외 BRICS 국가들의 탈달러화 움직임은 비트코인이 국제 금융 시스템의 변화를 촉진하는 '지정학적 자산'으로서의 위상을 더욱 높이고 있다.

지정학적 자산으로서의 비트코인

비트코인의 탈중앙화된 속성과 국경 없는 특성은 국제 금융 제재를 받는 국가들에게 매력적인 대안이 된다. 이는 비트코인이 가진 중립성 덕분에 가능하다. 비트코인은 특정 국가의 통제를 받지 않으므로 국가들이 자국의 금융 주권을 강화하려는 시도에 활용될 수 있다.

물론 비트코인이 단기간 내에 달러를 대체할 것이라고 보기는 어렵다. 비트코인의 높은 가격 변동성, 확장성 문제, 그리고 각국의 규제 불확실성 등 해결해야 할 과제가 많기 때문이다. 그러나 러시아와 BRICS 국가들의 탈달러화 움직임은 비트코인이 국제 금융 질서의 변화를 촉진하는 중요한 변수임을 명확히 보여준다.

결론적으로 비트코인은 21세기 국제정치의 새로운 전장이 되고 있다. 각국 정부는 비트코인을 자국의 이익을 위한 도구로 활용하려 하고 있고, 이는 비트코인의 확산과 위상을 더욱 높이는 결과를 낳고 있다. 비트코인의 미래는 기술적 발전뿐만 아니라 이러한 복잡한 지정학적 역학 관계 속에서 계속해서 진화할 것이다.

잠깐만요 거래상대방 위험(Counterparty Risk)

비트코인이 '지정학적 자산'으로 불릴 수 있는 가장 큰 이유는 '거래상대방 위험'이 없다는 점에 있다. 경제학 교과서를 보면 미국 달러와 미국 국채를 대표적인 무위험 자산으로 소개한다. 미국이 건재하는 한, 달러의 가치가 하루아침에 사라지거나 미국 정부가 국채를 부도낼 가능성은 거의 없기 때문이다. 그러나 이 생각은 달러와 미국 국채는 모두 미국이 운영하는 금융망 안에 존재한다는 사실을 누락하고 있다.

이 말은 지정학적 갈등이나 안보 위기가 발생할 경우 미국 정부가 달러나 국채를 동결할 수 있다는 뜻이다. 따라서 달러나 미국 국채는 '미국 정부'라는 거래상대방에 의존하기 때문에 지정학적 자산이라 부를 수 없다. 미국과 대립하는 지정학적 위기 상황에서는 실물로 확보할 가능성이 줄어들 수 있기 때문이다.

반면 비트코인은 다르다. 비트코인은 특정 국가나 정부의 금융망에 속하지 않는다. 따라서 누군가가 거래를 강제로 막거나 자산을 동결할 수 없다. 물론 비트코인의 가격은 달러나 미국 국채에 비해 훨씬 더 크게 흔들린다. 하지만 지정학적 위기 상황에서는 오히려 실물 확보가 가능한 자산이 되고, 그 가치를 가로막을 강력한 중앙 권력이 존재하지 않는다. 바로 이 점이 비트코인을 '지정학적 자산'이라고 부를 수 있는 핵심 근거이다.

006
금·달러·비트코인의 상관관계와 새로운 자산 패러다임

비트코인 투자의 성공은 정보의 질과 깊이에 달려 있다. 대중적인 뉴스가 '트기'를 이야기할 때, 진짜 부(富)를 움직이는 기관들은 조용히 비트코인의 본질적 가치를 탐구하고 있다. 이들의 움직임은 비트코인이 이미 주류 자산에 편입되었음을 강력하게 암시한다.

하버드대학교 투자 결정의 의미

대표적인 사례가 바로 하버드대학교이다. 하버드대학은 블랙록이 발행한 현물 비트코인 ETF '아이셰어즈 비트코인 트러스트(IBIT)'에 약 4억 4,200만 달러(약 6,480억 원)를 투자한 것으로 드러났다. 하버드 대학을 포함해서 미국의 명문대학들이 암호화폐 관련 투자를 하고 있다는 사실은 상징적 의미를 지닌다.

하버드대학교가 가진 인적 네트워크는 미국 정계, 재계, 그리고 국제 금융 기구의 핵심을 관통한다. 이 대학의 재단 관계자들이 인터넷 게시판이나 단편적인 뉴스에 의존하여 수천억 원에 달하는 돈을 투자했을 리는 없다. 그들은 세계 최고의 정보력을 활용하여 비트코인의 기술적 견고함, 지정학적 함의, 그리고 장기적인 가치 저장 능력에 대한 심층적인 분석을 마쳤을 것이다.

하버드대학교의 비트코인 투자는 비트코인이 더 이상 '괴짜들의 장난감'이 아니며, 빠르게 성장하는 주류 자산군에 속한다는 사실을 가장 강력하게 입증한다. 이들의 투자 결정은 '우리가 이 혁신을 놓쳐서는 안 된다.'라는 지적 엘리트들의 집단적 인식이 반영된 결과이다. 예일대학교 재단 연금 등 다른 명문 대학들도 비슷한 시기에 비트코인에 투자하기 시작했으며, 이는 글로벌 엘리트들 사이에서는 비트코인은 없어질 위험한 자산이 아니라 앞으로 지속될 중요한 자산군이라는 인식이 이미 깊숙이 뿌리내렸음을 시사한다.

달러·금·비트코인의 상관관계

2025년, 금은 역사상 최고가를 연달아 경신하고 있다. 금값이 치솟는 이유로는 미국의 금융망을 우회하려는 중국·러시아 중심의 지정학적 수요가 하나의 축이라면, 전통적인 안전 자산으로서의 금이 가진 역할이 또 하나의 축이다.

안전 자산이란 전통 자산인 주식과 채권만으로는 포트폴리오 내 체계적 위험(시장 전체의 리스크)을 충분히 분산시키기 어렵다는 포트폴리오 이론에서 나온 개념이다. 즉, 금이 '안전 자산'이라고 불리는 것은 금 자체가 절대적으로 위험이 없어서가 아니라, 포트폴리오 관점에서 위험 분산 기능을 하기 때문이다. 금을 포트폴리오에 일부 편입하면 전체 변동성을 낮추고, 위험 대비 수익률(샤프 지수)을 개선하는 데 도움이 된다.

이제 금과 더불어 새로운 안전 자산으로 비트코인이 주목받기 시작했다. 비트코인은 전통 자산과의 상관관계가 낮은, 즉 '비상관 자산(Un-correlated Asset)'으로 분류된다. 달러화(미국 달러)와 금의 관계, 달러화와 비트코인의 관계를 함께 살펴보면 자산 구성의 통로가 확장되고 있다는 것을 알 수 있다. 이 흐름을 조금 더 자세히 알아보자.

1 | 달러·금·비트코인의 관계

전통적으로 금은 달러화 가치가 하락하거나 달러가 약세를 보일 때 '피난처 자산'으로 기능해왔다. 달러의 구매력이 떨어질수록 금값은 오르는 경향이 있고, 이런 시기마다 세계 각국의 중앙은행들은 금을 적극적으로 비축하는 경우가 많았다.

그런데 최근에는 달러에 대한 또 다른 대체 수단으로 비트코인이 부상하고 있다. 비트코인은 물리적 자산이 아닌 디지털 형태의 가치 저장 수단으로, 달러화 자산의 변동성과 인플레이션 리스크를 헤지(Hedge)하는 수단으로 주목받고 있다.

세계 최대 자산운용사 블랙록(BlackRock) 역시 금과 비트코인을 모두 '전통 자산(주식·채권 등)과의 상관성이 낮은 대체 자산(Alternative Asset)'으로 분류한다. 이는 두 자산 모두 포트폴리오의 다각화에 기여할 수 있다는 뜻이다. 실제로 통계 자료를 보면 금과 주식의 10년 상관관계는 '−0.01'이며 비트코인과 주식(S&P500)의 10년 상관관계는 약 '0.15' 수준으로 나타난다.

따라서 달러 리스크, 즉 달러 가치 하락, 인플레이션, 혹은 지폐에 대한 신뢰 약화가 커지는 시기일수록 금과 비트코인은 포트폴리오 안에서 방어적 역할을 수행할 가능성이 커진다.

2 | 금과 비트코인의 수익률·변동성·상관관계 비교

금과 비트코인은 자산 구성상 '대체 관계'이면서도 동시에 '경쟁 관계'에 있다. 아래의 주요 지표를 보면 그 차이가 분명해진다.

- **수익률 비교**: 최근 5년(2020~2025년) 동안 비트코인의 누적 수익률은 약 +953%, 금은 약 +100% 수준이었다. 비트코인의 상승폭은 전통 자산군을 압도하지만, 높은 수익률은 곧 큰 리스크를 의미한다.

  같은 기간 동안 비트코인의 최대 낙폭은 약 −80%에 달했으며, 금의 낙폭은 보통 −15% 이하 수준에 머물렀다.

- **변동성 비교**: 비트코인의 1년 변동성이 약 50% 수준인 반면, 금은 그 절반 이하였다는 분석이 있다. 이는 비트코인이 단기간에 급등락을 반복하는 특성을 보여준다.

- **상관관계** 금과 비트코인 간 상관관계는 시점에 따라 크게 다르다. 예컨대 "비트코인과 금의 최근 120일 상관계수(Correlation)가 약 0.5에서 사실상 0으로 떨어졌다."라는 자료가 있다. 반면 어떤 시점에는 비트코인이 금과 강한 양(+) 상관관계(0.70) 수준을 보였다는 지표도 있다. 이처럼 상관관계가 일정하지 않다는 점은 오히려 두 자산이 완전히 같은 역할을 하는 것이 아님을 보여준다.

  자산운용사 블랙록은 "금과 비트코인 모두 주식과 낮은 상관관계를 보이는 대체 자산이며, 변동성이 높아도 포트폴리오에 일부 편입하면 전체 위험 대비 수익을 개선할 수 있다."라고 언급하고 있다. '금과 비트코인을 함께 포함하는 것'이 '금만 포함한 것'보다 혹은 '전통자산만 가진 것'보다 유리할 수 있다는 가능성을 제기한 것이다.

3 | 금 vs 비트코인의 경쟁관계 및 포트폴리오 상의 역할

금이 역사적으로 안전 자산으로 인식돼 왔다면, 비트코인은 디지털 형태로 등장한 새로운 저장 자산 또는 헤지 자산으로서 부상 중이다. 하지만 둘 사이에는 역할 중복과 경쟁도 존재한다. 즉, 둘 다 '달러화 및 법정화폐의 헤지' 기능을 기대하는 측면이 있는 만큼 동일 투자자가 둘을 동시에 보유하기보다는 한쪽에 더 집중하는 경향도 있다.

기관 투자자 입장에서는 금과 비트코인의 각 장단점을 고려하게 된다. 금은 상대적으로 안정성이 높고 수십 년에 걸친 검증된 데이터가 존재하지만, 수익률이 낮고 성장성이 제한적이다. 반면 비트코인은 성장 잠재력이 크고 디지털·글로벌 속성이 있으며 포트폴리오 내 비상관 자산으로 기능할 가능성이 크다. 다만 변동성이 크고 제도적·기술적 리스크도 존재한다.

> **잠깐만요** 포트폴리오 위험의 2가지 종류: 체계적 위험과 비체계적 위험
>
> 투자에서 위험(Risk)은 크게 2가지로 나뉜다. 바로 비체계적 위험과 체계적 위험이다. 이 2가지를 이해하는 것이 분산투자의 핵심이다.
>
> **1. 비체계적 위험(Unsystematic Risk)**
> 비체계적 위험은 특정 기업이나 산업에만 영향을 미치는 개별적인 위험이다. 예를 들어 한 회사의 경영진 비리, 공장 화재, 제품 리콜 같은 사건이 여기에 해당한다. 이런 위험은 여러 자산에 나눠 투자하면 대부분 사라진다. 즉, 분산으로 제거할 수 있는 위험(Diversifiable Risk)이다. 예를 들어 삼성전자 주식과 현대자동차 주식을 동시에 보유하거나, 국내 주식과 미국 주식을 함께 투자하는 것처럼, 여러 종류의 자산에 분산 투자를 하면 한 기업의 악재가 전체 포트폴리오에 미치는 영향은 줄어든다.
>
> **2. 체계적 위험(Systematic Risk)**
> 체계적 위험은 시장 전체, 혹은 경제 전체에 영향을 미치는 거시적 위험이다. 글로벌 금융위기, 금리 급등, 전쟁, 팬데믹, 인플레이션 등이 대표적이다. 이 위험은 아무리 많은 기업에 분산 투자해도 피할 수 없다. 즉, 분산으로 제거할 수 없는 위험(Non-diversifiable Risk)이다.
> 주식, 채권 등 대부분의 전통 자산은 이런 위기 앞에서 함께 하락한다. 그래서 투자자들은 시장 전체의 위험을 줄이기 위해 상관관계가 낮은 자산(예: 금, 비트코인)을 포트폴리오에 편입한다.

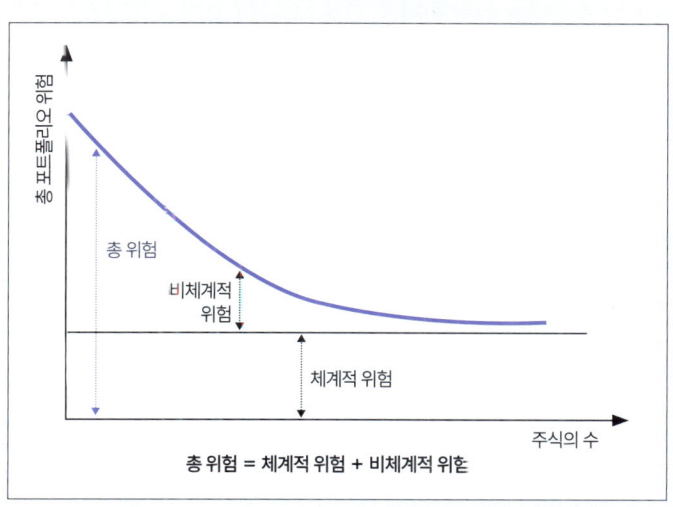

비트코인은 안전 자산이다

비트코인이 단기적으로 수백 퍼센트의 수익을 낼 수도 있지만, 장기적인 투자의 성공은 변동성을 관리하며 꾸준한 성과를 내는 데 있다. 기관 투자자들이 비트코인을 '위험 자산'으로 분류하지 않고 '안전 자산의 새로운 영역'으로 접근하는 이유가 바로 여기에 있다.

비트코인을 바라보는 시각은 '투기 자산'에서 '안전 자산'으로 완전히 바뀌어야 한다. 특히 미국 정부의 움직임을 보면, 비트코인이 국가의 재정 문제를 해결할 '전략적 자산'으로 활용될 가능성이 높다. 즉 비트코인이 지속적으로 성장하는 자산이라는 전제에 대해서 미국 정부가 동의한다는 뜻이다.

트럼프 2기 정부는 비트코인을 '전략 자산'의 하나로 삼으려 시도하고 있다. 이는 미국의 막대한 국가 부채라는 근본적인 위기와 밀접하게 연결된다.

리서치 기관 '밴에크(VanEck)'는 비트코인의 장기적 잠재력을 미국의 재정 위기와 연결하는 흥미로운 분석 결과를 발표했다. 이 분석에 따르면 만약 미국의 재정 적자가 연 5%의 속도로 성장하고, 비트코인의 시가총액이 연 25%의 속도로 성장한다면, 2051년경에는 비트코인 100만 개의 시가총액이 미국 정부 부채의 약 25%를 담당하게 될 것이라는 계산이 나온다. 더욱 나아가, 2060년대에는 비트코인이 미국 정부 부채 전체를 1:1로 담보할 수 있다는 충격적인 결론이 도출된다.

이러한 전략적 필요성 속에서 2025년 8월, 트럼프 대통령은 '401(k)• 퇴직연금 계좌에 비트코인을 포함한 대체 자산 투자를 허용하는 행정명령에 공식 서명했다. 미국의 401(k) 퇴직연금 시장은 약 8.7조 달러 규모에 달하는 거대한 자금 풀이다. 그동안 이 자금은 규제 당국의 경고로 인해 비트코인과 같은 대체 자산에 대한 접근이 엄격히 제한되어 있었다. 2022년 피델리티(Fidelity)가 자사의 401(k) 퇴직연금 가입자들에게 비트코인 투자를 허용하려는 선구적인 시도를 했으나, 당시 미국 노동부와 증권거래위원회(SEC)로부터 '극도의 주의를 기울여야 한다.'라는 강력한 경고를 받고 진행이 중단된 바 있다.

트럼프 대통령의 행정명령은 이러한 경고 지침을 무력화하고 비트코인을 공식적인 은퇴 자산의 영역으로 끌어들였다. 이 명령에 따라 노동부 등 관련 기관은 401(k)의 '적격 자산' 정의를 재검토하게 된다. 만약 이 거대 자금 중 1~5%만 비트코인 시장에 유입되어도 그 규모는 수백억 달러에 달하며 비트코인 가격에 막대한 상승 압력으로 작용할 것이다.

이러한 움직임은 비트코인이 단순한 투기 자산이 아니라, 국가가 발행한 법정 화폐의 불안정성을 헤지하고, 궁극적으로 국가 재정의 안전판 역할을 할 수 있는 '무국적 안전 자산'으로 분류될 수 있음을 시사한다. 따라서 비트코인은 예금이나 부동산과 견줄 수 있는, 아니 그 이상의 잠재력을 가진 '안전 자산'이라는 범주로 놓고 투자를 고려해야 한다.

비트코인은 비상관 자산이다

미국인들의 노후를 담당하는 401(k)가 비트코인을 품도록 한다는 미국 정부의 판단에는 비트코인이 '비상관(Uncorrelation Asset)'이라는 인식이 중요한 역할을 했다.

> **알아두세요**
> • **401(k)** 미국에서 직장인이 은퇴 자금을 마련하기 위해 사용하는 대표적인 DC형(확정기여형) 퇴직연금 계좌 제도이다.

일반인들이 비트코인이라는 단어 자체를 모르던 시절인 2014년, 일부 월스트리트 애널리스트들은 이미 비트코인의 독특한 특성에 주목하기 시작했다. 바로 비트코인이 주식, 채권, 부동산과 같은 전통적인 자산들과 '비상관' 관계를 갖는다는 점이었다. 비상관성이란 시장 전체의 움직임, 즉 체계적 위험과 관계없이 독자적인 가치 흐름을 보인다는 의미이다.

과거부터 기관 투자자들은 금, 외국 통화, 미술품 등을 포트폴리오에 넣어 주식시장이 폭락할 때의 위험을 분산시켰다. 비트코인은 바로 이 역할을 이어받는 '디지털 계승자'라 할 수 있다. 비트코인은 기존의 금융 시스템과는 완전히 다른 방식으로 작동하므로, 주식시장이 하락할 때도 독자적인 움직임을 보일 가능성이 높다. 즉, 시장 전체의 '체계적 위험'을 분산시키는 역할을 수행할 수 있는 것이다.

이러한 비상관 자산의 중요성을 분석하는 핵심 지표가 바로 '샤프 지수(Sharpe Ratio)'이다. 샤프 지수는 투자 위험(변동성) 단위당 얻을 수 있는 초과 수익률을 나타낸다. 이 지수가 높을수록 투자 효율성이 뛰어나다는 의미이다. 월스트리트의 여러 연구 보고서에 따르면, 포트폴리오에 비트코인과 같은 비상관 자산을 1~5% 정도 편입하면 전체 포트폴리오의 샤프 지수가 현저히 높아져 위험 대비 수익률이 최적화될 수 있다는 결론을 내린다.

이러한 분석을 바탕으로, 이미 예일대학교 재단 연금이나 휴스턴 소방관 연금 등 선구적인 기관들이 비트코인을 포트폴리오에 담기 시작했다. 이들은 비트코인이 가진 변동성(위험)을 감수하더라도, 그에 비해 훨씬 뛰어난 수익률과 분산 효과(비상관성)가 있음을 수학적으로 입증한 것이다.

현재 미국의 연기금 총 자산 규모는 약 43.4조 달러에 달한다. 만약 이 거대한 자산 중 5%만 비트코인에 배분된다고 가정하더라도, 이는 약 2.17조 달러의 자금이 비트코인 시장으로 유입된다는 것을 의미한다. 이는 2025년 9월 현재 약 2조 달러 수준인 비트코인 전체 시가총액과 비슷한 규모이다. 즉, 기관들의 포트폴리오에 5%만 편입되더라도 비트코인의 현재 시가총액이 2배 이상으로 성장할 수 있는 것이다.

결론적으로, 비트코인 투자는 더 이상 도박이 아니며 안전자산으로서 비트코인을 이해해야 한다. 비상관성이라는 포트폴리오 혁신을 통해 접근해야 하는 21세기 금융의 필수 교양으로 비트코인을 바라보자.

비트코인 투자 무작정 따라하기

007 라면박스처럼 쌓이는 거래 기록의 비밀, 블록체인
008 누가, 왜, 어떤 대가로 블록을 만드는가? 채굴과 보상
009 지갑 주소, 개인키, 거래의 실제 흐름
010 하드포크의 개념과 비트코인의 생존력

첫째 마당

비트코인 투자 전에

꼭 알아야 할 것들

007
라면박스처럼 쌓이는 거래 기록의 비밀, 블록체인

앞서 살펴봤듯이 사토시 나카모토는 '이중지불 문제'를 해결하기 위해 블록체인 기술을 활용했다. 이제 이 블록체인이 정확히 어떻게 작동하는지 좀 더 자세히 들여다보려고 한다. 왜 굳이 여러 서버(컴퓨터)가 필요한지도 함께 알아보자.

블록체인의 작동 원리는 조금 까다롭다. 눈에 보이지 않는 추상의 세계를 다루어야 하기 때문에 일상에서 흔하게 눈에 보이는 사물을 활용해 비유적으로 설명하려고 한다. 누구나 한 번쯤 감당할 수 없을 정도로 쌓인 서류 뭉치를 라면이나 과자박스에 쟁여둔 적이 있을 것이다. 버리기에는 뭔가 찝찝하고 그렇다고 당장 쓸 일도 없는 그런 서류의 종착지가 어쩌면 라면박스가 아닐까? 블록체인은 마치 라면박스에 서류를 순서대로 쌓아 올리는 과정과 비슷하다. 여기서 블록은 라면박스, 거래 기록은 박스 안에 담긴 서류들, 그리고 블록체인은 순서대로 쌓인 박스들의 긴 사슬이다.

블록은 무엇인가?

새로운 비트코인 거래가 발생하면, 이 거래 기록들은 네트워크에 도착하는 순서대로 대기하게 된다. 이 대기 중인 거래들, 즉 서류 뭉치들을 한데 모아 담는 라면박스가 바로 블록이다. 거래 데이터는 파일처럼 묶여 라면박스 안으로 들어간다. 라면박스 겉면에는 '라벨' 역할을 하는 정보를 기입한다. 이 박스 겉면에는 이 박스의 고유번호를 비롯해서 이 박스를 다른 박스와 식별 가능하게 해주는 중요한 정보들이 기록되어 있다. 이렇게 라면박스 겉면에 매직펜으로 써넣는 글이 블록 헤더(Block Header)에 해당한다. 블록 헤더에는 이 블록을 식별하고 다른 블록과 차례대로 연결하게 하는 중요한 정보가 담겨 있다.

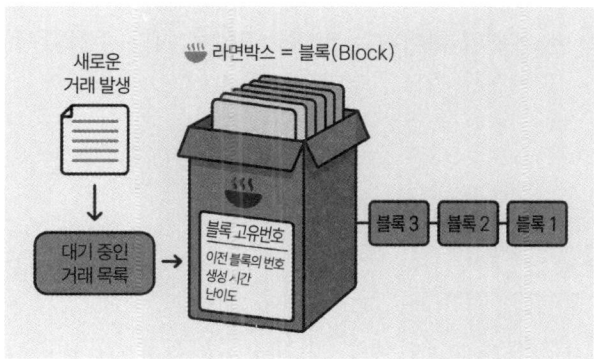

블록 헤더의 주요 구성 요소

- **타임스탬프(Timestamp)** : 이 박스(블록)가 언제 포장되었는지 기록한 날짜와 시간
- **이전 블록의 해시(Hash)** : 이 박스(블록)가 정확히 어떤 박스(블록) 뒤에 연결되는지를 알려주는 '고유 코드'
- **머클 루트(Merkle Root)** : 박스(블록) 안에 들어있는 모든 서류(거래 내역)를 하나로 요약해낸 값. 누군가 서류를 하나 빼돌리거나 바꿔치기 하면 이 값과 충돌한다. 이는 서류가 변경될 수 없다는 무결성을 보증한다.

여기서 가장 중요한 것이 바로 '이전 블록의 해시'이다. 이 해시 정보가 마치 사슬의 고리처럼 이전 박스와 현재 박스를 단단하게 연결해주기 때문이다.

블록은 혼자서는 의미가 없다. 이 블록이 이전 블록의 해시와 연결되어야 비로소 '체인'의 일부가 되는 것이다. 이 연결 과정은 암호화 기술로 이루어지는데, 여기서 '해시'라는 개념이 중요하게 사용된다. 해시는 어떤 데이터든 고정된 길이의 문자열로 바꿔주는 암호화 알고리즘이다. 원본 데이터가 아주 조금만 바뀌어도 해시값은 완전히 달라진다. 마치 주민등록번호처럼 말이다. 블록체인에서 이 해시값은 블록의 고유한 '디지털 지문' 역할을 한다.

새로운 라면박스(블록)가 만들어지면, 이 박스 겉면에는 바로 직전 박스의 고유 식별 코드(해시값)가 반드시 포함되어야 한다. 만약 누군가 과거의 박스 안에 담긴 서류(거래 기록)를 위조하려고 한다면, 그 서류의 내용이 바뀌고, 그에 따라 박스 겉면에 적힌 고유 식별 코드(해시값)도 완전히 달라지게 된다. 그러면 다음 박스에 적힌 이전 박스의 식별 코드와 일치하지 않아 체인이 끊어져버린다. 이렇게 되면 그 박스 이후의 모든 박스들을 전부 다시 포장하고 겉면의 코드를 바꿔야 하는데, 이는 사실상 불가능하다. 마치 도미노 게임처럼 하나만 건드려도 전체가 무너지는 구조이다. 이로 인해 블록체인은 '불변성(Immutability)'이라는 강력한 특징을 갖게 된다. 즉, 한 번 기록된 데이터는 절대로 위조하거나 수정할 수 없다.

왜 여러 서버(컴퓨터)가 필요한가?

이 모든 과정이 안전하게 이루어지려면 이 라면박스들을 한 곳에만 저장하면 안 된다. 만약 박스들을 한 곳에만 보관한다면 이 창고가 해킹당하거나 불이 났을 때 모든 데이터가 사라질 것이다. 그래서 비트코인 네트워크는 전 세계에 흩어져 있는 수많은 컴퓨터가 이 박스들의 복사본을 나눠 갖게 한다. 이 컴퓨터들을 '노드(Node)'라고 부른다.

노드는 새로운 거래가 발생하면 이를 확인하고 새로운 박스가 추가될 때 그 박스가 순서에 맞게 쌓였는지 검증하는 역할을 한다. 만약 어떤 노드가 위조된 박스를 몰래 쌓으려고 하면 다른 노드들이 그 박스를 거부하고 올바른 박스를 다시 쌓아버린다. 수많은 노드가 서로 감시하고 검증하는 덕분에 위조나 해킹이 사실상 불가능해지는 것이다.

이것이 바로 탈중앙화의 핵심이다. 어떤 중앙기관의 통제도 받지 않고, 네트워크에 참여하는 모든 구성원이 스스로 시스템의 안전을 보장하는 구조이다.

정리하자면, 비트코인 네트워크는 다음과 같이 작동한다.

비트코인 네트워크 작동 과정

① 새로운 거래 발생(새로운 서류)

② 거래들이 모여 '블록(라면박스)'에 담김
- 2025년 9월 기준으로 약 89만 개의 박스가 쌓여 있음
- 박스 안에는 거래 내역들이 들어있음

③ 전 세계 노드(컴퓨터)가 거래를 검증
  - 올바른 거래인지 확인

④ '작업증명(Proof of Work)' 경쟁 시작
  - 가장 먼저 문제를 푼 노드가 승리!

⑤ 승리한 노드가 새로운 블록을 체인에 연결
  - 기존 박스 위에 새 박스를 정확히 쌓음

⑥ 모든 노드가 새로운 장부 사본을 업데이트
  - 전 세계적으로 동일한 장부 유지

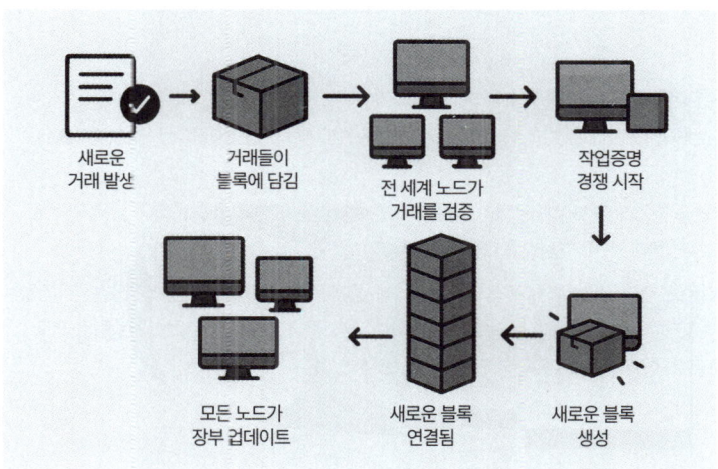

이 과정을 무수히 반복하면서 비트코인은 은행과 같은 중간자 없이도 안전한 거래가 가능하다는 신뢰를 얻는 데 성공했다. 블록체인은 단순히 분산된 장부 기술이 아니라 불변성과 탈중앙화를 통해 신뢰를 구축하는 사회적 합의의 기술로서 이미 기술적, 개념적 가치는 충분히 증명했다는 것을 인정해야만 한다.

> **잠깐만요** 해시 함수의 마법

블록체인의 불변성을 가능하게 하는 핵심 기술은 바로 해시 함수이다. 비트코인은 SHA-256이라는 해시 함수를 사용한다. 해시 함수는 어떤 종류의 데이터든 일정한 길이의 예측 불가능한 문자열로 변환하는 '일방향 함수'이다. 해시 함수의 놀라운 특징은 3가지이다.

첫째, 동일한 입력값은 항상 동일한 해시값을 만든다. 즉, 'satosh made bitcoin'이라는 문장을 넣으면 항상 같은 해시값이 나온다.

둘째, 아주 작은 변화도 완전히 다른 해시값으로 표현된다. 즉, 'satosh made bitcoin'의 'satosh'를 'satoshi'로 바꾸는 등, 아주 작은 부분만 수정해도 해시값은 완전히 다른 값이 된다.

셋째, 해시값으로는 원본 문장을 복원할 수 없다. 해시 함수는 일방향이다. 즉, 해시값을 가지고는 원래의 문장이 무엇이었는지 역추적하는 것이 불가능하다. 이것은 마치 지문을 보고 그 사람의 얼굴을 그려낼 수 없는 것과 같다. 블록체인에서는 이러한 특성 덕분에 거래 기록이 안전하게 암호화되어 보호받을 수 있다. 아래 예시를 통해 직접 확인해 보자.

1. 원본 문장: satosh made bitcoin
   해시값: b90b82f80879f83693e25b144ef98539665d513cf8e30b99119114b306a4b162

2. 원본 문장: satoshi made bitcoin ← 'satosh' 끝에 'i' 추가
   해시값: 7ce9b05c10557eb54f152d19f6a1e9c20a9a838507204f14a08d660e58c82306

보다시피, 단 하나의 글자를 추가했을 뿐인데 해시값이 완전히 달라졌다. 블록체인은 이 원리를 활용하여 블록의 모든 데이터(거래 기록 등)를 해시값으로 변환하고, 이 해시값을 다음 블록에 포함시킨다.

만약 해커가 과거의 블록을 위조하려고 하면 그 블록의 데이터가 바뀌어 해시값이 달라진다. 그러면 뒤에 연결된 모든 블록의 해시값을 다시 계산해야 하는데, 이는 엄청난 계산 능력을 요구하는 '작업증명'을 다시 해야 한다는 의미이다. 현실적으로 불가능한 작업이므로 블록체인의 기록은 충분히 안전하다고 볼 수 있다.

008

누가, 왜, 어떤 대가로 블록을 만드는가? 채굴과 보상

전기 소모와 보상의 원리

비트코인을 이야기할 때 채굴(Mining)이라는 용어는 가장 큰 오해를 유발하는 단어 중 하나이다. 지하에서 광물을 캐내는 행위와는 거리가 멀기 때문이다. 비트코인 채굴은 비트코인 거래 기록을 검증하는 매우 치열한 경쟁이며 이것은 마치 전 지구상에서 수많은 참여자가 10분다다 빙고 게임을 반복하는 광경과 유사하다.

채굴은 비트코인 네트워크에서 새로운 블록을 만들고, 그 안에 담긴 거래 기록들을 검증하는 과정이다. 채굴자는 이 과정을 통해 2가지 중요한 역할을 수행한다.

- **네트워크 보안 유지**: 채굴자는 '작업증명(Proof of Work)'이라는 복잡한 수학 문제를 풀기 위해 경쟁한다. 이 경쟁은 엄청난 계산 능력을 요구하며, 이 과정에서 발생하는 막대한 전기 소모와 컴퓨팅 파워가 곧 비트코인 네트워크의 보안을 유지하는 힘이 된다.
- **새로운 비트코인 발행**: 채굴 경쟁에서 가장 먼저 수학 문제를 푼 채굴자에게는 새로운 비트코인이 보상으로 지급된다. 이 보상을 '코인베이스(Coinbase)'라고 부른다. 이 코인베이스를 통해 비트코인은 세상에 처음으로 발행된다.

이처럼 채굴은 비트코인 네트워크의 안정성과 보안을 보장하는 동시에 새로운 비트코인을 발행하는 유일한 방법이다. 그래서 비트코인 시스템은 채굴자들이 네트워크에 기여할 유인(인센티브)을 제공하고 이를 통해 자발적으로 네트워크가 유지되도록 설계되었다.

비트코인의 모든 거래는 단일한 장부인 블록체인에 기록되므로 그 통일성이 매우 중요하다. 하지만 전 세계에 흩어져 있는 수많은 채굴자가 동시에 장부를 기록하려고 경쟁하는데 어떻게 단일성을 유지할 수 있을까?

비트코인 네트워크는 이 문제를 흥미로운 방식으로 해결한다. 바로 '승자 독식'의 기록 경쟁이다. 네트워크는 약 10분마다 단 한 명의 채굴자만을 승자로 정한다. 가장 먼저 복잡한 암호 퍼즐을 푼 채굴자가 승자가 되고, 그가 만든 블록만이 공식적인 블록체인에 추가된다. 그리고 다른 채굴자들이 동시에 정답을 풀었더라도 네트워크는 가장 먼저 도착한 블록을 승자로 인정하고 나머지는 모두 무시한다.

이는 마치 알에서 먼저 깨어난 여왕벌이 자매 여왕벌들을 찾아 죽이는 것과 같다. 승자는 오직 하나이고, 그렇게 10분마다 장부 기록 경쟁의 승부가 나는 것이다. 승리하면 엄청난 보상을 받기 때문에 경쟁은 매우 치열하다. 이 보상에는 새롭게 생성되는 비트코인(코인베이스)과 해당 블록에 담긴 거래 수수료가 포함된다.

블록체인의 충돌과 정리:
포크, 와이프아웃, 그리고 코인베이스의 성숙

비트코인 채굴자들의 경쟁은 전 세계가 참여하는 빙고 게임과 같다. 먼저 퍼즐을 푼 채굴자는 "내가 이겼다!"라고 외치며 블록을 네트워크에 전파한다. 그러면 다른 채굴자들은 그 블록을 받아들인 후 다음 퍼즐을 풀기 시작한다.

그런데 전 세계 수많은 컴퓨터가 동시에 퍼즐을 푼다면 어떻게 될까? 예를 들어, 호주에 있는 채굴자 A와 한국의 채굴자 B가 거의 같은 시각에 블록을 완성했다고 하자. 두 사람 모두 자신이 먼저라고 생각하며 각각의 블록을 네트워크에 전파한다. 그 결과, 네트워크는 잠시 두 개의 블록을 모두 받아들이는 '포크(Fork)' 상태에 진입한다.

비트코인에는 올림픽 경기처럼 누가 0.01초 빨랐는지를 판별해 줄 중앙조직이 없다. 그래서 네트워크는 일시적으로 두 개의 블록을 모두 인정하고, 두 갈래의 체인이 생긴다.

하지만 이 포크 상태는 오래가지 않는다. 비트코인은 줄기가 길어져야 의미가 있다. 앞에 붙은 블록이 많을수록 강력한 체인으로 인정받기 때문이다. 그래서 채굴자들은 더 유망한 체인 쪽에 줄을 선다. 예를 들어, 호주 쪽 체인에서 다음 블록이 먼저 발견되면 대부분의 채굴자들은 한국 체인을 포기하고 호주 체인에 합류하게 된다. 이렇게 되면 한국 체인은 '와이프아웃(Wipe-out)' 된다. 즉, 해당 체인과 거기에 딸린 블록들은 역사에서 지워진다.

그렇다면 한국 체인에서 승리했다고 받았던 채굴 보상은 어떻게 될까? 사토시 나카모토는 이런 상황을 고려해, 비트코인에 '코인베이스 성숙(Coinbase Maturity)'이라는 제도를 넣었다. 비트코인에서는 채굴자가 받은 보상을 바로 사용할 수 없고 100블록이 지난 후에야 이동할 수 있도록 설계되어 있다. 따라서 와이프아웃된 체인의 보상은 아직 사용 전이므로 자동으로 무효화되며, 부당이익도, 피해자도 생기지 않는다.

요약하면 비트코인은 중앙심판 없이도 네트워크 상에서 발생하는 충돌을 자연스럽게 해결하도록 설계되어 있다. 블록 충돌이 발생해도 참여자들은 더 길어질 가능성이 높은 체인을 자율적으로 선택하고, 일정 시간이 지나면 하나의 체인만 남는다. 동시에 100블록의 성숙 기간을 둠으로써 보상과 관련된 부작용도 원천적으로 차단하고 있다. 이처럼 비트코인은 간단하지만 정교한 원리로 분산 환경 속에서도 질서를 유지하고 있는 시스템이다.

채굴의 근본 원리: 비용 투입과 분산

사토시 나카모토가 채굴 시스템을 고안할 때 주요하게 반영한 2가지 핵심 요소가 있다. 바로 '비용 투입'과 '분산'이다. 이 2가지가 비트코인 네트워크의 진실성과 통일성을 보장하는 핵심이다.

1 | 비용 투입: '진실한 기록'을 위한 비싼 신호

비트코인 거래는 단일한 장부인 블록체인에 기록되므로 그 기록이 진실하다는 것을 모두가 믿어야 한다. 하지만 수많은 이들이 기록 경쟁에 참여하는 상황에서 어떤 기록이 진짜이고 어떤 기록이 가짜인지 어떻게 구별할 수 있을까? 사토시 나카모토는 여기에 '비용'이라는 개념을 도입했다.

생물학자들의 연구에 따르면 사자가 다가올 때 가젤 무리가 일제히 도망가지 않고, 일부

가젤은 제자리에서 사자를 쳐다보며 뛰는 행위(Stotting)를 한다. 이 행동은 '나는 당신보다 뛰는 능력이 뛰어나니 나를 쫓지 않는 것이 당신에게 이롭다.'라는 신호이다. 사자 입장에서 이 신호가 진실한 이유는 명확하다. 만약 가젤이 뛰어난 능력이 없는데도 허세로 이런 행동을 했다가는 사자에게 무참히 찢길 위험을 감수해야 한다. 즉, 거짓말을 하기에는 너무 비싼 대가가 따르는 신호이다.

비트코인의 채굴도 이와 같다. 채굴자들이 막대한 전기를 소모하며 복잡한 암호 퍼즐을 푸는 것은, 가젤이 제자리에서 뛰는 것처럼 거짓말하기에는 너무 비싼 대가가 따르는 신호이다. 이를 통해 채굴자는 '나는 이 기록이 진실하다는 것에 이만큼의 비용을 걸었다.'라고 증명하는 것이다. 비용이 투입되지 않으면 자신의 기록이 진실한지, 아니면 가짜인지를 상대방이 파악할 수 없다. 막대한 비용이 드는 작업증명 덕분에 비트코인 네트워크는 어떤 거래가 진짜인지 쉽게 신뢰할 수 있다.

2 | 분산: '기록 독점'을 막는 경쟁

비트코인 네트워크의 분산은 2가지 측면에서 이해할 수 있다.

- **분산 보관**: 비트코인 거래 기록은 단일 서버에 보관되지 않고, 전 세계 수만 개의 풀노드(Full Node)에 똑같은 복사본으로 분산되어 보관된다. 이를 이해하려면 '조선왕조실록'의 보관 방식을 떠올려보면 된다. 조선시대에는 왕이 죽은 후 사관들이 기록한 '사초(史草)'를 모아 실록을 편찬하고, 여러 부의 복사본을 만들어 전국 각지의 서고에 분산하여 보관했다. 임진왜란이나 병자호란 같은 전쟁을 겪으면서도 실록이 온전하게 보존될 수 있었던 것은 바로 이 분산 보관 시스템 덕분이었다. 비트코인도 마찬가지로 한두 곳의 노드가 해킹되더라도 다른 수많은 노드에 기록이 온전하게 남아 있기 때문에 장부가 위조되거나 사라질 위험이 없다.
- **분산 경쟁**: 채굴 경쟁자들 사이의 승자 분배는 투입하는 '해시파워(컴퓨팅 파워)'에 통계적으로 비례한다. 그리고 해시파워는 곧 전기 에너지 투입에 비례한다. 만약 1명의 채굴자가 장부 기록을 독점하게 되면 자신이 원하지 않는 거래 기록은 배제할 수 있다. 이는 곧 탈중앙화의 원칙을 훼손하는 것이다. 그러나 누구도 지구상의 전기 에너지를 독점할 수 없기 때문에 비트코인 채굴 역시 독점할 수 없다. 이처럼 경쟁의 기회가 특정 개인에게 몰리지 않고 분산되는 것이 비트코인의 탈중앙화를 유지하는 핵심이다.

전기 소모의 의미: 전기의 금융화

비트코인 채굴은 막대한 전기를 소모하는 행위로 비판받기도 한다. 그러나 비트코인 지지자들은 이 전기 소모가 오히려 지구환경에 이롭다고 주장한다.

- **잉여 에너지 활용**: 비트코인 채굴은 전 세계적으로 낭비되는 잉여 에너지를 활용하는 효율적인 수단이 될 수 있다. 풍력, 태양광, 수력 등 재생 에너지는 간헐성이 문제이다. 늘 바람이 불거나 늘 햇빛이 나는 게 아니기 때문에 필요 없을 때는 생산이 되다가 막상 전기가 필요할 때는 생산이 안 되는 경우가 흔하다. 그러나 전기의 특성상 남는 전기를 저장하거나 전기가 필요한 다른 지역으로 장거리 송전하기가 어렵다. 비트코인 채굴은 이 에너지를 그 자리에서 바로 '가치'로 변환한다. 예를 들어, 아이슬란드는 풍부한 지열 에너지를, 부탄은 풍부한 수력발전 에너지를 활용해 비트코인을 채굴함으로써 새로운 국가 수익원을 창출하고 있다.

- **에너지 시장의 혁신**: 비트코인 채굴은 전 세계에 분산된 채굴 시설을 통해 전력 수요를 분산시키는 역할을 할 수 있다. 이는 발전소의 전력 생산 효율을 높이고 전력망의 안정성을 강화하는 데 기여한다.

부탄이 비트코인을 채굴하는 이유

비트코인 채굴은 지난 10여 년간 급격한 변천사를 겪었다. 개인의 취미에서 거대 기업의 산업으로, 중국의 독점에서 전 세계로 분산되는 과정은 비트코인 네트워크의 회복탄력성과 탈중앙화의 가치를 증명했다. 오늘날 채굴은 단순히 돈을 버는 행위를 넘어 전력망의 안정성을 높이고 버려지는 에너지를 활용하는 등 사회적·경제적으로 다양한 의미를 갖는 새로운 산업으로 진화하고 있다. 비트코인 채굴 산업의 역사는 곧 비트코인이라는 기술이 현실 세계와 어떻게 상호작용하며 발전해왔는지를 보여주는 생생한 증거이다.

비트코인 채굴은 막대한 전기를 소모하는 행위로 종종 비판받는다. 하지만 이 '전기 먹는 하마'가 전력망의 구원자가 되고, 국가 경제를 살리는 기적을 낳은 흥미로운 사례가 있다. 바로 히말라야의 작은 왕국, 부탄(Bhutan)의 이야기이다.

부탄은 히말라야 산맥의 지형적 특성 덕분에 풍부한 수력발전 자원을 가지고 있다. 덕분에 부탄은 남아시아 지역에 전기를 수출하며 국가의 주요 수입원을 확보해왔다. 그러나 여기에는 치명적인 문제가 있었다. 바로 계절별 발전량 차이이다. 부탄은 여름 우기에는 수력

발전량이 폭증하여 전기가 남아돌지만 겨울 건기에는 전력 생산량이 급감하여 전력 수급에 어려움을 겪는다. 게다가 여름에 남아도는 전기를 저장하거나 장거리로 판매하는 것은 기술적이나 경제적으로 쉽지 않았다.

이때 부탄 정부는 비트코인 채굴이 이 잉여 전기를 활용할 수 있는 최적의 방법이라고 판단했다. 비트코인 채굴은 장소에 구애받지 않고 전기가 있는 곳이면 어디서든 가능하다. 부탄은 남아도는 값싼 전기를 이용해 비트코인을 채굴함으로써 새로운 국가 수익원을 창출할 수 있게 된 것이다. 비트코인 채굴 사업은 외부에 알리지 않고 조용하게 진행되었다. 이는 비트코인 시장의 가격 변동성과 외부의 불필요한 간섭을 피하기 위함이었다. 부탄은 히말라야의 차가운 기후를 활용해 채굴기의 냉각 비용까지 절감하며 효율적으로 비트코인을 모았다.

그 결과는 놀라웠다. 2024년 기준으로 부탄은 미국, 중국, 영국에 이어 세계에서 네 번째로 많은 비트코인을 보유한 국가로 올라섰다. 비트코인으로 보유한 현금성 자산의 총액은 부탄 GDP의 30%를 넘어서는 수준이다. 이처럼 비트코인 채굴은 부탄 경제에 막대한 영향을 미치고 있다.

부탄은 이렇게 모은 비트코인을 팔아 국가 재정에 활용하기 시작했다. 그 대표적인 예로, 부탄 정부는 비트코인 판매 수익을 바탕으로 공무원들의 임금을 약 2배 인상했다. 이는 부탄을 떠나려는 젊은 인재들의 해외 유출 현상을 막는 데 크게 기여하고 있다.

부탄의 사례는 비트코인 채굴이 단순한 투기나 전력 낭비가 아님을 보여준다. 히말라야라는 지리적, 경제적 한계를 가진 부탄은 비트코인 채굴이라는 새로운 산업을 통해 세계 경제에 연결될 수 있는 통로를 마련했다. 더구나 부탄은 비트코인 채굴에 오직 수력발전으로 생산된 친환경 에너지를 사용함으로써 '비트코인 채굴은 환경을 파괴한다.'라는 비판에 대한 강력한 반론을 제시한다. 게다가 비트코인은 달러나 금과 같은 전통적인 자산과 비상관성을 가진다.

결과적으로 부탄 정부의 유연한 판단 덕분에 부탄은 비트코인을 보유함으로써 외환 자산을 다변화하고 특정 통화에 대한 의존도를 낮출 수 있게 되었다.

채굴 보상이 사라진 이후, 비트코인은 안전할까?

비트코인 2,100만 개가 모두 채굴되면 어떻게 될까? 비트코인은 채굴 보상 외에도 '거래 수수료'를 통해 채굴자들에게 보상을 지급한다. 비트코인 총량이 2,100만 개에 도달하면, 채굴자들은 블록을 검증하고 네트워크를 유지하는 대가로 오직 거래 수수료만 받게 된다. 현재 채굴자들의 수익 중 거래수수료가 차지하는 비중은 1% 남짓이다. 채굴자들 수입의 거의 대부분은 신규로 생성된 비트코인이다. 그렇기 때문에 신규로 생성된 비트코인 없이 거래수수료만 얻게 될 경우 채굴자들은 채산성이 맞지 않아서 채굴을 그만둘 것이라는 비관론이 설득력을 얻는다.

채굴은 비트코인 네트워크의 심장과 같다. 채굴자들이 자발적으로 경쟁하며 네트워크를 유지하는 이 시스템 덕분에 비트코인은 은행고 같은 중앙기관의 통제 없이도 안전하고 신뢰할 수 있는 디지털 화폐로 기능할 수 있는 것이다. 채굴은 단순히 돈을 버는 행위가 아니라, 탈중앙화된 시스템의 보안을 유지하고 새로운 비트코인을 발행하며, 잉여 에너지를 가치로 변환하는 복합적인 역할을 한다.

그런데 이런 채굴자들이 채산성이 맞지 않아서 채굴을 그만둔다면 비트코인은 보안이 취약해지고 그런 우려 때문에 가격이 떨어지면 그나마 남아있던 채굴자들도 채굴을 그만둘 가능성이 높다. 즉 신규 비트코인 생산이 중단되면 채굴자들의 이탈, 보안의 약화, 가격의 하락, 추가적인 채굴자들의 이탈이라는 악순환에 돌입하여 결국 비트코인이 붕괴할 것이라는 시나리오가 가능하다.

그러나 이 논리는 상식적이긴 하지만 중요한 요점을 놓치고 있다. 채굴자들이 궁극적으로 관심 있는 것은 코인의 개수가 아니다. 그들에게 진짜 중요한 것은 채굴에 들어가는 비용 대비 보상이 충분한가이다. 즉 코인의 개수가 중요한 게 아니고 중요한 것은 채굴에 들어가는 비용을 비트코인 생태계가 감당하려는 의지가 있는지, 혹은 감당할 능력이 있는지이다. 이를 비트코인 시스템 차원에서 설명해보자. 비트코인 시스템은 채굴자들의 '수익 총액'에 관심이 없다. 비트코인이 시스템적으로 강건하기 위해서는 비트코인을 움직일 때마다 지불하는 '거래당 보안 비용'을 생태계 전체가 부담해야 한다. 비트코인 이용자가 채굴자들이 보안을 유지할 정도의 거래당 수수료를 지불할 의지가 있고 이를 가능케 할 경제적 유인이 충분하다면 채굴자들은 자신들의 비용을 들여서 어느 수준 이상의 보안을 제공할 수 있게 된다. 그렇다면 거래당 보안 비용을 계산해보자.

2025년 9월 현재, 비트코인 가격이 1억 6천만 원이라고 가정해보자. 비트코인 네트워크는 평균 10분마다 블록을 생성하고, 10분당 약 3.125개의 비트코인과 거래 수수료를 보상으로 지급한다.

비트코인 네트워크는 초당 평균 7건의 거래를 처리하므로 10분(600초)당 약 4,200건의 거래가 발생한다. 만약 코인베이스 보상이 완전히 사라진다고 가정하고, 이 5억 원의 보안 비용을 4,200건의 거래가 나눠서 부담한다면, 거래 한 건당 약 11만 9천 원의 수수료를 지불해야 한다. 즉, 채굴 코인이 없어진 미래에도 거래 1건당 12만 원 정도의 수수료만 지급한다면 2025년 9월 수준의 보안이 가능하다는 말이다. 그리고 2025년 수준의 보안만으로도 붕괴될 가능성은 매우 낮다.

11만 9천 원이라는 금액은 커피를 사 먹기에는 비싼 수수료이다. 그러나 10억 원 이상의 비트코인 거래, 혹은 수억 원 규모의 국제 무역 결제 등 '온체인(On-chain)' 상의 대규모 거래에서는 충분히 납득할 만한 비용이 된다.

채굴보상 때문에 비트코인이 붕괴된다고 주장하는 이들이 놓치고 있는 현상이 있다. 대부분의 소액 거래는 이미 비트코인 블록체인(메인넷) 위에서 직접 이루어지지 않고 있다. '라이트닝 네트워크(Lightning Network)'와 같은 레이어2(Layer 2) 기술을 사용하면 수천 건의 소액 거래가 오프체인(Off-chain) 상태에서 즉각적으로 이루어지고, 그 최종 결과만 가끔 비트코인 블록체인에 온체인 기록으로 남기면 된다. 이렇게 하면 수천 건의 거래를 묶어서 단 한 번의 온체인 기록 비용으로 처리할 수 있다. 이는 마치 은행들 간에 주고받을 돈을 매번 정산하는 게 아니라 기간이 종료되면 한 번에 상계하는 것과 같다. 이런 방식을 활용하면 매번 정산하지 않아도 되어 여러 가지 비용을 줄이는 효과가 있다. 이때 필요한 것은 놀라운 기술이 아니라 은행 상호 간의 신뢰와 막대한 계산을 순식간에 처리할 수 있는 컴퓨터뿐이다.

즉, 비트코인으로 커피를 사 먹는 소액 결제도 충분히 가능하다. 따라서 온체인 거래당 수수료가 11만 9천 원까지 치솟는 것은 비현실적인 가정이 아니다. 즉, 코인베이스 보상이 종료되어도, 거래당 수수료가 지금의 '거래당 보안 비용' 수준을 유지한다면 비트코인 네트워크는 2025년 9월 수준의 보안성을 충분히 유지할 수 있다는 계산이 나온다.

결론적으로, 채굴 보상이 사라진 이후에도 비트코인은 거래 수수료라는 새로운 보상 체계를 통해 네트워크 보안을 충분히 유지할 수 있다. 비트코인 가격의 상승과 거래량의 증가, 그리고 레이어2 기술의 발전이 생태계 활용성을 증가시키면서 동시에 수수료 수익을 충분히 보상하기 때문이다.

009
지갑 주소, 개인키, 거래의 실제 흐름

UTXO에 기반한 비트코인 거래

비트코인의 거래는 우리가 생각하는 은행의 계좌 시스템과는 완전히 다른 방식으로 작동한다. 은행 계좌는 잔고가 '통합'된 형태로 관리되지만 비트코인 거래는 UTXO(Unspent Transaction Output)라는 개념을 기반으로 한다. UTXO는 '아직 사용되지 않은 거래 잔액'으로 직역되지만 사실은 '비트코인 잔고 단위(The Unit of Bitcoin Balance)'가 더 어울리는 명칭이다.

이 개념을 좀더 쉽게 이해하기 위해 영화 〈매트릭스〉에 나올 법한 가상의 디지털 호텔의 이미지를 떠올려보자. 이 호텔은 비트코인이라는 코드로 만들어진 거대한 건물이다. 호텔은 일정한 속도로 계속 커지지만 그 내부의 구조는 끊임없이 변한다. 이 호텔에는 수많은 객실이 있는데 객실 하나하나가 1비트코인이라고 가정해보자.

객실 문 앞에는 1비트라는 수치와 함께 이 방의 소유자 이름이 써있다. 이 방의 소유주는 이 방의 '열쇠(개인 키)'를 가지고 있는 사람이다. 소유주는 이 열쇠로 문을 열고 닫으면서 방의 명패에 있는 소유주의 이름을 바꿀 수 있다.

누군가에게 비트코인을 보낼 때 '비트코인을 전송한다.'라고 말하지만, 실제로는 새로운 객실을 만들어서 거대한 서버에 보관 중인 금고의 소유자 이름표만 바꾸는 작업에 가깝다. 비트코인을 보낸다는 것은 기존 객실의 문을 열어서 새로운 객실로 바꾼 뒤 다시 문을 닫아 잠그는 과정이다. 그러니까 호텔 방문을 열고 닫는다는 비유가 비트코인 전송의 이미지를 '뭔가를 날려보낸다'는 비유보다 실제 모습을 더 잘 표현하고 있는 셈이다.

이제 철수가 이 호텔에 1비트 객실을 하나 가지고 있고, 갑수에게 0.5비트를 보내려고 한다. 철수는 1비트 크기의 자기 객실 방문을 열쇠로 열고 다시 닫는다. 그러면 철수의 1비트 객실은 사라지고, 1개의 새로운 객실이 생긴다. 각각의 객실은 0.5비트 크기로 나뉘며 한 객실의 명패에는 철수의 이름이, 다른 객실 명패에는 갑수의 이름이 써진다.

이처럼 비트코인 거래는 잔고를 빼고 더하는 방식이 아니라, 기존의 객실(UTXO)을 소모하고 새로운 크기의 객실(새로운 UTXO)을 생성하는 방식으로 이루어진다. 그래서 보통 하나의 거래는 하나의 호텔방을 없애고 그 자리를 둘로 분할해서 2개의 호텔방을 만든다.

이해를 돕기 위해서 하나의 방이 둘로 쪼개지는 거래를 소개했지만 이는 지나친 단순화라고 볼 수도 있다. 거래하기 전에 소모된 객실과 거래가 종료되고 만들어진 객실의 평수 합이 정확하게 일치하지 않기 때문이다. 거래 이후 만들어진 UTXO 객실의 총합이 거래 전 UTXO의 합보다 미세하게 작다. 이때 줄어든 만큼 채굴자들에게 지급하는데 이것이 거래 수수료이다.

결과적으로 하나의 객실이 1비트코인에서 시작했다고 해도 일정 시간이 지나면 100비트짜리 넓은 객실도 있고, 0.00001비트짜리 아주 작은 객실도 무수히 존재하게 된다. UTXO의 실제 뜻이 '비트코인 잔고 단위'라는 말을 되새겨 보자. 현실 세계에서 비트코인의 잔고 단위는 0.00001btc부터 수백btc까지 너무나 다양하다는 말이 된다.

비트코인 네트워크는 이 호텔 객실들의 크기 변화와 소유자 변화를 10분마다 스냅사진처럼 찍어서 보관한다. 이 스냅사진들을 이어 붙이면 영화 필름처럼 호텔 객실들의 변화를 동적으로 볼 수 있으며 이를 UTXO 방식이라 한다. UTXO 방식은 비트코인 거래의 기본 구조로 다음과 같은 장점을 가진다.

첫째, 프라이버시 측면에서 유리하다. UTXO 방식은 본질적으로 '코인을 현금처럼 여러 단위로 나누어 관리하는 구조'라 할 수 있다. 계좌 기반 시스템에서는 하나의 계좌에 잔고가 단순히 더해지고 빠지는 방식으로 기록되기에 추적이 용이하다. 그러나 비트코인에서는 거래가 발생할 때마다 새로운 '거래 출력(UTXO)'이 생성되며, 사용된 금액의 거스름돈 역시 새로운 출력으로 반환된다. 이는 지갑 속에 다양한 액면가의 지폐와 동전이 따로 존재하는 것과 유사하다. 따라서 주소를 적절히 분리하여 사용할 경우 전체 자산 규모나 거래 내역을 한눈에 파악하기가 어렵다.

둘째, 진위 검증이 용이하다. 모든 UTXO는 블록체인에 공개적으로 기록되므로 해당 '동전'이 실제로 존재하는지, 이미 사용된 것은 아닌지 누구나 즉시 검증할 수 있다. 이는 위조지폐 여부를 특수 장비 없이도 공개 기록만으로 확인하는 것과 유사하다.

셋째, 검증 과정이 단순하다는 점 또한 장점으로 꼽을 수 있다. 계좌 기반 시스템에서는 계좌의 전체 잔액을 일일이 계산해야 하지만 UTXO 방식에서는 특정 거래에 사용된 UTXO만 확인하면 된다. 즉, 검증에 필요한 계산량이 줄어든다. 이로써 네트워크의 부하를 줄이고 효율성을 높일 수 있다.

그러나 이와는 전혀 다른 방식으로 '장부'를 구성하는 블록체인이 있다. 바로 이더리움이다. 이더리움은 비트코인과 달리 '계정 기반(Account-based)' 방식을 사용한다. 이 방식은 우리가 은행 계좌를 사용할 때와 비슷하다. 은행은 고객의 계좌에 현재 잔액을 기록하고, 송금이나 입금이 발생할 때마다 그 잔액을 갱신한다. 이더리움도 이와 마찬가지로, 하나의 계정 주소에 특정한 잔고가 저장되어 있고 거래가 발생하면 이 잔고가 증감하는 방식으로 작동한다.

이 두 방식은 다음과 같이 핵심적인 차이점을 가진다.

비트코인은 마치 호텔의 각 객실이 각각 독립적인 '코인 단위'로 존재하는 것과 같다. 객실(UTXO)은 주인이 바뀔 수도 있고, 여러 개가 동시에 사용될 수도 있으며, 일부는 거스름돈처럼 다시 새로 만들어진다. 이 구조 덕분에 사용 이력의 단위가 세분화되고 거래의 프라이버시도 어느 정도 보호된다.

이더리움에서는 각 주소가 하나의 계좌처럼 기능하며, 그 안에 '잔고'가 실시간으로 유지된다. 송금이 발생하면 보내는 사람의 잔고에서 금액이 차감되고, 받는 사람의 잔고에 그만큼 추가된다. 이는 우리가 은행 앱을 열었을 때 보이는 '현재 잔액'과 매우 유사하다.

▼ UTXO와 계정 기반 방식 비교

구분	비트코인(UTXO 방식)	이더리움(계정 기반 방식)
장부 구조	개별 코인 단위 추적(거래 출력 기반)	계정 잔고 중심의 상태 갱신
프라이버시 수준	비교적 높음(주소 분산 가능)	낮음(잔고·내역 추적 쉬움)
검증 복잡성	UTXO 단위만 확인	계정의 전체 상태 확인 필요
사용자 경험	다소 복잡(여러 입력·출력 처리)	직관적(잔액 기준)
확장성 및 스마트 계약	제한적	스마트 계약에 최적화

비트코인이 '현금처럼 분산된 장부 구조'를 가졌다면, 이더리움은 '계좌 중심의 실시간 잔고 시스템'으로 설계되었다. 이 차이는 단순한 기술적 구조의 차이를 넘어서 각 블록체인의 철학과 활용 방식에까지 큰 영향을 미친다.

비트코인이 '돈의 형태'를 재정의했다면, 이더리움은 '계약의 형태'와 '애플리케이션의 인프라'를 블록체인 위에서 구현하려는 목적을 가진 것이다. 그래서 이더리움은 계정 기반 방식을 통해 스마트 계약, 디앱(DApp), 디파이(DeFi) 같은 복잡한 상호작용이 가능한 구조를 갖게 되었다.

결론적으로 비트코인은 단순히 새로운 형태의 돈이 아니라 돈의 본질인 '장부'를 탈중앙화된 방식으로 재정의한 혁신이다. 돈의 흐름을 통제하는 주체가 중앙에서 네트워크 참여자들에게 옮겨졌고 이렇게 중앙에서 통제하는 주체를 없앴다는 사실은 비트코인이 왜 '세상에 필요한 기술'인지를 설명하는 가장 강력한 근거이다.

비트코인의 마지막 보루, 자기 보관 지갑

2022년 미국 재무부 산하 금융범죄단속네트워크(FinCEN)는 '자기 보관 지갑(Self-Hosted Wallet)'에 대한 규제 권고안을 발표했다. 개인의 지갑 사용을 정부가 사실상 통제할 수 없다는 점을 인정한 것이다. 몇몇 인물에 대한 추적은 가능할 수 있겠지만, 불특정 다수가 개인지갑을 사용하면 정부로서는 손을 쓰기 어렵다는 결론에 다다른 셈이다.

이 시점부터 미국 정부는 전략을 바꿨다. 비트코인의 핵심 가치인 탈중앙화를 무력화하기 위해서 차라리 국민들이 거래소나 금융기관을 통해 비트코인을 보관하고 투자하게 유도하는 쪽이 낫다는 판단을 내린 것이다. 사용자 입장에서는 관리하기 까다로운 비트코인을 금융기관이나 거래소에 그냥 두는 것이 훨씬 편리하기도 하다. 이에 미국 정부는 금융기관을 통해서 비트코인을 간접적으로 소유하는 식으로 투자를 유도하기 위해 금융기업을 내세워 합법적인 투자환경을 조성하기 시작했다.

'자기 보관 지갑'은 무엇인가?

자기 보관 지갑은 개인이 직접 비트코인의 개인 키(Private Key)를 관리하는 지갑이다. 흔히 '탈중앙 지갑'이라고도 부른다. 종이 지갑이나 하드웨어 지갑이 여기에 포함된다. 또한 거래소 앱이 아닌 스마트폰에서 사용하는 크립토 앱도 모두 자기 보관 지갑에 해당한다. 반면, 우리가 거래소에서 사용하는 지갑은 거래소가 개인 키를 대신 관리해주는 '중앙화된 지갑'이다. 거래소 지갑은 편리하지만 내 비트코인에 대한 진정한 소유권은 거래소에 있다. 즉, 거래소가 파산하면 내 자산을 잃을 위험이 있다.

정부는 왜 자기 보관 지갑을 두려워하는가?

정부 입장에서 자기 보관 지갑은 통제의 사각지대이다. 소유자의 신원을 파악하기 어렵고 자산의 동결이나 압류가 사실상 불가능하다. ETF가 금융 기업을 통해 비트코인 소유권을 중앙화하는 방식이라면 '자기 보관 지갑'은 비트코인의 탈중앙화 속성을 100% 유지하는 마지막 보루인 셈이다.

미국 정부는 자기 보관 지갑을 완전히 없앨 수 없다는 현실을 깨닫자 전략을 바꿨다. 통제할 수 없는 것은 일단 내버려두고, 통제할 수 있는 것들을 만들어 시장을 길들이기로 한 것이다. 비트코인 현물 ETF는 바로 이러한 전략의 결과물이다.

한편 한국 정부는 미국과는 정반대의 전략을 선택했다. 미국이 규제 가능한 거래소나 금융기관을 중심으로 비트코인 사용을 유도하며 '통제 가능한 울타리 안으로 끌어들이는 방식'을 택했다면, 한국 정부는 '문턱을 높여 아예 접근 자체를 어렵게 만드는 방식'을 택해 왔다.

한국에서는 은행과의 실명 계좌 연동, 트래블룰*, 자금세탁방지 요건 등의 강화로 인해, 합법적인 루트로 가상자산에 접근하는 것이 매우 까다롭다. 신규 사용자들이 처음 코인을 사고 거래소에서 지갑으로 옮기기까지의 진입 장벽이 상당히 높은 것이다. 그러나 아이러니하게도 이 '문턱 전략'은 역설적인 결과를 만들어냈다.

처음에 진입은 어렵지만 일단 진입한 사람들은 오히려 더 빠르게 크립토 네이티브**로 성장하는 경향을 보인다. 은행이나 국내 거래소를 거치기보다 직접 P2P 거래, 탈중앙화 거래소(DEX), 해외 거래소, 자체 지갑 관리 등에 능숙해지며 정부의 통제 범위를 벗어난 영역에서 활동하는 사용자가 늘어나고 있는 것이다.

즉, 미국은 통제를 의해 '편리함'을 제공한 반면, 한국은 규제를 위해 '불편함'을 강제했으며, 이로 인해 미국 사용자는 점점 더 제도권 안으로 들어오고, 한국 사용자들은 제도권 밖에서 비트코인을 다루는 법을 익히는 결과를 낳았다. 한국 정부가 진입 장벽을 높여 시장을 막으려 했더니, 오히려 정규 시장 바깥에서 암묵적인 실전 지식과 역량을 키운 전문가들을 양산한 것이다. 결국 정부가 크립토 규제에 나서기 전에 필요한 것은 정책적 판단이 아니라, 먼저 기술의 본질을 이해하고 그 위에 철학적 관점을 세우는 일이다.

주소, 공개키, 개인키, 트랜잭션 이해하기

비트코인에 입문하면서 가장 먼저 접하게 되는 용어 중 하나가 바로 '지갑 주소'이다. 지갑 주소는 길고 복잡한 영문과 숫자의 조합으로 이루어져 있다. 많은 사람들이 이것을 은행 계좌번호와 동일하게 생각하지만, 사실은 조금 다르다. 이제부터 비트코인 거래의 핵심인 지갑 주소, 공개키, 개인 키, 그리고 트랜잭션의 관계를 자세히 파헤쳐 본다.

비트코인 지갑 주소는 특정 개인의 신원과 연결되지 않으며 한 개인은 비트코인 주소를

> **알아두세요**
>
> • **트래블룰(Travel Rule)** 가상자산을 주고받을 때, 거래소 등 가상자산사업자가 송·수신인의 정보를 수집·보관하고 일정 금액 이상 거래에는 정보를 함께 전송해야 하는 의무이다.
> •• **크립토 네이티브(Crypto Native)** 블록체인 생태계 중심에서 사고하고 행동하며, 암호화폐와 탈중앙화 기술을 삶의 일부로 자연스럽게 받아들이고 사용하는 사람 또는 조직을 의미한다.

거의 무한정 만들어낼 수 있다. 이를 이해하기 위해 바닷가의 수많은 조약돌을 상상해 보자. 바닷가에 있는 조약돌의 수는 사실상 무한에 가깝다. 비트코인 주소도 이와 같다. 우리가 비트코인 지갑 주소를 만든다는 것은, 마치 바닷가에 있는 수많은 조약돌 중 하나를 무작위로 골라내어 '나의 조약돌'이라고 선언하는 것과 같다. 이 조약돌이 바로 나의 지갑 주소가 된다. 그 조약돌을 찾는 것은 거의 불가능하지만, 그 조약돌의 위치(주소)를 알고 있다면 그 조약돌을 대상으로 비트코인을 보낼 수 있다. 이런 무한정의 주소 중에서 하나를 선택하는 방식이기에 나의 주소와 개인의 신원을 연결하는 것은 수학적으로 불가능하다. 은행 계좌번호는 '이 계좌는 홍길동의 것입니다.'라고 신원을 증명하는 역할을 한다. 은행은 계좌번호를 통해 개인의 신원을 확인하고 거래 내역을 기록한다. 반면, 비트코인 지갑 주소는 특정 개인의 신원과 연결되지 않는다. 지갑 주소는 그저 '이 비트코인 뭉치는 이 주소로 보내졌다.'라는 것을 나타내는 식별자일 뿐이다.

- **개인키(Private Key)**: 지갑 생성의 출발점은 개인키이다. 보통 32바이트의 난수(혹은 BIP39 니모닉 → 시드 → BIP32로 파생된 마스터/자식 개인키)로 만들어진다. 개인키는 거래 서명에 사용되며, 이 키를 가진 사람만 해당 코인을 쓸 권리를 증명할 수 있다.
- **공개키(Public Key)**: 공개키는 개인키로부터 타원곡선 연산(secp256k1)으로 산출된다(개인키 × G = 공개키). 공개키는 잠금 해제의 '증명 재료'로 쓰인다. 다만 실제로는 주소가 가리키는 '락 스크립트'가 코인을 잠그고, 공개키(와 서명)는 그 스크립트를 만족시키는 자료로 제출된다.
- **지갑 주소(Address)**: 주소는 "내가 받은 코인을 어떤 조건으로 잠갔는가?"를 사람이 읽기 쉬운 형식으로 인코딩한 것이다. 실제로 사용자들이 흔히 접하는 건 공개키가 아니고 지갑 주소이다. 주소 유형에 따라 담는 값이 다르다. 따라서 주소는 항상 공개키를 해시해 압축한 것이 아니다. 유형에 따라 공개키 해시(P2PKH), 스크립트 해시(P2SH), 위트니스 해시(P2WPKH/WSH), 혹은 공개키 자체(P2TR)를 담는다.
  - P2PKH(레거시, 1로 시작): hash160(공개키)를 Base58Check로 인코딩
  - P2SH(레거시, 3으로 시작): hash160(스크립트)를 Base58Check로 인코딩(예: 멀티시그 등)
  - P2WPKH / P2WSH(SegWit, bc1q으로 시작): 위트니스 프로그램(버전 + 해시)을 Bech32로 인코딩
  - P2TR(Taproot, bc1p으로 시작): 해시가 아니라 32바이트 x-only 공개키(트윅된 내부키)를 Bech32m으로 인코딩
- **받을 때(잠그기)**: 송신자는 수신자의 주소를 넣어 해당 주소 유형의 락 스크립트를 생성하고 그 UTXO를 그 조건으로 '잠근다'. 직접 공개키로 잠그는 것이 아니라, 주소가 규정한 방식으로 잠근다고 이해하면 정확하다.

- **쓸 때(풀기)**: 수신자(코인 보유자)는 새 거래를 만들어, 해당 UTXO의 락 스크립트를 만족하는 서명·공개키(및 필요한 스크립트)를 제출한다. 그러면 노드들은 서명이 공개키 및 트랜잭션과 수학적으로 일치하는지, 스크립트 조건이 충족됐는지 검증한다.

정리하면, 우리가 비트코인을 받을 때는 '지갑 주소'를 사용하고, 비트코인을 보낼 때는 공개키와 개인키를 사용해서 거래에 서명(Sign)한다.

그렇다면 비트코인 거래의 실체, 즉 트랜잭션은 어떻게 구성될까? 비트코인 트랜잭션은 우리가 생각하는 '송금'과는 완전히 다른 방식으로 작동한다.

- **UTXO(Unspent Transaction Output) 기반**: 비트코인 지갑에는 잔고가 '통합'된 형태로 들어있지 않다. 마치 지갑에 1만 원짜리 지폐 한 장만 있는 것이 아니라, 5천 원, 1천 원짜리 지폐 여러 장이 들어있는 것처럼, 비트코인은 '아직 사용되지 않은 거래 잔액(UTXO)'들의 합산으로 잔고를 표시한다.
- **거래의 입력(Input)과 출력(Output)**: 내 지갑에 총 8BTC 상당의 UTXO들이 있고, 친구에게 7BTC를 보내야 하는 상황이라고 가정하자. 이때 내 지갑에 있는 UTXO들을 합산해서 총 8BTC를 '입력(Input)'으로 사용한다. 그리고 이 8BTC를 2개의 '출력(Output)'으로 나눈다. 하나는 친구에게 보낼 7BTC, 다른 하나는 나에게 다시 돌아올 1BTC이다.
- **거래 서명(Signing)**: 이 거래를 유효하게 만들기 위해 나는 내 '개인키'로 서명(Sign)을 한다. 이 서명을 통해 '나는 이 UTXO의 소유자가 맞다.'라는 것을 증명한다.

이러한 복잡한 과정을 거치는 이유는 '개인 정보 보호'와 '거래의 투명성'을 동시에 확보하기 위함이다. 거래의 입력과 출력은 모두 공개되지만, 누가 이 거래의 주체인지는 알기 어렵다. 모든 것은 공개키와 개인키의 암호학적 관계에 의해 보호된다.

결론적으로, 비트코인 지갑 주소는 단순한 계좌번호가 아니다. 공개키와 개인키라는 2개의 열쇠를 통해 비트코인이라는 디지털 자산의 소유권과 거래를 관리하는 정교한 암호학적 도구이다. 이 도구 덕분에 우리는 은행 같은 중앙기관 없이도 안전하고 익명성이 보장된 거래를 할 수 있다.

상속의 딜레마와 비밀키 헌팅

비트코인의 탈중앙화가 가진 가장 큰 문제점 중 하나는 바로 '상속의 딜레마'이다. 비트코인과 은행 예금은 상속 절차에서 극명한 차이를 보인다. 은행 예금은 소유자가 사망하더라도 그 자산이 사라지지 않는다. 은행이라는 중앙 관리자가 사망자의 신원과 자산 내역을 모두 기록하고 있기 때문이다. 상속인은 사망진단서, 가족관계증명서 등 법적 서류를 제출하는 것만으로 손쉽게 예금을 상속받을 수 있다. 상속 절차가 번거로울 수는 있지만 자산 자체가 유실될 위험은 없다. 은행이 모든 것을 대신 관리해주기 때문이다.

비트코인은 이야기가 완전히 다르다. 비트코인에는 중앙 관리자가 없기 때문에 소유자가 사망하면 그 누구라도 개인키나 시드 단어를 모르면 자산에 접근할 수 없다. 비트코인 네트워크는 소유자가 사망했는지 여부를 알지 못하며 상속인들에게 개인키를 넘겨줄 책임도 없다. 결국, 개인키가 영원히 묻히면 그 안에 있던 비트코인도 영원히 유실된다.

비트코인 유실 사례는 전 세계 곳곳에서 발견된다. 2025년 초 기준으로, 분석가들은 비트코인 최대 발행량인 2,100만 개 중 약 230만 개에서 370만 개의 비트코인이 영원히 유실된 것으로 추정한다. 여기에는 초기 채굴자들이 개인키를 잃어버린 경우나 사망한 투자자의 비트코인이 포함된다.

- **제임스 하웰스(James Howells)**: 2013년, 영국의 컴퓨터 엔지니어인 제임스 하웰스는 약 8,000개의 비트코인이 담긴 하드 드라이브를 실수로 쓰레기 매립지에 버렸다. 현재 가치로 수천억 원에 달하는 비트코인이지만, 매립지에서 하드 드라이브를 찾는 것은 거의 불가능하다.
- **매슈 무디(Matthew Moody)**: 2013년, 비트코인 채굴에 열중하던 20대 매슈 무디는 경비행기 추락 사고로 사망했다. 그의 아버지는 아들의 비트코인 지갑 비밀번호를 알지 못했고, 그가 남긴 수십억 원의 비트코인은 영원히 잠겨버렸다.

이러한 문제를 해결하기 위해, 현대의 비트코인 지갑들은 개인키를 직접 다루는 대신 24개의 '시드(Seed) 단어'를 조합하는 방식을 사용한다. 이 시드 단어들은 BIP(Bitcoin Improvement Proposal)-39에서 표준으로 채택된 방식으로, 2,048개의 단어들 중에서 무작위로 24개를 선택하여 지갑 복구에 사용되는 문장을 만든다. 이 시드 단어들을 외우거나 종이에 적어 안전하게 보관하면 지갑 앱이 사라지거나 기기가 고장 나더라도 비트코인 자산을 복구할 수 있다.

그러나 여기서 또 다른 문제가 발생한다. 바로 '비밀키 헌팅'이다. 비트코인 비밀키는 16진법으로 64개의 칸을 채우는 방식이나, 24개의 시드 단어로 표현된다. 24개의 시드 단어는 2,048개의 단어들 중 무작위로 뽑히기 때문에, 이 조합을 우연히 찾아내는 것은 수학적으로 불가능하다. 하지만 사람이 이 시드 단어들을 외우기 쉽게 예측 가능한 방식으로 조합하는 순간 문제가 생긴다.

한 지인의 경험이 좋은 예시다. 그는 '자신이 사망하거나 유고 시에 가족들이 비트코인을 상속받아야 하는데, 복잡한 시드 단어 문장을 외우기 어렵다.'라는 고민을 했다. 그래서 비밀키를 쉽게 만들기로 했다. 예를 들어, 16진법 64자리 비밀키 중 63자리를 'aaa…'로 채우고, 마지막 한 자리만 1부터 9까지의 숫자로 바꾸는 방식이었다. 그는 이 규칙대로 만든 비밀키에 비트코인을 보내놓고 가족들에게 그 규칙을 알려주었다. 그러나 1년 뒤, 그 지갑은 텅 비어있었다.

이 지갑을 털어간 사람은 '비밀키 헌터(Private Key Hunter)'였다. 그들은 예측 가능한 규칙을 가지고 만들어진 비밀키를 찾기 위해 무작위로 수많은 조합을 대입하는 프로그램을 돌린다. 무작위 값을 넣어가면서 개인키를 찾는 해킹을 프라이빗키 브루트포스 공격(Private-Key Brute-Force Attack)이라고 한다. 따라서 예측 가능한 규칙으로 만든 비밀키는 보안에 매우 취약하다.

이러한 사례들은 비트코인의 탈중앙화가 '개인의 완벽한 통제권'을 의미하지만, 동시에 '책임의 극대화'를 의미한다는 것을 보여준다. 비트코인 자산을 상속하려면 개인키를 안전하게 보관하고 상속인에게 전달할 수 있는 구체적인 계획을 미리 세워두어야 하는 이유가 바로 여기에 있다.

> **잠깐만요** 비트코인 가격 변동과 반감기 연표

비트코인의 역사는 이러한 미시경제학적 원리가 현실에서 어떻게 작동했는지 명확하게 보여준다.

	1차 반감기 (2012년 11월)	2차 반감기 (2016년 7월)	3차 반감기 (2020년 5월)	4차 반감기 (2024년 4월)
블록 보상	50 BTC → 25 BTC	25 BTC → 12.5 BTC	12.5 BTC → 6.25 BTC	6.25 BTC → 3.125 BTC
가격 변화	반감기 전후로는 큰 변동이 없었지만, 이후 1년 동안 가격은 100배 이상 폭등했다.	반감기 전후로 가격은 횡보했지만, 이후 1년 반 동안 가격은 30배 가까이 오르며 2017년 말 사상 최고가(약 2만 달러)를 기록했다.	코로나19로 인한 팬데믹 상황과 맞물려 각국의 양적완화가 시작되면서, 반감기 이후 비트코인 가격은 1년 6개월 만에 8배가량 상승했다.	반감기 이후 몇 개월간 가격은 횡보했으나 트럼프 대통령의 당선과 맞물려 1년이 지난 시점까지 대략 2배 상승했다. 미국 금융권이 크립토 산업에 진입하면서 반감기 효과가 언제까지 지속될지가 관건이다.
분석	당시 비트코인에 대한 인지도가 낮았기 때문에 가격 반응이 즉각적이지 않았다. 하지만 공급 감소 효과가 서서히 시장에 반영되면서 가격이 폭발적으로 상승했다.	1차 반감기 때보다 인지도가 높아져 투자자들의 기대감이 반영되었다. 공급이 절반으로 줄어든 상황에서 수요가 계속 유입되면서 가격이 큰 폭으로 상승했다.	거대한 유동성 장세 속에서 비트코인이 인플레이션 헤지(위험 회피) 수단으로 부상하면서 가격이 급등했다.	

비트코인 반감기는 가격을 올리는 마법의 주문이 아니다. 그것은 비트코인이라는 상품의 '생산 비용'을 인위적으로 높이는 코드로 고정된 규칙이다. 이 규칙은 채굴 시장의 균형을 깨뜨리고, 시장은 새로운 균형점을 찾기 위해 가격을 재조정하는 과정을 거친다. 즉, 반감기마다 비트코인 가격이 오르는 것은 우연이 아니라 시장의 수요와 공급, 그리고 생산 비용이라는 미시경제학의 원리가 작동하며 이루어지는 자연스러운 결과이다.

010
하드포크의 개념과 비트코인의 생존력

비트코인에 대해 이야기하다 보면 종종 '양자컴퓨터(Quantum Computer)'가 언급된다. 양자컴퓨터는 기존의 슈퍼컴퓨터보다 훨씬 빠른 속도로 계산을 할 수 있는 미래 기술이다. 그리고 비트코인의 보안이 이 양자컴퓨터에 의해 무력화될 수 있다는 우려도 제기되고 있다. 과연 양자컴퓨터는 비트코인을 무너뜨릴 수 있을까? 그리고 비트코인 커뮤니티는 이러한 위협에 어떻게 대응하고 있을까? 여기서는 '하드포크(Hard Fork)'라는 개념을 통해 비트코인 네트워크가 어떻게 환경변화에 적응하는지 살펴보겠다.

양자컴퓨터의 위협: 비트코인의 보안을 뚫다

비트코인의 보안은 '공개키 암호화(Public Key Cryptography)'라는 기술에 기반하고 있다. 앞에서 지갑 주소, 공개키, 개인키의 관계를 이야기했는데 다시 한 번 간략히 짚고 넘어가자.

- **개인키** 복잡한 무작위 문자열로, 비트코인의 '소유권'을 증명하는 비밀 열쇠이다.
- **공개키** 개인키를 기반으로 만들어지는 '자물쇠'이다.
- **지갑 주소**: 공개키를 해시 함수로 압축한 형태이다.

현재의 컴퓨터 기술로는 공개키나 지갑 주소를 가지고 개인키를 역으로 유추하는 것이 사실상 불가능하다. 이것은 현재 우리가 사용하는 모든 인터넷 보안 기술(HTTPS, SSL 등)의 근간이 되는 원리이기도 하다. 그러나 양자컴퓨터가 등장하면 상황이 달라진다. 양자컴퓨터는 이처럼 복잡한 암호화 문제를 기존 컴퓨터보다 훨씬 빠른 속도로 풀 수 있다. 하지만 양자컴퓨터가 비트코인의 보안을 당장 위협하는 것은 아니다.

양자컴퓨터의 위협에 대한 의견은 크게 2가지로 나뉜다. 먼저 위협이 임박했다는 주장을 살펴보자. 양자컴퓨터는 쇼어(Shor) 알고리즘과 같은 기술을 활용하여 공개키에서 개인키를 계산해낼 수 있다. 양자 기술과 AI 기술이 결합하면 이러한 해독 속도는 더욱 빨라질 수 있다. 따라서 'Q-Day(양자 기술이 암호 시스템을 무력화하는 날)'가 도래하면 비트코인 지갑의 자금이 순식간에 탈취될 수 있다고 경고한다. 특히 초창기 비트코인 거래에 사용된 공개키는 블록체인에 노출되어 있으므로, 해당 공개키와 연결된 주소에 담긴 비트코인이 가장 위험할 것이라는 주장이다.

이번엔 위협은 장기적이라는 주장을 들어보자. 현재의 양자컴퓨터는 비트코인 암호화를 해독할 만큼 충분히 강력하지 않다. 비트코인의 보안을 뚫으려면 수백만 개의 '논리 큐비트'가 필요하지만 현재 기술 수준은 수백 개에 불과하다. 전문가들은 양자컴퓨터가 비트코인을 위협할 수준에 도달하기까지는 최소 10년, 길게는 수십 년이 걸릴 것으로 예측한다. 또한 양자컴퓨터가 비트코인의 암호화 기술(ECDSA)만 노리는 것이 아니라, 모든 인터넷 보안을 무력화할 것이므로 비트코인 커뮤니티는 다른 시스템과 함께 진화할 시간을 충분히 확보할 수 있다는 의견이다.

이러한 논쟁은 '비트코인 묵시록'의 대표적 논리이지만 양자컴퓨터에 대한 논의는 비트코인이 탄생하고 얼마 지나지 않은 2011년에 이미 등장했다. 이는 비트코인이 위협을 경험한 뒤 대응하는 방식이 아니라, 연역적 추리를 통해 미리 대비하는 방식으로 적응한다는 것을 뜻한다. 비트코인이든, 양자컴퓨터든, 또는 암호체계든 모두 수학에 기반하기 때문에 실제로 위협이 현실화되기 전에 수학적 추론과 사고실험을 통해 그 귀결을 유추하고 대비할 수 있다.

비트코인은 양자컴퓨터의 위협에 어떻게 대응할까?

비트코인 개발자들과 커뮤니티는 양자컴퓨터의 위협을 이미 인지하고 있다. 그리고 이에 대한 대응책도 논의하고 있다. 핵심은 일단 양자컴퓨터로부터 안전한 새로운 암호화 알고리즘으로 비트코인 네트워크를 업그레이드하는 것이다.

이러한 새로운 암호화 기술을 '양자 내성 암호(Post-Quantum Cryptography, PQC)'라고 부른다. PQC는 기존 컴퓨터와 양자컴퓨터 모두의 공격에 안전하도록 설계된 암호 체계이다. PQC 기술에는 여러 종류가 있는데, 그중 가장 유망한 후보 중 하나가 바로 '격자구늬 암호체계(Lattice-based Cryptography)'이다.

격자무늬 암호체계는 고차원 공간에서 가장 짧은 벡터를 찾는 수학적 문제에 기반한다. 이 문제는 현재의 컴퓨터로는 물론, 미래의 양자컴퓨터로도 효율적으로 풀기 어렵다고 알려져 있다. 미국 국립표준기술연구소(NIST)는 2024년부터 이러한 양자 내성 암호 알고리즘을 새로운 국제 표준으로 지정하고 있다.

결론적으로, 비트코인도 때가 오면 다른 금융 시스템처럼 양자 내성 암호로 업그레이드할 수 있다. 다만 비트코인은 특정 주체가 아닌, 네트워크 참여자들의 '합의'를 통해 업그레이드해야 하기 때문에 다소 힘겨운 합의 과정을 거쳐야 한다. 이는 독재냐 민주주의냐의 문제처럼 인류의 오래된 고민과 맞닿아있는 문제이기도 하다. 그래서 양자컴퓨터의 위협은 비트코인이라는 기술이 멈춰있지 않고 외부 환경 변화에 맞춰 끊임없이 변호하는 살아있는 시스템임을 증명하는 또 하나의 계기가 될 것이다.

비트코인 업그레이드의 역사: 분열과 통합

비트코인 프로그램은 중앙의 일방적인 명령이나 배포로 업그레이드되는 구조가 아니다. 네트워크 전체를 구성하는 참여자들이 각자 노드와 채굴기를 운영하고 있기 때문에 모든 변경은 다수의 동의와 자발적인 채택을 통해서만 가능하다. 이로 인해 비트코인의 업그레이드는 필연적으로 '포크(Fork)'라는 과정을 거치게 된다. 포크란 기존 블록체인 규칙이 변경되면서 새로운 규칙을 채택한 체인과 기존 규칙을 유지하는 체인이 일시적으로 혹은 영구적으로 갈라지는 현상을 말한다. 비트코인 역사에서 포크는 단순한 기술적 절차를 넘어 네트워크의 방향성을 두고 참여자들이 의견을 표출하는 일종의 민주적 의사결정 과정이었다.

그러나 탈중앙 시스템에서 합의에 이르는 과정이 결코 순탄하지는 않다. 대표적인 사례가 2014년부터 2017년까지 이어진 비트코인 커뮤니티의 분란이었다.

비트코인 네트워크는 중앙에서 한쪽이 일방적으로 업그레이드를 강제할 수 없으며, 네트워크 참여자(노드 운영자·채굴자·지갑 제공자 등)의 폭넓은 동의가 필요하다. 때문에 2014년부터 2017년까지 이어진 비트코인의 '블록 크기 확장 논쟁'은 단순한 기술 업그레이드를 넘어 프로토콜 방향성, 탈중앙화 철학, 그리고 누가 권한을 갖느냐를 둘러싼 이념적·정치적 투쟁이었다. 이를 흔히 '비트코인 내전(Blocksize War)'이라고 부른다. 내전에 비유될 정도로 분열이 심각했던 것이다. 이 논쟁은 당시 비트코인 가격이 가장 오랫동안 침체한 원인 중의 하나로 꼽히기도 한다. 양자컴퓨터가 비트코인을 파괴할 가능성은 낮지만, 양자컴퓨터 대응 과정에서 비트코인 생태계가 업그레이드 방식과 시기를 놓고 또 한번 내전을 치룬다면 비트코인의 선도적 지위가 흔들릴 수도 있다는 우려는 현실적이다.

비트코인은 원래 블록 크기 제한이 약 1메가바이트(1MB)로 설정돼 있었다. 이 제한은 초기 스팸 공격 방지 및 네트워크 부담을 줄이기 위한 조치였다. 그러나 시간이 흐르면서 거래량이 증가했고, 블록이 가득 차거나 수수료가 급격히 오르는 등의 병목이 나타났다. 그러자 블록 생성이 10분당 한 번이라 해도, 처리 가능한 거래 수가 제한되면서 '비트코인은 결제수단으로서 한계가 있다.'라는 주장이 나왔다.

이에 따라 더 큰 블록(빅 블록)으로 가자는 진영(Big Blockers)과 작은 블록을 유지하자는 진영(Small Blockers)이 형성되었다. 2014년 무렵부터는 일부 개발자·채굴자 진영에서 블록 크기 확대를 위한 제안들이 등장했다. 'Bitcoin XT'가 그중 하나였다. 그러나 블록 크기를 확대하면 거래량이 늘고 수수료가 낮아질 수 있는 장점이 있는 반면, 노드 운영 비용이 증가해 네트워크의 중앙화 위험을 키운다는 것이 비트코인 핵심 개발자들의 중론이었다. 결국 이 논쟁은 단순히 '성능 개선'의 문제가 아니라 누가 네트워크를 이끌 것이냐, 비트코인의 정체성은 무엇이냐는 질문을 품고 있었다.

이 과정에서 업그레이드는 단순히 코드 버전을 올리는 일이 아니었다. 네트워크 참여자들이 '우리가 기 체인을 지지하겠다.' 혹은 '새로운 체인을 만들겠다.'를 선택하였고 실제로 체인이 둘로 갈라지는 포크가 발생했다.

2015~2016년 동안 내부 논쟁이 격화되었고, 각 진영은 지지하는 채굴풀이나 개발 진영을 확보하려 했다. 결국 2017년 초에는 소프트포크인 '세그윗(SegWit, Segregated Witness)'이 활성화되었고, 같은 해 8월에는 블록 크기 확대를 지지한 진영이 비트코인캐시를 출범시키며 하드포크를 단행했다. 이는 '합의된 업그레이드'가 아니라 '분리된 네트워크로의 이탈'을 뜻했다.

이후 비트코인은 확장성 문제에 대해 온체인 용량 확대보다는 라이트닝 네트워크(Lightning Network) 같은 오프체인 방식, 그리고 세그윗 같은 효율 개선 방식으로 방향을 잡았다. 이 내전이 남긴 교훈은 명확하다. 탈중앙화된 시스템에서는 기술적 설계뿐 아니라 거버넌스 논쟁, 참여자의 권력·동의 구조, 인센티브 구조도 바꿔야 할 대상'이라는 것이다. 그렇다고 해서 비트코인의 모든 프로그램 업그레이드가 이런 심각한 분란을 야기하지는 않는다.

비트코인 포크의 유형에는 다음 2가지가 있다.

- **하드포크 사례(분리)**: 2014년, 비트코인의 블록 크기 확장을 둘러싸고 '확장성 논쟁(Scaling Debate)'이 벌어졌다. 블록 크기를 1MB로 유지하자는 측과 8MB로 늘리자는 측이 대립했고, 결국 8MB로 확장하자는 그룹이 2017년, 하드포크를 단행하여 '비트코인캐시(Bitcoin Cash)'라는 새로운 코인이 탄생했다. 이후 2018년에는 비트코인캐시 내부에서도 또다시 의견이 갈라져 '비트코인SV(Bitcoin SV)'가 하드포크로 분리되었다. 하드포크는 이렇게 블록체인이 2개의 독립적인 네트워크로 나뉘는 결과를 가져온다.
- **소프트포크 사례(통합)**: 모든 업그레이드가 체인을 분리하는 것은 아니다. 소프트포크는 기존 규칙을 유지하는 노드도 새로운 규칙을 따르는 노드가 만든 블록을 유효하다고 인정하기 때문에, 하위 호환성을 유지한 채 업그레이드가 가능하다. 즉 업그레이드된 노드로 모두 동시에 바뀌는 대신 최신 코드가 서서히 퍼져나가는 식으로 점진적 변화가 가능하다.

대표적인 소프트포크 업그레이드로는 세그윗과 탭루트 업그레이드가 있다. 2017년의 세그윗 업그레이드는 거래 데이터 중 서명(Witness) 부분을 분리하여 블록에 더 많은 거래를 담을 수 있게 했다. 이를 통해 거래 처리 속도와 네트워크 확장성이 개선되었다.

2021년의 탭루트(Taproot) 업그레이드는 비트코인 스크립트를 개선해 트랜잭션의 효율성과 프라이버시를 높였다. 이 업그레이드는 전 세계 풀노드 운영자들의 90% 이상이 동의하면서 활성화되었다.

이처럼 하드포크와 소프트포크를 통해 비트코인은 외부 위협과 내부 요구에 맞춰 진화해왔다. 이는 비트코인이 단순한 기술 산물이 아니라, 자율적인 합의와 참여를 통해 스스로 진화하는 살아있는 유기체임을 보여주는 사례이다.

양자컴퓨터의 상용화 시점은 아직 불확실하지만 비트코인 커뮤니티는 이미 이에 대한 암호학적 대응책을 논의하고 있다. 더구나 양자컴퓨터에 대비한 업그레이드는 다른 합의 과정보다 신속할 가능성이 높다. 왜냐하면 적응하지 못하면 자신들의 귀중한 자산을 도난당할 수 있으므로 업그레이드 자체가 논란의 대상은 아니기 때문이다. 다만 유력한 후보군에서 어떤 암호체계가 가장 최적일지를 놓고 지적이면서 정치적인 논쟁이 치열하게 이루어지고 나서야 업그레이드가 될 가능성이 높다. 아무튼 양자컴퓨터에 대응하는 변화 자체에 대해서는 이론의 여지가 거의 없다는 점이 중요하다.

> **잠깐만요** **양자컴퓨터 채굴은 비트코인을 무너뜨릴까?**
>
> 양자컴퓨터가 비트코인의 보안을 위협하는 것과 별개로, 채굴에 양자컴퓨터를 활용하는 것은 비트코인 생태계를 어떻게 변화시킬까? 양자컴퓨터는 기존 슈퍼컴퓨터보다 수조 배 빠른 속도로 해싱(Hashing)을 할 수 있다. 만약 누군가 양자컴퓨터를 이용해 비트코인을 채굴한다면, 그는 다른 채굴자들보다 압도적인 속도로 블록을 찾아 보상을 독식할 수 있다. 이는 비트코인 채굴의 핵심 가치인 '분산'과 '탈중앙성'을 훼손하는 심각한 위협이다.
>
> 그러나 이러한 위협은 현실적으로 지속되기 어렵다. 그 이유는 시장 경쟁 때문이다. 채굴의 미시경제학적 원리를 떠올려보자. 한 채굴자가 양자컴퓨터로 채굴의 우위를 점한다면, 그는 막대한 양의 비트코인을 획득하게 된다. 이 사실이 알려지면 다른 채굴자들도 양자컴퓨터를 구하기 위해 경쟁할 것이고, 결국 채굴 시장은 양자컴퓨터 채굴자들로 채워질 것이다.
>
> 이는 GPU 채굴 초기, 라스즐로 한예츠가 한때 우위를 가졌던 것처럼 보였지만 이내 모든 채굴자가 GPU로 무장하며 그 우위가 순식간에 사라졌던 사례를 떠오르게 한다. 라스즐로 한예츠는 피자 2판에 1만 BTC를 지불한 그 유명한 일화의 장본인이었지만 얼마 뒤 그렇게 펑펑 뿌려댈 비트코인이 자신의 수중에 없다는 것을 알게 되었다고 한다. 양자컴퓨터도 마찬가지이다. '먼저 양자컴퓨터로 채굴의 우위를 점한 채굴자'는 결국 다른 채굴자들의 도전을 받게 되고, 채굴 경쟁의 승자 분배는 다시 해시파워에 비례하는 통계적 균형을 찾게 된다. 즉, 양자컴퓨터가 채굴에 도입되더라도 채굴 독점은 일시적일 수밖에 없다.
>
> 따라서 양자컴퓨터는 비트코인 네트워크의 보안을 위협하거나 채굴에 있어서 일시적으로 압도적인 경쟁자가 확보하게 할 수 있겠지만 비트코인 시스템 자체의 근본적인 탈중앙성을 영원히 무너뜨리기는 어렵다. 비트코인 생태계는 새로운 기술의 등장에 끊임없이 적응하고 진화해왔기 때문이다.

잠깐만요 용어 정리

용어	의미	간단 설명
블록체인(Blockchain)	분산 원장 기술	거래 기록을 블록 단위로 묶어 체인처럼 연결한 데이터베이스로, 위변조가 어렵고 투명성이 높음
채굴(Mining)	블록 생성 과정	컴퓨터 연산으로 거래를 검증하고 새로운 비트코인을 보상으로 받는 과정
반감기(Halving)	보상 절반 감소 이벤트	약 4년마다 채굴 보상이 절반으로 줄어드는 시점. 공급 감소로 가격 상승 압력을 만듦
지갑(Wallet)	코인 보관 도구	비트코인을 저장·송금하는 도구. 앱(핫월렛)이나 하드웨어(콜드월렛) 형태
개인키/공개키	소유권 인증 열쇠	공개키는 지갑 주소를 만드는 정보이고 개인키는 소유권을 증명하는 전자 서명 열쇠. 개인키를 잃으면 그 지갑의 코인은 영원히 꺼낼 수 없음
거래소(Exchange)	코인 거래 플랫폼	비트코인을 사고팔 수 있는 곳. 국내(업비트·빗썸 등)와 해외 거래소(바이낸스 등)가 있음
스테이블코인(Stablecoin)	가치 고정 코인	달러에 1:1로 연동되는 코인(USDT·USDC 등). 거래 시 중간 매개 역할
DCA(Dollar Cost Averaging)	분할 매수 전략	일정 금액으로 정기적으로 비트코인을 매수해 변동성을 줄이는 방식
HODL	장기 보유 전략	'Hold'의 오타에서 유래. 단기 변동에 흔들리지 않고 장기 보유하는 것을 의미
온체인 데이터	블록체인 상의 데이터	지갑 이동, 거래량, 해시레이트 등을 분석해 시장 상황을 판단하는 지표
MVRV Z-Score	시장 과열 지표	시가총액 대비 실현가치 비율. 높으면 과열, 낮으면 저평가 신호로 해석
롱/숏 포지션	매수·매도 방향 베팅	롱은 상승에 베팅, 숏은 하락에 베팅하는 것을 의미함. 선물·옵션 등 파생상품에서 사용
KYC(Know Your Customer)	본인 인증	거래소에서 요구하는 신분 확인 절차. AML(자금 세탁 방지) 규제를 위한 필수 단계
디파이(DeFi)	탈중앙화 금융	중앙기관 없이 스마트 계약으로 대출·예금·거래가 가능한 금융 시스템
NFT(Non-Fungible Token)	대체 불가 토큰	디지털 자산의 소유권을 증명하는 토큰. 예술·게임·수집품에 활용

비트코인 투자 무작정 따라하기

- **011** 거래소별 특징과 계좌 개설 방법
- **012** 비트코인 ETF 승인
- **013** 비트코인을 안전하게 보관하는 법 – 개인키 직접 소유하기
- **014** 비트코인 투자 전 해야 하는 마음수련

둘째 마당

비트코인 투자
시작하기

011

거래소별 특징과 계좌 개설 방법

비트코인 투자 프로세스 이해하기

비트코인 투자의 기본 개념을 이해했다면 이제 본격적으로 투자에 나설 때이다. 이를 위해서는 비트코인 투자의 프로세스를 먼저 익혀두어야 한다. 거래소별로 지정된 은행이 있기 때문에 만약 내가 사용하는 은행이 지정 은행이 아니라면 내가 선택한 거래소에 맞는 지정 은행에 원화를 이체해야 한다.

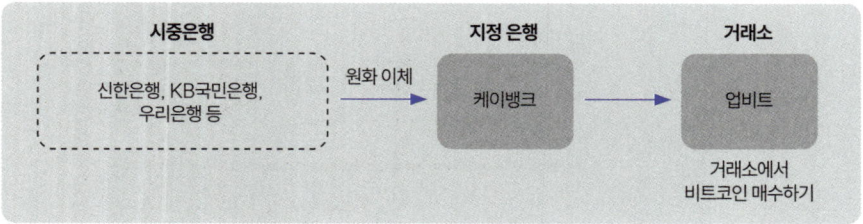

위 프로세스에서 보듯이 비트코인 투자를 하기 위해서는 우선 내가 거래하려는 거래소에서 지정한 은행에 먼저 가입해야 한다. 다음 표에 적힌 지정 은행을 사용하고 있지 않다면 새로 가입해서 원화를 이체하면 된다.

거래소	지정 은행
업비트(Upbit)	케이뱅크(K-Bank)
빗썸(Bithumb)	KB국민은행
코인원(Coinone)	카카오뱅크
코빗(Korbit)	신한은행

프로세스를 이해했다면 이제 계좌를 개설해야 한다. 최근에는 여러 거래소가 생겼기 때문에 나에게 맞는 거래소를 먼저 선택해야 하는데 아래에 정리된 각 거래소별 특징을 살펴보고 거래소를 선택해 애플리케이션부터 깔아보자.

거래소별 특징: 업비트, 빗썸, 코인원, 코빗, 바이낸스

업비트(Upbit)

업비트는 국내 최대 규모의 가상자산 거래소로 이용자 수와 거래량 모두 업계 1위를 차지하고 있다. 카카오 계열사인 '두나무'가 운영하고 있어 신뢰도가 높으며 국내 규제 준수에도 가장 적극적인 모습을 보인다.

사용 편의성 측면에서도 강점이 있다. 원화 마켓에서 직접 거래가 가능하고, 케이뱅크 계좌를 연동하면 쉽게 원화를 입출금할 수 있다. 또한 UI·UX가 깔끔하게 구성되어 있어 초

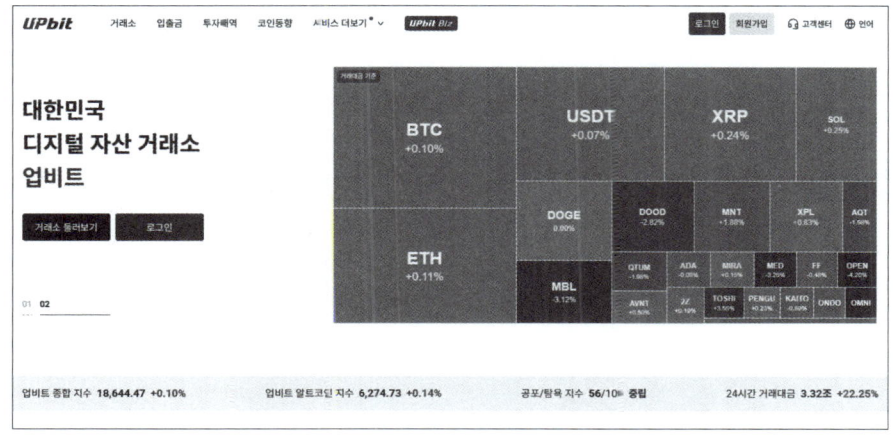

보자가 사용하기에 가장 편리한 거래소로 꼽힌다.

다만 몇 가지 제약사항도 있다. 우선 케이뱅크 계좌가 없으면 거래를 시작할 수 없다. 또한 상장된 코인의 종류가 해외 거래소에 비해 상대적으로 적어 해외 알트코인을 다양하게 거래하고 싶다면 한계가 느껴질 수 있다. 그럼에도 업비트는 보안, 안정성, 고객센터 지원 면에서 국내에서 가장 신뢰할 만한 플랫폼으로 평가받고 있다.

빗썸(Bithumb)

빗썸은 업비트와 함께 국내 양대 거래소로 꼽히며 다양한 코인 상장으로 유명하다. 국내 거래소 정책에 따라 빗썸 역시 특정 은행을 통해서만 접근이 가능한데, KB국민은행 계좌가 있어야 거래를 시작할 수 있다.

빗썸의 장점 중 하나는 이벤트와 리워드 프로그램이 풍부하다는 점이다. 다만 주의할 점도 있다. 빗썸은 과거 보안 사고가 몇 차례 발생했던 만큼 OTP와 출금주소 화이트리스트 등 보안 설정을 반드시 해두어야 한다. 다행히 최근에는 보안 강화와 규제 준수에 적극적으로 나서면서 안정성이 개선되고 있다.

결론적으로 빗썸은 다양한 알트코인을 거래하고 싶고 이벤트 혜택을 적극 활용하려는 투자자에게 적합한 거래소라 할 수 있다.

코인원(Coinone)

코인원은 국내 3대 암호화폐 거래소 중 하나로, 깔끔하고 직관적인 모바일 중심의 UI 덕분에 초보 투자자에게 친숙하다. 국내 정책상 필수적으로 카카오뱅크 계좌와 연동해야 한다. 가장 큰 장점은 카카오뱅크를 통해 간편하게 입출금할 수 있다는 것과 거래 시스템이 안정적이라는 것이다. 카카오뱅크 계좌를 이미 보유한 이용자는 빠른 인증과 입출금이 가능하고, 모바일 기반 인터페이스가 편리해 소액·단기 투자자에게 특히 적합하다.

다만 상장 코인 수가 많지 않아 해외 거래소에 비해 선택의 폭이 좁으며, 거래량이 상대적으로 적어 체결 속도가 느려질 수 있다는 점은 유의해야 한다.

결론적으로 코인원은 카카오뱅크를 이용하는 투자자나 복잡하지 않은 환경에서 안정적으로 거래하고 싶은 초보 투자자에게 잘 맞을 것이다.

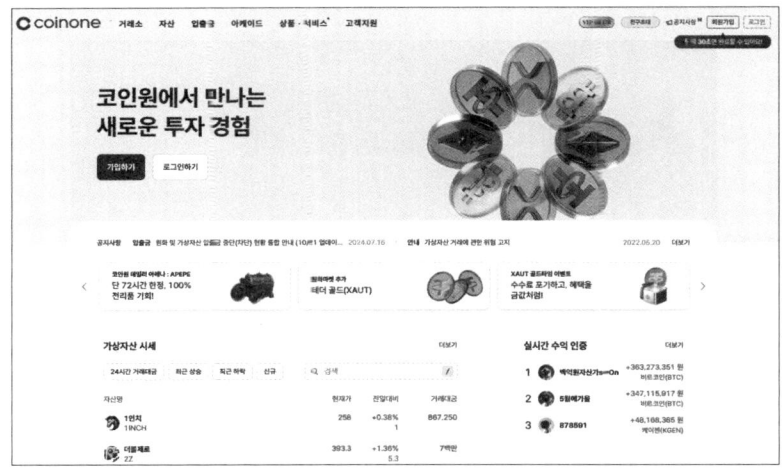

코빗(Korbit)

2013년에 개설된 국내 최초의 암호화폐 거래소로, 오랜 운영 경험과 전통 금융권 수준의 보안 체계가 특징이다. 현재 신한은행과 제휴된 실명 계좌 서비스를 제공하는데 코빗-신한은행은 가장 오래된 가상자산 금융 파트너십 중 하나이다.

코빗의 강점은 안정성과 신뢰성이다. SK그룹의 자회사인 SK스퀘어가 투자한 이후 내부 통제와 보안이 강화되었으며, 투명한 운영과 고객자산 분리보관 원칙을 엄격히 지킨다. 또한 장기적으로는 디지털자산 수탁(Custody), NFT 마켓 등 새로운 블록체인 서비스를 시도하며 혁신적인 행보를 이어가고 있다. 다만 유동성이 낮고 거래량이 적은 편이어서 단기 매매보다는 장기 보유하는 투자자에게 적합하다. 신규 알트코인 상장이 느리고, 실시간 변동성 대응에는 다소 한계가 있을 수 있다.

결론적으로 코빗은 안정성과 신뢰성을 중시하는 보수적 투자자, 장기 관점에서 비트코인 중심의 포트폴리오를 운용하려는 투자자에게 잘 맞는 거래소이다.

바이낸스(Binance)

바이낸스는 세계 최대 규모의 글로벌 거래소이다. 그러나 한국의 업비트나 미국의 코인베이스처럼 특정 국가로부터 허가를 받은 거래소가 아니라 역외 거래소로 분류된다. 그럼에도 크립토 산업의 특성상 이 역외 거래소가 전 세계 1등을 하고 있다.

바이낸스의 가장 큰 강점은 상장 코인 종류와 파생상품의 다양성에서 압도적이라는 점이다. 현물 거래뿐 아니라 선물, 옵션, 스테이킹, 런치패드 등 다양한 서비스를 제공해 고급 투자자들에게 높은 인기를 얻고 있다. 여기에 수수료도 저렴하고 글로벌 유동성이 높아 체결이 빠른 편이다.

하지만 몇 가지 제약사항이 있다. 바이낸스는 국내 규제를 따르는 거래소가 아니므로 원화 입금을 지원하지 않는다. 따라서 USDT(테더)와 같은 스테이블코인을 먼저 구매한 뒤, 자신의 바이낸스 계좌로 송금해야 거래를 시작할 수 있다. 이런 이유로 초보자에게는 다소 진입 장벽이 높고 규제 리스크가 있을 수 있어 주의가 필요하다.

그럼에도 국내 투자자들이 바이낸스를 많이 이용하는 이유가 있다. 바로 국내 거래소가 엄격하게 지키는 '트래블룰' 때문이다. 국내 거래소에서는 가상자산을 사고파는 것이 비교적 수월하지만 가상자산을 입출금하는 것은 쉽지 않다. 일일 한도가 적어 큰 금액을 인출하거나 입금하기 어렵기 때문이다.

이에 반해 바이낸스는 트래블룰이 상대적으로 엄격하지 않다. 게다가 국내 거래소들은 KYC를 하고 있는 바이낸스 계좌로의 인출이나 바이낸스로부터의 입금에 대해서는 관대한 편이다. 이런 이유로 국내 많은 투자자들은 자신의 암호자산을 국내 거래소에서 바이낸스로 옮겨 보다 자유롭게 인출하는 방식을 활용하고 있다.

> **알아두세요**
>
> - **KYC** 'Know Your Customer'의 약자로 '고객확인'을 의미한다. 금융회사나 거래소가 고객의 신원을 확인하고 자금이 합법적인 경로로 취득된 것인지를 검증하는 절차이다.

▼ 거래소별 특장점

거래소	지정 은행	주요 특징	장점	유의사항·단점	적합한 투자자
업비트 (Upbit)	케이뱅크 (K-Bank)	• 국내 최대의 거래소 • 케이뱅크 계좌 연동 필수	• 거래량과 유동성 국내 1위 • 깔끔한 UI·UX, 초보자 친화적 • 국내 규제 준수, 보안 안정성 높음	• 케이뱅크 계좌가 없으면 거래 불가 • 상장 코인 수가 해외 대비 적음	국내에서 비트코인을 안전하고 쉽게 사고팔고 싶은 초보 투자자
빗썸 (Bithumb)	KB국민은행	• 국내 2위 거래소 • 다양한 코인 상장	• 상장 코인 다양 • 여러 은행 계좌와 연동 가능 • 이벤트·리워드 프로그램 풍부	• 과거 보안 사고 이력으로 인해 보안 설정 필수 • 최근 보안은 강화되었지만 신중한 관리 필요	다양한 알트코인을 거래하고 이벤트 혜택을 활용하려는 투자자
코인원 (Coinone)	카카오뱅크	• 중형 거래소 • 간결한 UI • 모바일 중심	• 카카오뱅크 계좌 보유자 편리 • 원화 입출금 빠름	코인 수가 한정적이고 거래량이 적음	카카오뱅크를 이용 중인 초보 개인 투자자
코빗(Korbit)	신한은행	• 국내 최초 가상자산 거래소 • 전통 금융 연계 강점	• 보안 체계 안정적 • 신한은행 연동으로 신뢰 높음	유동성 낮고, 상장 코인 수 적음	안정성과 전통 금융 연계를 중시하는 투자자
바이낸스 (Binance)	- (원화 입금 불가)	• 세계 최대 글로벌 거래소 • 파생상품 지원	• 상장 코인·파생상품이 압도적으로 다양함 • 글로벌 유동성 높아 체결 빠름 • 수수료 저렴	• 원화 입금 불가, USDT 등 스테이블코인 필요 • 해외 송금·P2P 거래를 통한 진입 필요 • 규제 리스크 존재	글로벌 프로젝트 초기 투자, 선물·옵션 등 고급 전략을 쓰는 숙련 투자자

계좌 개설 방법

비트코인 투자를 시작할 때 가장 먼저 해야 할 일은 가상자산 거래소 계좌를 여는 일이다. 거래소는 비트코인을 사고팔 수 있는 플랫폼으로, 국내에는 업비트, 빗썸, 코인원, 고팍스 등 여러 곳이 있다. 초보자는 이용자가 많고 보안과 규제가 잘 갖춰진 주요 거래소를 선택하는 것이 좋다. 거래소마다 지원하는 코인과 수수료 체계가 다르니 비교 후 선택하는 것도 중요하다.

거래소를 선택했다면 회원가입을 진행한다. 대부분의 거래소는 이메일 주소 또는 휴대폰 번호로 간단히 가입할 수 있다. 가입 과정에서 비밀번호를 설정할 때는 대문자·숫자·특수문자를 조합해 보안을 높이는 것이 좋다. 가입 후에는 2단계 인증(OTP) 설정을 반드시 해두어야 계정 해킹의 위험을 줄일 수 있다.

다음 단계는 본인 인증이다. 국내 거래소는 실명 인증과 KYC 절차를 반드시 거치도록 되어 있다. 신분증(주민등록증이나 운전면허증)을 촬영해 제출하고, 얼굴 인식이나 계좌 인증을 거쳐야 한다. 이 과정은 금융위원회의 가상자산 실명제 규제를 따르기 때문에 필수이다. 인증이 완료되면 원화 입출금 계좌를 연결할 수 있다.

계좌 연결은 거래소에서 지정한 은행 계좌만 가능하다. 계좌를 개설한 뒤 거래소와 연동하면 원화를 입금해 비트코인을 매수할 수 있다. 계좌 개설 시에도 비대면 신분증 인증 절차가 필요하고 1원 송금으로 본인 계좌를 확인하는 단계가 진행된다.

모든 인증과 계좌 연결이 끝났다면 원화를 입금해 본격적으로 거래를 시작할 수 있다. 입금은 계좌 이체 방식으로 진행하며, 입금 후에는 거래소 내 원화 지갑에 잔액이 표시된다. 이제 원하는 가격에 매수 주문을 넣으면 첫 비트코인 매수가 완료된다. 초보자는 시장가 주문보다 지정가 주문을 사용해 원하는 가격에서 체결되도록 하는 것이 좋다.

마지막으로, 보안을 한 번 더 점검해야 한다. OTP 외에도 로그인 알림, 출금주소 화이트리스트, 휴대폰 본인 인증 등을 설정해 두면 안전하다. 장기 보유할 계획이라면 거래소에 두지 말고 개인 지갑(핫월렛·콜드월렛)으로 옮겨두는 것이 좋다. 계좌 개설과 보안 설정까지 끝내면 이제 안심하고 비트코인 투자 여정을 시작할 준비가 된 것이다.

무작정 따라하기

계좌 개설하기

업비트 거래소 계좌를 개설해보자. 하나하나 따라가면 누구나 쉽게 계좌를 개설할 수 있다.

① 앱스토어에서 업비트 앱을 찾아 다운받는다.

② 본인 확인 절차를 거쳐 회원가입을 순차적으로 진행한다. 원화 입출금을 하려면 케이뱅크 계좌가 필요하다. 없다면 케이뱅크 앱을 설치해 미리 본인 인증 후 입출금 계좌를 개설한다.

> 무작정 따라하기

투자 시작하기

계좌를 개설한 다음 본격적으로 투자를 시작해보자.

① 회원가입이 완료되면 입출금 메뉴에 들어가 원화를 입금한다

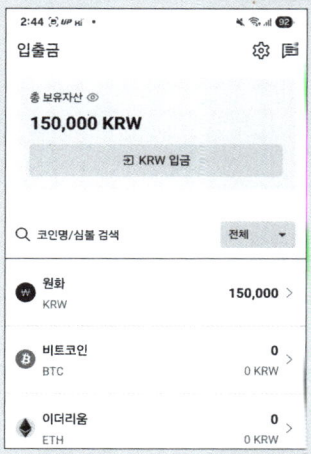

② 거래소에서 비트코인을 검색한다.

③ 주문 탭에서 내 투자금에 맞는 소수점 수량의 비트코인을 매수한다. 초보자는 지정가 매수를 하는 것이 좋다.

 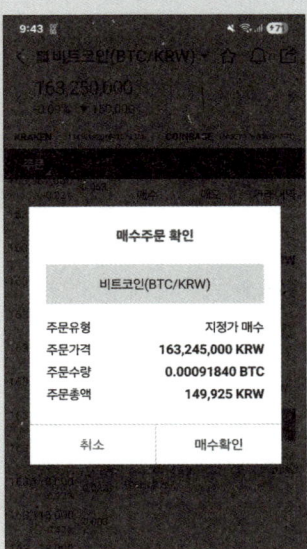

④ 투자내역 탭에서 보유 자산을 확인한다.

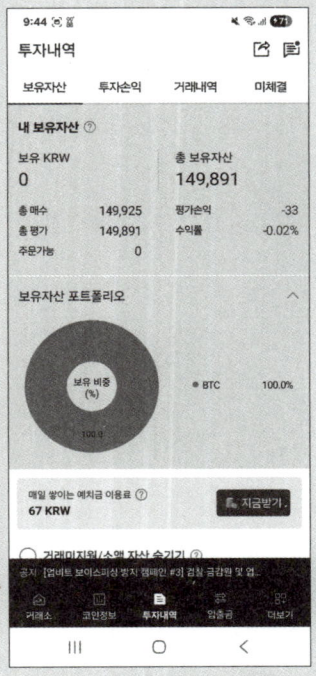 

012

비트코인 ETF 승인

비트코인 ETF 승인은 제도권 진입의 전환점

2024년 1월 10일, 미국 증권거래위원회(이하 SEC)는 역사적인 결정을 내렸다. 11개의 비트코인 현물 상장지수펀드(ETF)를 동시에 승인한 것이다. 이 결정은 비트코인 역사뿐만 아니라 전 세계 금융 시장에도 거대한 파장을 일으켰다.

비트코인 현물 ETF는 2014년부터 시작된 암호화폐 업계의 오랜 열망이었다. SEC의 끈질긴 반대가 있었지만, 결국 법원의 판결에 의해 그 문이 열리게 되었다. 여기서는 비트코인 현물 ETF 승인의 배경과 의미, 그리고 이것이 비트코인의 미래에 어떤 영향을 미칠지 심층적으로 분석해볼 것이다.

본격적인 논의에 앞서, ETF(Exchange-Traded Fund)가 무엇인지 이해할 필요가 있다. ETF는 한국어로 상장지수펀드라고 하며, 특정 지수·자산·전략의 성과를 추종하도록 설계된 금융상품이다. 펀드 내부에는 지수 구성 종목이나 원자재·채권·현금성 자산 등이 담기며, 거래소에 상장되어 주식처럼 실시간으로 매매할 수 있다. 가격은 순자산가치(NAV)를 기준으로 형성된다.

ETF가 활발히 거래되면서도 가격 왜곡이 상대적으로 적은 이유는 창출·환매(Creation/Redemption) 구조 덕분이다. 지정된 기관(Authorized Participant, AP)이 기초자산(혹은 현금)을 펀드에 제공해 새 지분을 창출하거나 보유 지분을 반환하고 기초자산(혹은 현금)을 돌려받는 환매를 수행한다. 이는 시장가격이 NAV에서 크게 벗어나지 않도록 가격 괴리를 완충하는 역할을 한다.

이러한 구조 덕분에 ETF는 여러 가지 장점을 제공한다. 분산투자가 가능하고 투명성이 높으며, 시장별로 상이하지만 대체로 세부담 및 비용 효율성이 우수하다. 무엇보다 높은 접근성으로 일반 투자자들도 쉽게 다양한 자산에 투자할 수 있다는 점이 큰 매력이다.

ETF의 오랜 열망과 SEC의 끈질긴 반대

비트코인 현물 ETF에 대한 열망은 비트코인이 처음 대중에게 알려지기 시작한 2014년부터 시작되었다. 당시 윙클보스 형제(캐머런 윙클보스·타일러 윙클보스, Cameron Winklevoss·Tyler Winklevoss)가 비트코인 ETF를 처음 신청한 이래, 수많은 자산운용사가 SEC의 문을 두드렸다. 윙클보스 형제는 자신의 할머니도 비트코인에 투자할 수 있도록 하기 위해서 비트코인 ETF가 필요하다고 말했다. 그들이 추구한 목표는 분명했다. 비트코인을 주식처럼 쉽게 사고팔 수 있는 금융상품으로 만들어 일반 투자자들과 기관 투자자들이 비트코인 시장에 더 쉽게 접근할 수 있도록 하는 것이었다. 그러나 SEC는 10년 가까이 비트코인 현물 ETF 승인을 거부했다. SEC가 내세운 주요 반대 논리는 다음과 같다.

- **시장 조작 가능성**: 비트코인 현물 시장은 규제가 미흡하고 유동성이 낮아 가격 조작에 취약하다는 주장이었다. SEC는 투자자들이 이러한 시장 조작으로 인해 피해를 볼 수 있다고 우려했다.
- **투자자 보호 미흡**: 비트코인 현물 시장은 전통 금융 시장과 같은 엄격한 규제와 감독을 받지 않으므로 투자자 보호 장치가 충분하지 않다는 점을 지적했다.
- **수탁(Custody) 문제**: 비트코인과 같은 디지털 자산을 안전하게 보관하는 수탁 서비스가 아직 미성숙하다는 우려도 있었다. 해킹이나 분실의 위험이 크다는 것이다.
- **외국의 과다 보유**: 비트코인을 미국 바깥의 외국인들과 세력들이 과다 보유하고 있어서 미국의 금융권이 비트코인 투자에 노출되었을 때, 이들 외국 세력에 의해서 미국의 금융질서가 교란될 수 있다는 주장이다. 즉, 비트코인을 다량 가지고 있는 중국인들이 한꺼번에 비트코인을 투매할 경우 비트코인에 노출된 미국의 퇴직연기금 등이 위험에 처할 수 있다는 것이다.

이러한 이유로 SEC는 수십 건의 비트코인 현물 ETF 신청을 계속해서 반려했다. 시간이 흘러서 비트코인에 대한 인식이 조금씩 전환되었고 결국 비트코인 선물 ETF를 승인해주었다. 그러나 SEC는 비트코인 현물 ETF에 대해서만큼은 완강한 입장을 고수했다. 이는 비트코인 시장의 '투기성'과 '위험성'을 통제하기 어렵다는 SEC의 판단에서 비롯된 것이다.

법원의 판결과 SEC의 '마지못한' 항복

SEC의 완강한 반대에도 불구하고 비트코인 현물 ETF 승인의 물꼬를 튼 것은 다름 아닌 미국 법원의 판결이었다. 2023년 8월, 세계 최대 암호화폐 자산운용사인 그레이스케일(Grayscale)은 역사적인 소송을 제기했다. 자사의 비트코인 신탁(GBTC)을 현물 ETF로 전환하려는 신청이 SEC에 의해 거부되자 SEC를 상대로 소송을 제기한 것이다. 그리고 미국 컬럼비아 특별구 항소법원은 그레이스케일의 손을 들어주었다.

법원은 SEC가 비트코인 선물 ETF는 승인하면서 현물 ETF는 거부하는 것이 '자의적이고 변덕스러운' 행위라며, SEC의 결정이 합리적인 근거가 없다고 판결했다. 법원은 선물 시장과 현물 시장의 비트코인 가격이 밀접하게 연동되어 있으므로 선물 ETF를 승인했다면 현물 ETF도 승인해야 한다는 논리를 펼쳤다.

이 법원 판결은 SEC에게 큰 압박으로 작용했다. SEC는 항소할 수도 있었지만 패소할 가능성이 높다고 판단해 결국 법원의 명령을 따르기로 결정했다. 이로써 2024년 1월 10일, SEC는 11개의 비트코인 현물 ETF를 동시에 승인하기에 이른다. 이는 SEC가 비트코인 현물 ETF 승인을 거부할 명분을 사실상 잃었음을 의미하는, 비트코인 역사에 길이 남을 법적 승리였다.

SEC 의장 게리 겐슬러(Gary Gensler)는 ETF 승인 직후 성명을 통해 자신의 복잡한 심경을 드러냈다. 그는 "우리는 법원의 명령을 무시할 수 없었다."라고 밝히며 마지못해 승인했음을 시사했다. 동시에 그는 비트코인 자체에 대한 기존의 우려를 다음과 같이 재차 강조했다. "비트코인은 여전히 탈세, 지하 금융, 규제 회피의 수단으로 활용될 수 있다. 비트코인 시장은 여전히 투기적이고 변동성이 크며, 투자자 보호 장치가 미흡하다."

겐슬러 의장은 비트코인 ETF 승인이 비트코인 자체에 대한 SEC의 승인을 의미하는 것은 아니며 SEC는 앞으로도 비트코인 시장의 가격 조작 행위를 엄중히 감시할 것이라고 경고

했다. 이는 SEC가 비트코인이라는 '통제 불가능한 존재'를 직접적으로 막을 수는 없지만 제도권 안으로 끌어들여 '순치'하려는 전략을 지속할 것임을 명확히 보여주는 발언이었다.

비트코인 ETF의 폭발적인 성과와 시장의 변화

SEC가 비트코인 현물 ETF를 승인한 이후, 시장의 반응은 폭발적이었다. 블랙록의 IBIT(iShares Bitcoin Trust), 피델리티의 FBTC(Fidelity Wise Origin Bitcoin Fund) 등 주요 ETF들은 출시되자마자 엄청난 규모의 자금을 끌어모았다. 2024년 1월 출시 이후, 블랙록의 IBIT 비트코인 현물 ETF는 불과 341일 만에 운용자산(AUM) 700억 달러(약 95조 원)를 돌파하며 역사적인 판매 기록을 세웠다. 이는 과거 어떤 신규 ETF도 달성하지 못한 경이로운 성과였다.

비트코인 ETF의 성공은 종종 금 현물 ETF(GLD)의 초기 성과와 비교된다. 2004년 11월 출시된 GLD는 금 시장에 대한 기관 투자자들의 접근성을 높이며 금 가격 상승에 기여했다. 하지만 GLD가 운용자산 700억 달러에 도달하기까지 1,691일이 걸린 반면, IBIT는 그보다 5배 이상 빠른 속도로 같은 목표를 달성했다. 이런 성과는 '디지털 금'이 단지 말뿐이 아니라는 것을 확인시켜주었다. 비트코인은 새로운 형태의 금융자산으로서 금에 버금가는 위상을 향해 폭발적으로 성장할 잠재력이 있다는 사실을 보여준 것이다.

비트코인 현물 ETF는 헤지펀드, 자산운용사, 패밀리 오피스 등 전통 금융 시장의 거대 기관 자금을 비트코인 시장으로 유입시키는 주요 통로가 되었다. 이들은 직접 비트코인을 보관하고 관리하는 복잡성과 위험을 피하면서도 규제된 상품을 통해 비트코인에 투자할 수 있게 되었다. 이러한 비트코인 ETF의 성공은 비트코인이 더 이상 소수의 투기꾼이나 기술 전문가들만의 전유물이 아니라 주류 금융 시장의 합법적인 투자 자산으로 인정받았음을 의미한다.

결국 비트코인 현물 ETF 승인은 비트코인에게 '제도권 진입의 전환점'이 되었다. 그러나 이는 양날의 검과 같다. ETF 승인 이후 비트코인은 제도권 자산으로서 새로운 기회를 얻었지만 동시에 본래의 철학이 흔들릴 수 있다는 우려도 함께 커지고 있다. 즉, 투자 접근성은 높아졌지만 그만큼 통제의 가능성도 커진 셈이다.

이러한 변화가 비트코인에 가져온 주요 영향은 다음과 같다.

- **합법성과 접근성 증대**: ETF는 비트코인에 대한 대중의 인식을 개선하고 접근성을 크게 높였다. 이는 비트코인의 가격 상승과 시장 규모 확대에 긍정적인 영향을 미친다.
- **탈중앙화 속성의 희석**: 비트코인 ETF에는 비트코인의 핵심 가치인 '탈중앙화'를 희석시킬 수 있다는 우려도 존재한다. ETF를 통해 비트코인을 소유하는 것은 개인이 직접 개인키를 관리하는 '자기 보관 지갑'과는 다르다. ETF 발행사가 비트코인을 대신 보관하고 관리하므로 비트코인 소유권이 소수의 거대 금융 기관에 집중되는 현상이 발생한다. 이는 비트코인이 궁극적으로 추구했던 '개인의 완벽한 자산 통제권'이라는 철학과는 거리가 멀다.
- **정부의 통제 강화 및 가격 조작 감시**: 미국 정부는 비트코인을 직접 없앨 수 없다는 현실을 인지하고 '순치' 전략을 선택했다. ETF 승인은 이 전략의 핵심이다. 금융 기관들이 비트코인을 대량으로 보유하게 되면 정부는 이들 기관을 통해 비트코인 자산의 흐름을 간접적으로 통제할 수 있게 된다. 전쟁이나 지정학적 위기 시, 정부는 이들 금융 기업에 압력을 가해 비트코인 자산을 동결하거나 특정 거래를 제한할 수 있는 여지가 생긴다.

SEC는 비트코인 현물 ETF 승인 조건으로 '가격 조작 방지'에 대한 엄격한 감시 시스템 구축을 요구했다. 이전에는 비트코인에 대한 허위 정보를 퍼뜨려 가격을 조작하는 행위가 발생해도 규제 당국이 직접적으로 형사 처벌을 가하거나 민사 소송을 제기하기 어려웠다. 비트코인 시장이 규제 사각지대에 있었기 때문이다. 그러나 이제는 상황이 완전히 달라졌다. 비트코인 ETF가 제도권으로 들어오면서 ETF 시장에서 발생하는 모든 가격 조작 행위는 미국 증권법의 엄격한 적용을 받게 된다. 이는 무서운 형사 처벌과 막대한 민사 소송의 대상이 될 수 있음을 의미한다.

SEC는 비트코인 현물 ETF 승인을 늦추었던 가장 큰 이유가 '가격 조작의 우려' 때문이라고 밝혔다. 그런데 역설적으로 이렇게 제도화함으로써 비트코인 가격 조작 행위를 직접적으로 규제하고 처벌할 수 있는 강력한 권한을 확보하게 된 것이다.

이러한 변화는 일반 투자자들에게 긍정적인 신호로 작용한다. SEC가 감시하고 처벌하겠다고 선언하는 것만으로도 투자자들의 가장 큰 우려 중 하나를 해소하는 효과가 있기 때문이다. 특히 세력들이 짜고 가격을 인위적으로 부양하면서 투자자들을 끌어들인 뒤 투자금을 회수해 단기에 큰 이익을 취하는 '작전'에 대한 공포감이 크게 줄어들게 되었다.

그러나 여기에는 대가가 따른다. 일반 투자자들이 감독기관을 믿고 금융기업을 통한 간접 투자를 늘릴수록, 비트코인의 탈중앙성은 희석되기 때문이다. 이는 인터넷이 걸어온 길과 유사하다. 인터넷은 '편리함'을 추구하는 과정에서 포털에 의해 중앙화되었다. 비트코인도 이러한 전철을 밟고 있는 것이 아니냐는 우려가 점점 커지고 있다.

결론적으로, 비트코인 현물 ETF 승인은 비트코인이 주류 금융 시스템에 편입되는 중요한 이정표이다. 이는 비트코인의 성장과 대중화를 가속화할 것이다. 그러나 동시에 중요한 질문을 던진다. 비트코인의 '탈중앙화'라는 본질적인 속성이 어떻게 변화할 것인지, 그리고 정부의 통제와 어떻게 균형을 이룰 것인지에 대한 질문이다. 비트코인의 미래는 이러한 '확장과 제도화'의 줄다리기 속에서 계속해서 진화할 것이다.

비트코인 투자 대중화의 관문

비트코인 ETF는 말 그대로 '비트코인을 주식처럼 사고팔 수 있게 만든 금융상품'이다. 즉, 투자자가 비트코인을 직접 사서 지갑에 넣지 않아도 마치 비트코인을 보유한 것처럼 그 가격 변동에 투자할 수 있는 방식이다. 일반 투자자는 증권사 계좌를 통해 주식을 매수하듯 비트코인 ETF를 매입하기만 하면 된다. 지갑을 따로 만들거나 암호화폐 거래소에 가입할 필요가 없고, 세금 신고 역시 주식 투자와 동일한 절차로 처리되기 때문에 훨씬 간편하다. 이런 이유로 비트코인 ETF는 기존 금융 시스템 안에서 가장 쉽게 접근할 수 있는 암호화폐 투자 수단으로 꼽힌다.

비트코인 ETF는 크게 현물(Spot) ETF와 선물(Futures) ETF 2가지로 구분된다. 현물 ETF는 실제 비트코인을 시장에서 직접 매입해 안전한 장소(수탁기관)에 보관한다. 따라서 비트코인 가격을 거의 그대로 반영하며, 장기적으로도 가격 왜곡이 적다. 반면 선물 ETF는 실제 비트코인을 사는 대신, 비트코인 가격에 연동된 선물 계약을 이용한다. 이 방식은 거래 만기마다 계약을 갱신해야 하므로 '롤오버 비용'이 발생하고, 시간이 지날수록 실제 비트코인 시세와 다소 차이가 생길 수 있다. 그래서 일반적으로 장기 투자자는 현물 ETF를, 단기 트레이더는 선물 ETF를 선호한다.

결국 비트코인 ETF는 전통 금융시장과 가상자산 시장을 잇는 다리라고 할 수 있다. 비트코인을 직접 구매하고 보관하는 복잡한 과정을 거치지 않아도 기존의 주식 투자 시스템

안에서 간편하게 비트코인에 투자할 수 있게 되었기 때문이다. 다만 주의할 점은 ETF를 보유한다고 해서 실제 비트코인을 소유하는 것은 아니라는 점이다. ETF 투자자는 단지 '비트코인의 가격 변동에 따라 수익이나 손실을 얻는 권리'를 가질 뿐, 해당 비트코인을 블록체인 상에서 옮기거나 사용할 수 있는 권한은 없다.

따라서 장기적으로 비트코인의 희소성과 철학적 가치를 믿는 투자자라면, ETF를 통한 간접투자와 함께 일부 비트코인은 직접 보관하는 방식을 병행하는 것도 고려할 만하다. ETF는 비트코인 투자 대중화의 관문이자, 제도권 금융으로의 진입을 상징하는 수단이지만 비트코인의 근본적 정신인 탈중앙화와 자기 보관(Self-Custody)의 가치는 여전히 중요한 의미를 가진다. 결국 ETF는 접근성을 높여주는 유용한 도구이고 직접 보유는 비트코인의 본질적 가치를 지키는 행위라고 할 수 있다. 두 방식은 경쟁 관계가 아니라 서로를 보완하는 2개의 축으로 이해하는 것이 바람직하다.

미국에서 2024년 1월, 비트코인 현물 ETF가 승인되었지만 2025년 10월 현재 기준으로, 한국 투자자들은 국내 증권사를 통해 미국에 상장된 비트코인 현물 ETF에 투자할 수 없다.

한국 금융당국은 투자 불가라는 원칙을 고수하고 있으며 금융위원회는 국내 증권사들에게 해외 상장 비트코인 현물 ETF의 중개 금지를 지시했다. 그 근거는 자본시장법에 있다. 현행 대한민국 자본시장법은 '금융투자상품'의 기초 자산을 명확히 규정하고 있는데 비트코인과 같은 가상자산은 현재 해당 법률이 규정하는 '기초 자산'에 포함되어 있지 않다. 금융당국은 비트코인이 기초 자산이 아닌 상황에서, 이를 기초로 하는 해외 ETF를 국내 금융투자회사가 중개하는 것은 법령 위반 소지가 있다는 유권 해석을 내린 것이다.

그런데 2025년 6월 새로운 정부가 들어서면서 국내 투자자들에게도 접근을 허용해야 한다는 목소리가 커지고 있고 관련해서 법 제안도 계속되고 있다. 금융 당국은 여전히 비트코인의 높은 변동성과 가상자산 시장의 불완전성, 그리고 금융기관의 건전성 문제를 들어 ETF 허용에 신중해야 한다는 태도이다. 그럼에도 가상자산에 대해서 개방적이고 적극적인 정책을 펼치겠다는 것이 선거 공약이기도 했기 때문에 이르면 2026년부터 비트코인 ETF 상품을 비롯해 가상자산 금융상품 투자가 가능할 전망이다.

013
비트코인을 안전하게 보관하는 법 – 개인키 직접 소유하기

"NOT YOUR KEYS, NOT YOUR COINS." 당신의 키가 아니라면 당신의 코인이 아니라는 이 말은 비트코인에 입문하면 한 번쯤 듣게 되는 주문이다. 개인키를 직접 소유하지 않으면 그 코인은 완전한 본인 소유가 아니라는 뜻이다. 이 신념을 담은 문장은 비트코인의 소유권이 단지 경제적 권리가 아니라 개인의 자유를 지키는 신성한 주권에 관한 문제라는 점을 강조한다. 즉, 비트코인은 완전한 소유권을 전제한다. 여기서 완전한 소유권이란 정부나 기업, 그 누구의 권위에도 의탁하지 않는 권리를 의미한다. 그래서 비트코인 맥시멀리스트들이 개인키 소유를 강조하는 것이다.

하지만 온전히 내 개인키를 보관하는 것은 그렇게 간단하지 않다. 엄밀한 의미에서 개인이 직접 비트코인의 비밀키를 관리하는 작업은 여간 번거로운 게 아니다. 더구나 위험도 뒤따르기 때문에 각별한 주의를 기울여야 한다.

여기서는 현실적으로 따라 하기 어렵지만 가장 완전한 보관 모델을 먼저 살펴보며 개인키 보관의 핵심 원리를 파악하고, 이 이상적인 모델을 바탕으로 개인키를 소유하려는 많은 투자자들이 현실적으로 선택하는 하드월렛(콜드월렛)과 소프트웨어 지갑(핫월렛)의 구체적인 작동 원리와 보안 수칙을 비교해볼 것이다.

가장 완전한 개인키 보관법

비트코인 개인키를 개인이 보관하는 데 있어서 가장 안전한 방법은 무엇인가? 이 질문에 답하기 위해서는 먼저 다음과 같은 접근법을 이해할 필요가 있다.

경제학에서의 이상적인 자유시장, 물리학에서의 마찰 없는 경사면, 화학에서의 이상기체와 같은 개념들은 현실에 존재하지 않는다. 그럼에도 불구하고 이들은 현실을 설명하는 데 가장 좋은 모델이 되기 때문에 학문에서는 이런 방법을 애용한다. 현실에 존재하지 않는 이상적 모델을 머릿속에 먼저 넣어놓고, 현실에서 발생할 수 있는 변수들을 고려해서 그 모델을 하나씩 수정해 나가면서 현실에 접근하는 것이다.

비트코인에 있어서도 마찬가지 접근법을 적용할 수 있다. 먼저 이상적인 방법을 머릿속에 넣어놓으면 비밀키 보관의 핵심적 원리가 무엇인지 감을 잡을 수 있다. 그다음부터는 조금씩 현실에 맞게 수정하면서 자신에게 딱 맞는 현실적인 보관 방법을 찾아 나가면 된다.

버리는 노트북, 파이선과 AI 그리고 버리는 프린터

그렇다면 이상적인 개인키 보관법은 무엇일까? 다음과 같은 상황을 생각해보자. 먼저, 내가 비트코인을 100억 원어치쯤 가지고 있다고 가정하자. 더구나 내가 비트코인을 가지고 있다는 사실을 누군가가 알고 있다면 어떨까? 비트코인이 사람들로부터 무시받을 때, 즈변에 비트코인을 사라고 권했던 이들이 주로 이 범주에 속한다. 비트코인 가격이 연일 무섭게 오르기 시작하면, 언론이 떠들어 댄다. 그러면 귓등으로도 말을 듣지 않던 친구, 선후배, 친척들이 내가 한 말을 기억한다. 그들은 자신들이 비트코인을 사야 한다는 생각을 하기 전에 '내'가 비트코인을 얼마나 갖고 있는지에 더 관심을 쏟는다. 사람들은 모두 비슷하다. 그래서 이렇게 좋은 마음으로 비트코인을 전파하려는 이들이 질시의 대상이 되어 버린다. 단순한 질시에 멈춘다면 좋으련만, 세상에는 남의 것을 빼앗는 것을 주저하지 않는 이들이 부족한 적이 없다. 더구나 온라인을 통한 해킹으로 남의 것을 빼앗는 이들은 야밤에 남의 집에 침입해서 금품을 갈취하는 이들에 비해서 죄의식이 훨씬 덜하다. 심지어 자신의 컴퓨터 실력을 뽐내기 위해서 남의 것을 탈취하는 이들도 많다.

나에게 비트코인을 권유받았다가 기회를 놓친, 친구, 선후배, 친척들이 나에 대해서 이러쿵 저러쿵 한 말이 이런 '스마트한 도둑'들의 귀에 들어가지 말라는 법이 없다. 스마트한 도둑들은 당신을 타깃으로 삼아서 짧게는 한 달, 길게는 몇 년을 기다리며 당신이 방심하는 틈을 노린다. 그들은 당신에게 메일을 보내서 당신이 즐겨 사용하는 노트북에 멀웨어를 설치하고 당신의 금융활동에 대한 패턴을 파악한다. 이런 무시무시한 도둑이 노리고 있는지도 모르고 당신이 만약 그 노트북으로 비트코인 지갑을 만들거나 심지어 그 노트북 자체를 비트코인 지갑으로 사용할 경우 모든 재산을 갈취당할 위험에 노출되는 셈이다.

이런 위험을 피하려면 일상적으로 사용하는 기기와 완전히 분리된 환경이 필요하다. 한 번만 사용하고 폐기할 노트북으로 비트코인 주소를 생성하는 것이다. 100억 원어치 비트코인을 보관하려는 사람이라면 다시는 사용하지 않을 노트북을 준비하는 게 부담스러운 일이 아니다. 다시 사용하지 않는다고 해서 기능을 못할 수준의 폐품이면 안 된다. 최소한 인터넷에 연결되어 있고, AI를 사용할 수 있으며 파이선을 설치할 수 있어야 한다. 100억 원어치 비트코인을 보관할 생각이므로 100만 원 정도를 투자해서 아예 비트코인 주소 생성 용도로만 몇 차례 사용하고 폐기처분할 노트북을 새로 구입하는 것도 나쁘지 않다.

이렇게 새로 구입한 노트북은 단 한 가지 목적만을 위해 존재한다. 비트코인 개인키를 생성하고, 그것을 종이에 출력한 뒤, 영원히 폐기되는 것이다. 이 노트북은 당신의 자산을 지키는 일회용 도구이자, 해커들이 침투할 수 없는 완벽한 격리공간이 된다.

자, 이제 본격적으로 이 노트북을 사용해서 비트코인 주소와 개인키를 생성하는 과정을 살펴보자. 생각보다 복잡하지 않다. AI의 도움을 받으면 코딩 경험이 전혀 없는 사람도 충분히 따라할 수 있다. 순서는 다음과 같다.

> **알아두세요**
>
> - **파이선(Python)** 파이선 자체는 보안 도구가 아니며 보안 자동화 및 관리 스크립트 작성에 활용할 수 있는 프로그래밍 언어로, 간단하고 직관적인 문법 덕분에 초보자부터 전문가까지 널리 사용한다. 예를 들어 파이선으로 비트코인 지갑 자동 백업 스크립트를 작성할 수 있다.

1 | 노트북에 파이선 설치(윈도우 기준)

파이선 코드를 해석하고 실행하는 프로그램, 즉 인터프리터(Interpreter)를 설치해야 한다. 파이선 공식 사이트(www.python.org)에 접속하면 누구나 쉽게 파이선 인터프리터를 설치할 수 있다.

먼저, 다운로드 페이지에서 상단의 'Downloads' 메뉴를 클릭한다. 버전 선택 및 다운로드는 다음과 같이 실행한다. 운영체제(Windows 또는 macOS)에 맞는 최신 버전(예: Python 3.13.9)을 다운로드한다.

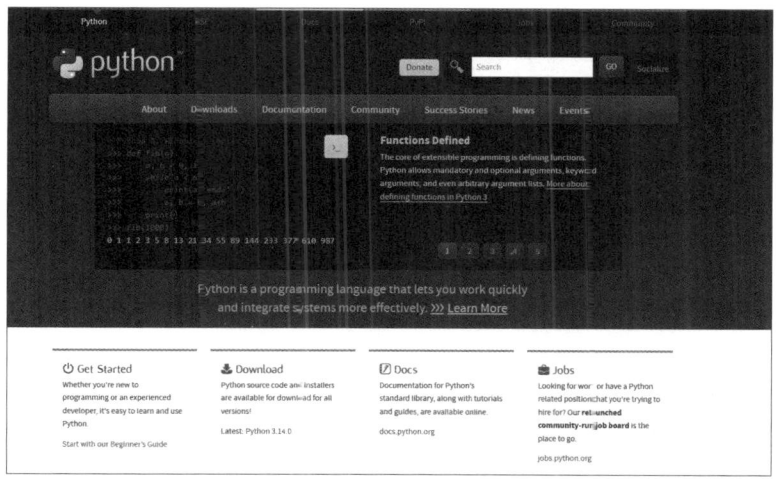

다운로드한 설치 파일(.exe 또는 .pkg 파일)을 더블 클릭하여 실행한다. 윈도우 사용자는 설치를 시작하기 전에 반드시 'Add Python to PATH' 옵션을 체크해야 한다. 이 옵션을 체크해야 명령 프롬프트에서 파이선 명령어를 바로 사용할 수 있다. 다음으로 'Customize installation'을 클릭하여 설치를 시작한다.

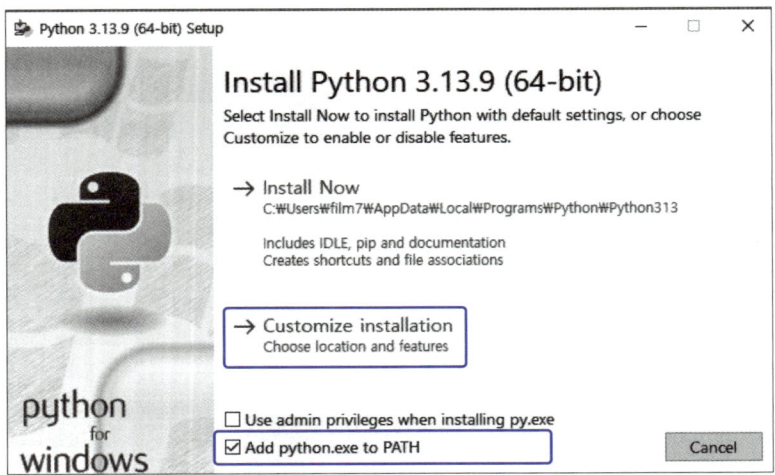

선택 사항은 다음과 같이 체크한다.

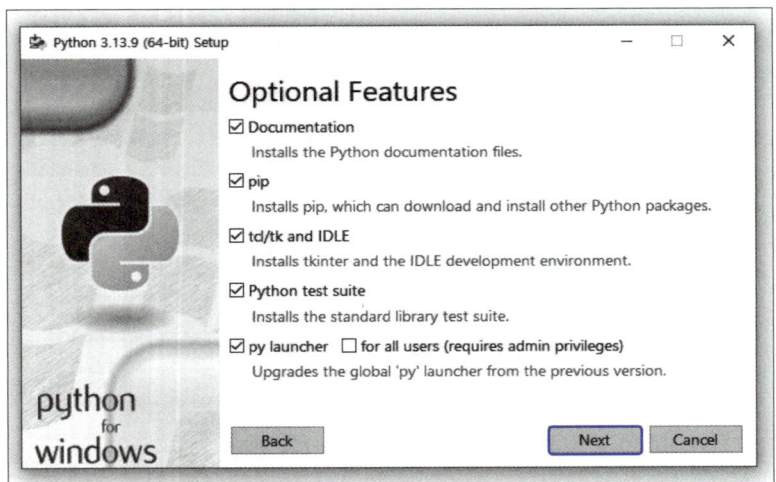

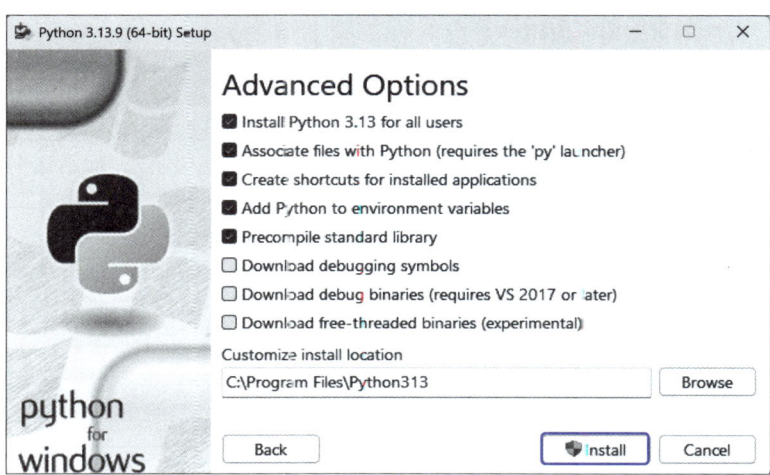

설치가 완료되면 파이선이 제대로 작동하는지 확인한다. Windows라면 '시작' 버튼 옆 검색창에 'cmd'를 입력하고 '명령 프롬프트'를 실행한다. macOS는 'Launchpad'에서 'Terminal' 앱을 실행한다.

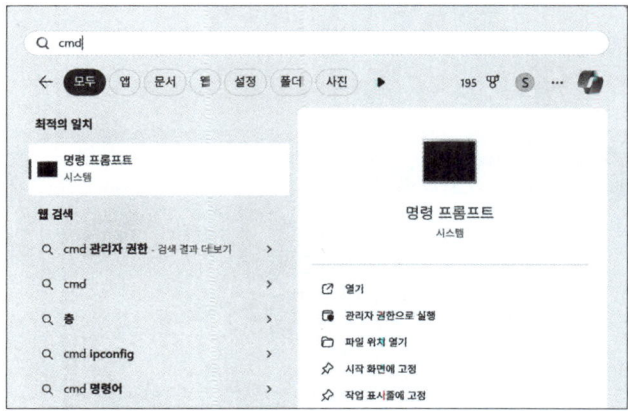

명령어 'python --version'을 입력하고 Enter를 누른다.

'Python 3.13.9'와 같이 설치된 버전 정보가 표시되면 파이선이 올바르게 설치된 것이다.

2 | 코드 작성에 필요한 라이브러리 설치하기

파이선에서 코드를 실행하기 위해서는 먼저 환경을 조성해야 한다. 필요한 라이브러리를 설치하여 프로그램 실행을 위한 환경을 만드는 것이다. 파이선 버전을 확인한 명령 프롬프트에서 다음과 같이 라이브러리를 설치한다. cmd 프롬프트에서 다음 코드를 진행하면 된다.

```
pip install ecdsa base58 mnemonic
```

3 | 파이선 인터프리터에서 코드 실행하기

챗GPT에게 비트코인을 보관하기 위한 키페어를 만들어 달라고 요청하여 비트코인 비밀키와 주소, 생성용 코드를 확보한다. 챗GPT에게 다음과 같이 질문하면 된다.

"비트코인 비밀키, 공개주소 페어를 만드는 파이선 코드를 짜고 이 비밀키를 24개의 단어

(니모닉)로 출력하는 코드를 작성해줘."

챗GPT가 만들어준 코드의 작동은 명령 프롬프트가 아니라 다음과 같이 파이선 인터프리터에서 실행해야 한다.

일단 화면 하단 윈도우 창 옆, 검색에 'python'을 입력해서 파이선 인터프리터를 연다.

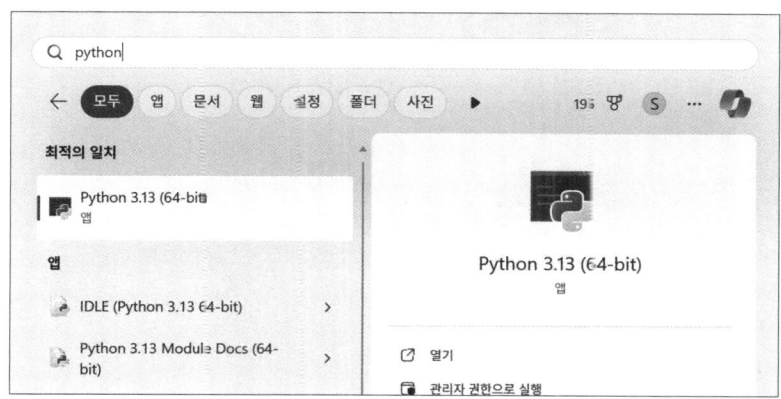

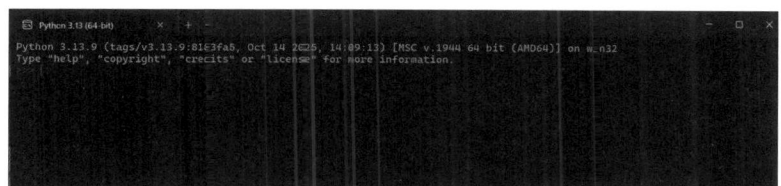

이 창에 챗GPT가 작성해준 다음 코드를 복사해서 한꺼번에 붙여넣기 해서 실행한다.

```python
import os
import hashlib
import base58
import ecdsa
from mnemonic import Mnemonic  # BIP39

def generate_mnemonic(strength_bits=256):
    mnemo = Mnemonic("english")
    return mnemo.generate(strength=strength_bits)
def mnemonic_to_seed(mnemonic_phrase, passphrase=""):
    mnemo = Mnemonic("english")
    return mnemo.to_seed(mnemonic_phrase, passphrase=passphrase)
```

```python
def generate_private_key():
    return os.urandom(32)

def private_to_public(private_key_bytes):
    sk = ecdsa.SigningKey.from_string(private_key_bytes, curve=ecdsa.SECP256k1)
    vk = sk.verifying_key
    return b'\x04' + vk.to_string()

def public_to_p2pkh_address(public_key_bytes, version_byte=b'\x00'):
    # SHA256 → RIPEMD160
    sha256 = hashlib.sha256(public_key_bytes).digest()
    ripemd160 = hashlib.new('ripemd160')
    ripemd160.update(sha256)
    hashed_pubkey = ripemd160.digest()
    versioned = version_byte + hashed_pubkey
    checksum = hashlib.sha256(hashlib.sha256(versioned).digest()).digest()[:4]
    full_payload = versioned + checksum
    address = base58.b58encode(full_payload)
    return address.decode()

# 실행 흐름
mnemonic_phrase = generate_mnemonic(256)  # 24단어 니모닉
print("Mnemonic (24 words):", mnemonic_phrase)

seed = mnemonic_to_seed(mnemonic_phrase)
print("Seed (hex):", seed.hex())

private_key = generate_private_key()
print("Private key (hex):", private_key.hex())

public_key = private_to_public(private_key)
print("Public key (hex):", public_key.hex())

address = public_to_p2pkh_address(public_key)
print("Bitcoin Address:", address)
```

```
Python 3.13.9 (tags/v3.13.9:8183fa5, Oct 14 2025, 14:09:13) [MSC v.1944 64 bit (AMD64)] on win32
Type "help", "copyright", "credits" or "license" for more information.
    return b'\x04' + vk.to_string()

def public_to_p2pkh_address(public_key_bytes, version_byte=b'\x00'):
    # SHA256 → RIPEMD160
    sha256 = hashlib.sha256(public_key_bytes).digest()
    ripemd160 = hashlib.new('ripemd160')
    ripemd160.update(sha256)
    hashed_pubkey = ripemd160.digest()
    versioned = version_byte + hashed_pubkey
    checksum = hashlib.sha256(hashlib.sha256(versioned).digest()).digest()[:4]
    full_payload = versioned + checksum
    address = base58.b58encode(full_payload)
    return address.decode()

# 실행 흐름
mnemonic_phrase = generate_mnemonic(256)  # 24단어 니모닉
print("Mnemonic (24 words):", mnemonic_phrase)

seed = mnemonic_to_seed(mnemonic_phrase)
print("Seed (hex):", seed.hex())

private_key = generate_private_key()
print("Private key (hex):", private_key.hex())

public_key = private_to_public(private_key)
print("Public key (hex):", public_key.hex())

address = public_to_p2pkh_address(public_key)
print("Bitcoin Address:", address)

Mnemonic (24 words): grace math valley hair certain carpet pretty game offer speak dinosaur ancient hospital joy fringe virtual battle drama sphere october advice sock gas field
Seed (hex): b27e939b567b35d667eb2c34825f576cf43513355697fefdb0cdc5c7b06#f7ad3830c3a363fbc0aa176de96a2eb53a594facc23654f24b3af32c340826b51d9e
Private key (hex): 440583e97cd8fc966c399e0d09b33cb9fac38b903936bc5dbb91#18c5e46606c
Public key (hex): 047b96c100b5a81c4aabf621ac33aaf8f4fa9d6d36d38edbf7e97Ceb65855132c27627f04dcb450ec8f7fe740fab83af754d1#135cb72b5eb6bf0b20208036F616
Bitcoin Address: 13fzE43yxdGGTdw95tBanF9gidotRPL4CP
```

이해를 돕기 위해 이 코드어 대한 챗GPT의 설명을 잠시 살펴보자.

> 이 코드는 BIP-39 기반 니모닉 생성 → 비트코인 주소 생성까지의 전체 과정을 자동화한 것입니다. 이 코드는 암호화폐 24개의 영어 단어로 구성된 복구 문구(니모닉)를 만듭니다. 이 단어들은 BIP-39 표준에 정의된 2,048개의 단어 목록에서 무작위로 선택됩니다.
>
> 이 24개 단어의 조합은 256비트의 암호학적 엔트로피(무작위성)를 제공하며, 이는 사실상 해킹이 불가능한 보안 수준입니다.
>
> 24개의 니모닉 단어를 이용하여 시드(Seed)라는 512비트의 긴 바이너리 코드를 만듭니다. 이 시드가 지갑의 '마스터 키' 역할을 합니다.
>
> 각 함수와 흐름을 아래와 같이 설명할 수 있습니다:
>
> **사용된 주요 라이브러리**
> - os: 랜덤 바이트 생성용(os.urandom)
> - hashlib: 해시 함수 사용(SHA-256, RIPEMD-160)

- base58: 비트코인 주소 인코딩에 쓰이는 Base58 인코딩
- ecdsa: 타원곡선 디지털 서명 알고리즘(비트코인의 SECP256k1 곡선)
- mnemonic: BIP-39 니모닉 표준 구현 라이브러리

함수 설명

1. generate_mnemonic(strength_bits=256)

    24개의 니모닉 단어를 생성합니다.

    strength_bits=256 → 24단어(128이면 12단어, 192는 18단어)

    BIP-39 영어 단어 리스트를 기반으로 생성

2. mnemonic_to_seed(mnemonic_phrase, passphrase="")

    생성된 니모닉 단어를 바탕으로 512비트의 시드(seed)를 생성합니다.

    시드는 BIP-32, BIP-44 경로로 지갑 키 파생에 사용됨

3. generate_private_key()

    32바이트 난수를 생성하여 개인키로 사용합니다.

    여기서 생성된 개인키는 니모닉과는 연결되어 있지 않음(독립적)

4. private_to_public(private_key_bytes)

    타원곡선 암호방식(SECP256k1)을 이용하여, 개인키 → 공개키 변환

    공개키 앞에 접두 바이트 \x04를 붙여서 비압축형 공개키 형식으로 리턴

5. public_to_p2pkh_address(public_key_bytes, version_byte=b'\x00')

    비트코인 표준 주소(P2PKH) 생성 과정:

    SHA-256 → RIPEMD-160 적용(해시 체인)

    네트워크 버전 바이트(\x00: 비트코인 메인넷)

    더블 SHA-256 체크섬 4바이트 추가

    전체 바이트를 Base58Check 인코딩

    결과는 사용자가 보는 비트코인 주소(1로 시작하는 주소)입니다.

전체 실행 흐름

24단어 니모닉을 생성

니모닉으로 시드 생성

난수로 개인키 생성(참고: 이 개인키는 시드로부터 파생한 것이 아님)

개인키로 공개키 생성

공개키로 비트코인 주소 생성(P2PKH, 1로 시작하는 주소)

키 및 주소 출력
- 공개주소(Public Address): 비트코인을 받을 때 사용하는 주소(누구에게나 공개 가능)입니다.
- 개인키(Private Key): 비트코인을 보낼 때 거래에 서명하는 데 사용하는 비밀 열쇠입니다. 여기서는 'WIF(Wallet Import Format)' 형식으로 인코딩하여 출력했습니다.

이 코드를 실행하면 비트코인 지갑을 복구할 수 있는 24개의 단어와, 그에 상응하는 공개주소 및 개인키를 즉시 확인할 수 있습니다.

4 | 프린트 출력

노트북을 폐기하기 전에 종이로 출력해 둘 필요가 있다. 24개의 복구용 단어를 완벽하게 외우기 전까지는, 혹은 암기에 자신이 없다면, 공개주소와 비밀키를 종이에 출력해 따로 보관하는 편을 선택할 수밖에 없다. 다만 100억 원어치 비트코인을 완벽하게 보관하기 위해서는 프린터기 역시 출력이 끝난 뒤에는 폐기해야 한다. 노트북은 버려 놓고 프린터기가 아깝다고 계속 사용하다 보면, 프린터기 메모리에 남아 있는 정보를 누군가 빼내 갈 위험에 노출되기 때문이다.

5 | 종이 지갑의 보관

노트북과 프린터기를 폐기하고 나면, 비밀키에 대한 정보는 오직 출력된 종이와 24개 단어를 외운 머릿속에만 남는다. 암기가 완벽하다면 가장 좋겠지만, 자신의 기억력을 신뢰하지 못하거나 나이가 들어 치매에 걸릴 가능성까지 생각해야 하는 것이 현실이다. 그래서 비트코인 부자들은 이 종이를 쉽게 버리지 못한다. 문제는 책갈피나 서랍 속에 넣어둔 종이를 누군가 우연히 발견할 수도 있고, 화재라도 나면 100억 원어치 비트코인을 보관하는 열쇠가 한순간에 사라질 수 있다는 점이다. 이 때문에 비트코인 초창기 부자들 가운데는 종이 지갑을 보관하기 위해 은행 금고를 대여하거나, 불에 타지 않는 내화금고를 따로 마련한다.

그렇다고 해서 이 방법이 완벽한 것도 아니다. 은행 건물이 통째로 불에 탈 수도 있고, 누군가 내화금고 자체를 통째로 훔쳐 갈 수도 있기 때문이다. 24개 단어를 머릿속에만 담아두고 종이를 완전히 파기하는 방법에 비하면 허점이 남는다.

이쯤에서 우리는 100억 원어치 비트코인을 '완벽하게' 보관하는 일은 이론적으로도 불가능에 가깝다는 사실을 깨닫게 된다. 완벽한 시장, 마찰이 전혀 없는 경사면 같은 가정이 현실에는 존재하지 않듯이, 여기서 설명한 보관 방식 역시 극단적인 상황을 상정한 하나의 모델에 가깝다.

위에서 설명한 보관 방법은 비트코인을 100억 원 이상 가지고 있으면서, 비트코인 보유 사실이 널리 알려진 이들이 무시무시한 세상으로부터 자신을 지키기 위해 선택하는 전략일 뿐이다. 대부분의 투자자들은 이 정도 수준의 완벽함을 갖추기도 어렵고, 실제로 이만큼 완벽할 필요도 없다.

> **잠깐만요** **LTM코인**
>
> 만약 100억 원 이상의 비트코인을 보유하고 있어도 비트코인은 단 한 개라도 값비싼 자산이다. 따라서 파이선 코드를 출력한 다음에 비싼 비트코인을 주소로 넣으면 안 된다. 코드 자체에 문제가 없더라도 아마추어가 파이선 코드를 다루는 과정에서 실수를 범할 수 있고, 그 결과 주소의 짝이 어긋나는 상황이 발생할 수 있기 때문이다. 이러한 위험을 방지하기 위해서는 비트코인처럼 비싸지 않으면서도 비트코인과 동일한 주소 체계를 사용하는 테스트 코인으로 충분히 연습해야 한다.
>
> 필자가 만든 비트모빅체인(모빅)은 바로 이러한 용도를 위해 개발되었다. 모빅은 비트코인에서 하드포크한 체인이기 때문에 비트코인과 주소 체계가 완전히 동일하다. 하지만 모빅 역시 실제 가격을 가지고 있어 연습용으로는 여전히 부담스러울 수 있다. 이러한 한계를 해결하기 위해 아예 무료인 순수 테스트용 코인을 별도로 만들었는데, 그것이 바로 LTM코인이다.
>
> LTM의 풀네임은 'LapTop Mining Coin'으로, 누구나 노트북으로 채굴할 수 있다는 의미를 담고 있다. 이 코인은 비트코인 문화의 초창기를 놓친 이들을 위해 '오태버스'가 재능기부 차원에서 체인을 설계하여 배포한 것이다.
>
> LTM코인은 전국에 있는 모빅회관에서 무료로 받을 수 있다. 회관에서는 2,000개의 LTM을 담은 종이 지갑을 5천 원에 판매하기도 하는데, 이 종이 지갑은 직접 만든 것만큼 완벽하지는 않지만 공개주소와 비밀키의 관계를 파악하고 LTM 앱으로 송수신 연습을 해보기에는 충분하다.
>
> LTM 앱은 안드로이드와 iOS(애플폰) 모두에서 사용할 수 있으며, 플레이스토어나 앱스토어에서 'LTM'을 검색하여 다운받으면 된다. 회관에서 받은 LTM을 스마트폰 앱으로 읽어들인 후(이를 임포트라고 한다.) 직접 만든 주소에 넣고 빼고를 반복해보면, 재미있게 비트코인의 주소 체계를 몸으로 익힐 수 있다.

덜 완전하지만 유용한 '콜드월렛'

1 | 비트어드레스오알지(www.bitaddress.org) 웹페이지로 주소 출력하기

비트코인 초창기에는 콜드월렛이 주로 종이 지갑을 뜻했다. 콜드월렛이란 온라인에 연결되어있지 않아서 해커로부터 비교적 안전한 지갑을 말한다. 그러나 종이 지갑을 자기 스스로 만드는 일은 녹록지 않다. 게다가 당시에는 파이선 코드를 짜주는 AI도 없었다. 사용자들은 깃허브를 검색해서 파이선 코드를 찾거나 아니면 파이선 프로그램을 공부해서 스스로 코드를 만들어야 했다. 이러한 상황에서 등장한 것이 바로 '비트어드레스오알지'이다. 이 사이트에 들어가서 마우스를 움직여 난수를 생성하면 종이 지갑이 나타난다. 생성 이미지의 왼쪽이 공개주소이고 오른쪽이 비밀키이다. 당시에는 비트코인이 비싸지 않아서 이렇게 만든 공개주소와 비밀키를 출력해서 비트코인을 보관하기도 했다.

그런데 의문이 생긴다. 내가 마우스를 굴려서 만든 공개주소와 비밀키를 이 사이트의 주인장이 보관하지 않는다는 보장이 있을까? 물론 이 사이트는 오랜 세월 신뢰를 저버리지 않았다. 그래도 방심은 금물이다. 실제로 누군가가 이 사이트와 거의 동일한 가짜 사이트를 만들어 URL 주소 한 글자만 다르게 설정한 뒤, 사용자가 직접 만드는 것처럼 보이지만 실제로는 미리 생성해둔 주소를 제공하는 방식으로 사기를 친 사례가 보고되었다. 사용자가 그 주소에 비트코인을 입금하기를 기다렸다가 비트코인을 즉시 탈취하는 수법이다. 비트어드레스오알지 사이트에서 직접 사고가 발생한 적은 없지만, 이처럼 유사 사이트를 통한 피싱 사건은 실제로 일어났다.

아무튼 이 사이트를 이용하는 사람들은 초창기부터 '구식'이라는 비판을 받았다. 그럼에도 이 사이트가 아직까지 살아남은 데는 분명한 이유가 있다. 바로 쉽고, 편한 데다 무료라는 점이다.

물론 100억 원은커녕 1억 원이나 그 이하의 비트코인을 보관하는 용도로도 권장하지 않는다. 하지만 이 사이트를 통해 공개주소와 비밀키 쌍을 만드는 연습을 하고, 그 주소로 테스트 코인을 송수신해보는 것만으로도 비트코인의 주소 체계와 거래 방식을 머릿속에 명확히 그릴 수 있다는 점에서 여전히 좋은 학습 플랫폼이라 할 수 있다.

비트어드레스오알지(www.bitaddress.org)에서 마우스를 이리저리 무작위로 움직여서 100%라는 숫자를 만들면 공개주소와 비밀키가 출력된다. 간단하고 쉬우며, 무엇보다 무료이다.

2 | 하드월렛

콜드월렛이라고 하면 일반적으로 USB 형태에서 발전한 하드월렛을 가리킨다. 하드월렛은 비트코인을 개인이 안전하게 보관하고 관리할 수 있도록 도와주는 물리적 장치이다. 2025년 기준 전 세계 판매량 1위 하드월렛 브랜드는 '레저'이다. 레저의 제품은 '레저 월렛(Ledger Wallet)' 앱과 연동되어 모바일과 데스크탑 모두에서 간편하게 관리할 수 있다는 장점이 있다. 또한 보안 칩 내부에 암호키를 저장하는 비공개 구조를 채택해 해킹 위험을 최소화했다. 다만 오픈소스가 아니라는 점 때문에 일부 암호화폐 커뮤니티에서는 불신의 요소로 지적하기도 한다. 2024년에 출시된 '레저 플렉스(Ledger Flex)'는 NFC 기능과 더 큰 디스플레이를 추가하여 사용 편의성을 한층 높였다.

한편 2014년 세계 최초로 하드월렛을 출시한 브랜드 '트레저(Trezor)'는 레저와 달리 오픈소스 철학을 추구하는 것이 특징이다. 모든 펌웨어가 공개되어 있어 기술적으로 투명하며 터치스크린 UI를 채택해 초보자도 쉽게 사용할 수 있다. 그러나 보안칩이 없다는 점에서 물리적 해킹에는 다소 취약하다는 평가를 받는다.

이 두 브랜드 외에도 시중에는 다양한 하드월렛 제품들이 존재한다. 사용 방식은 시장 점유율이 가장 높은 레저 나노를 중심으로 이해하면 된다.

그렇다면 하드월렛은 어떻게 사용하는 것일까? 레저를 기준으로 구매부터 실제 사용까지의 과정을 단계별로 살펴보자.

① 준비와 개봉

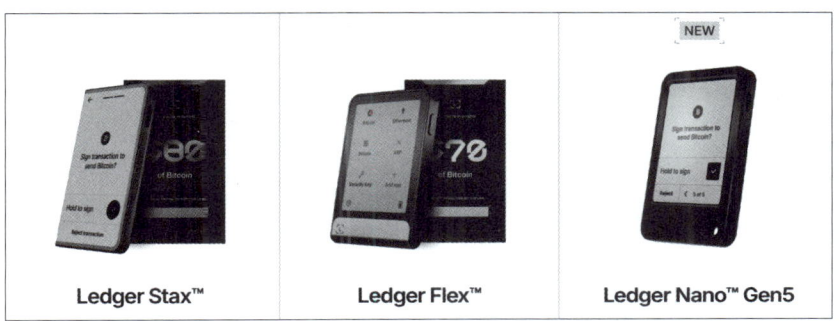

레저의 다양한 하드웨어 지갑 종치들

하드월렛은 공식 채널어서 구매해야 한다. 즉, 직거래나 중고 제품, 미확인 판매처를 통한 구매는 피해야 한다.

제품 박스를 개봉하면 기기 본체, USB 케이블, 복구 시드 카드(또는 시트) 등이 들어 있다. 이때 시드 카드에 내용이 미리 작성되어 있거나 제품 봉인이 손상된 흔적이 보인다면 즉시 교환을 요청해야 한다.

② 초기 설정(전원 켜기)

기기 전원을 켜면 화면어 초기 설정 안내가 나타난다. 먼저 PIN 코드를 설정한다(4~8자리 권장). PIN 코드는 기기 분실 시 타인의 무단 접근을 막는 보안 장치이다.

다음으로 기기가 24단어로 구성된 복구 문구(시드 문장)를 생성한다. 이 복구 문구는 기기 분실이나 파손 시 자산을 복구할 수 있는 유일한 수단이므로, 반드시 기기가 지시하는 순서대로 종이에 정확히 적어야 한다. 이때 절대 디지털로 저장하거나 사진으로 찍어서는 안 된다. 복구 문구는 오직 오프라인 상태에서, 손으로 직접 종이에 기록해야 한다.

복구 문구를 모두 기록한 후, 기기는 사용자가 정확히 기록했는지 확인하기 위해 무작위로 몇 개의 단어를 입력하도록 요구한다.

③ 레저 월렛 설치 및 연동

공식 홈페이지(https://www.ledger.com/ko)에서 레저 월렛(Ledger Wallet) 앱을 내려받아 설치한다(공식 도메인 확인). 앱에서 기기 등록(Setup as new device)을 선택하고, 기기와 USB(또는 Bluetooth)를 연결한 뒤 화면 안내를 따른다. 코인별 계정(예: Bitcoin, Ethereum 등)을 레저 라이브에서 추가하면 해당 계정의 주소를 기기가 관리한다.

공식 홈페이지에서 레저 월렛 앱을 내려받아 설치한다.

④ 수신(입금)

레저 월렛에서 'Receive(수신)'를 선택하고, 받을 자산과 계정을 지정한다. 화면에 표시되는 주소를 반드시 기기 화면에서 직접 확인한다(PC 화면은 위·변조될 수 있다.). 주소가 일치하면 보내는 측에 해당 주소로 전송을 요청한다.

⑤ 송금(출금)

레저 월렛에서 'Send(송금)'를 선택하여 수신 주소와 금액을 입력한다. 트랜잭션 생성 후 기기에서 '서명(Approve)'을 요구한다. 반드시 기기 화면의 수신 주소, 금액, 수수료를 확인한 뒤 승인한다. 서명은 오직 기기 내부에서 이루어지며 개인키는 외부로 노출되지 않는다.

⑥ 펌웨어 업데이트 및 앱 관리

레저 라이브를 통해 정기적으로 펌웨어 업데이트를 확인·적용한다. 업데이트 중에는 기기 연결을 유지하고, 공식 안내를 따른다. 기기 내 애플리케이션(코인별 앱)은 레저 라이브에서 설치·제거한다.

⑦ 보안수칙(반드시 지킬 것)

시드(복구 문구)는 오프라인, 즉 물리적 방식(종이 또는 금속)으로 보관한다. 절대 사진·클라우드·이메일에 저장해서는 안 되며, 시드는 누구에게도 알려주지 말아야 한다. 심지어 레저 직원이나 지원 담당자가 시드를 묻는다 해도 절대 제공하지 않아야 한다.

PIN을 타인과 공유하지 말고 PIN 입력 시에는 주변에 사람이 없는지 확인하자.

거래 전에는 항상 기기 화면에서 주소와 내용을 직접 확인해야 한다. 컴퓨터 화면의 주소와 반드시 일치하는지 정확히 비교하자. 피싱 사이트·악성 앱을 주의하고 레저 라이브는 공식 사이트에서만 다운로드해야 한다.

블루투스 모델(예: Ledger Nano X)은 이동성은 높지만 무선 연결 방식이기 때문에 사용 환경을 신중히 검토해야 한다. 예를 들어 공용 네트워크에서의 사용은 자제한다.

⑧ 분실·도난 시 대응

기기를 분실하거나 도난 당했을 경우에는 PIN으로 지갑이 잠겨 있으므로 즉시 침착하게 복구 시드로 새 기기에서 자산을 복원한다. 시드가 유출되었을 가능성이 있으면 가능한 빠르게 새 주소(새 시드)로 자산을 이동시킨다.

레저의 기본 원리는 개인키를 언제나 오프라인 기기 내부에 보관하고, 필요한 경우 기기에서 트랜잭션에 전자서명을 수행하는 것이다.

위 절차와 보안수칙을 준수하면 하드월렛을 통한 자산 관리의 안전성을 크게 높일 수 있다.

편리하지만 위험하기도 한 핫월렛

폐기처분할 노트북에서 생성한 코드로 스스로 주소를 생성하지 않는 한 모든 지갑 방식은 결국 누군가를 믿어야 한다. 콜드월렛은 주소를 제공하는 사이트나 제품을 제공하는 제조사를 믿어야 하는데, 결론적으로 말해서 당신이 정말로 수백억 원어치의 비트코인을 보관하려는 사람이 아니라면 둘 다 믿을 만하다. 왜냐하면 사이트 제공자나 회사는 적은 금액을 갈취했을 때 얻는 이익보다 잃어버리는 명성이 비교할 수 없을 만큼 크기 때문이다. 즉 콜드월렛은 대체로 믿을 만하다. 물론 위장 사이트나 위장 제품에 속을 염려는 있다. 그래도 사이트 주소를 정상적으로 입력하거나 회사로부터 정품을 구입하는 경우에는 비교적 안전한 편이다.

핫월렛의 문제는 단지 회사를 믿는 것만으로 충분하지 않다는 점이다. 핫월렛은 콜드월렛과 달리 온라인 기기에 연결되어 있는 지갑이다. 그래서 회사를 믿는 것보다 더 어려운 문제가 있다. 바로 자신의 실력을 믿어야만 한다. 내가 스마트폰을 잘 관리하고 있는지, 내 노트북에 멀웨어는 안 깔려있는지 등을 점검하고 살피고 확신하는 이들만 사용할 수 있다. 물론 핫월렛의 장점도 분명히 있다. 거래소에 비트코인을 보내서 바로 유동화할 수 있다는 점이다. 그래서 대다수의 투자자는 아예 거래소 지갑을 활용하기도 한다.

스마트폰에서 사용할 수 있는 핫월렛 앱들이 많이 있지만 가장 대표적인 형태는 거래소 계좌이다. 스마트폰 지갑 앱은 스마트폰 자체가 해킹에 취약하다는 문제도 있고 앱 내부에 백도어가 있어서 프로그램 관리자가 해킹을 할 수도 있다. 그래서 대부분의 사람은 스마트폰 앱 대신에 거래소 계좌를 지갑으로 사용한다.

거래소 계좌의 장점은 거래소 서버가 은행처럼 본인 인증 절차를 요구하기 때문에, 스마트폰을 분실하더라도 즉시 자산을 잃지는 않는다는 것이다. 다만 거래소가 해킹을 당해 부도가 나면 수탁 자산을 돌려받기까지 수년간의 법적 절차를 거쳐야 하고, 최악의 경우 회사가 공중분해되면 아무도 책임지지 않는다는 치명적인 문제가 있다.

정리하자면, 거래소 계좌는 "당신의 키가 아니라면 당신의 코인이 아니다."라는 원칙에 위배되고, 스마트폰 지갑은 이 원칙에는 부합하지만 스마트폰 분실이나 공용 WiFi 사용 등으로 인한 해킹에 취약하다는 약점을 지니고 있다.

014

비트코인 투자 전 해야 하는 마음수련

비트코인, 사긴 쉬워도 '버티긴' 어려운 이유

처음 비트코인을 발견했을 때, 유레카(Eureka)를 외치고 싶을 정도로 강렬한 확신이 들었다. 그리고 들뜬 마음으로 비트코인을 사들이기 시작했다. 나름 분산투자를 한다며 여러 번 나누어 매수했지만, 결국 3주 만에 가용 자산을 모두 쏟아부었다. 그리고 몇 달 뒤, 비트코인 가격은 절반으로 떨어졌다.

그때 비트코인에 대한 믿음이 사라진 것은 아니었다. 오히려 '좀 더 천천히 매수했더라면 더 많은 비트코인을 확보할 수 있었을 텐데.'라는 미련이 컸다. 이 경험을 통해 비트코인 투자를 시작하기 전에 반드시 준비되어야 할 것이 '마음가짐'이라는 사실을 깨달았다.

비트코인 투자를 처음 시작하는 사람은 대부분 이와 비슷한 실수를 한다. 보통 너무 서둘러 매수해 가격이 하락했을 때 추가 매수할 여력이 없어지거나 반대로 너무 신중하게 굴다가 목표 수량을 채우기도 전에 비트코인 가격이 저 멀리 날아가 버리는 경우이다.

투자에서 진짜 어려운 것은 매수가 아니라 3년 이상 꾸준히 보유하며 기회가 될 때마다 천천히 개수를 늘려 가는 일이다. 비트코인 장기 보유가 어려운 이유는 가격 변동성 때문만은 아니다. 더 큰 장애물은 사회적 분위기와 심리적 압박이다.

가까운 사람들조차 아직도 그걸 보유하고 있냐며 걱정 어린 시선으로 바라보고, 언론에서는 비트코인으로 재산을 날린 사람들의 사례나, 노벨 경제학상 수상자가 비트코인은 결국 0원이 될 것이라고 경고하는 기사들을 쏟아낸다. 이런 환경 속에서 비트코인을 묵묵히 보유하는 것은 고도의 정신력이 필요한 일이다.

공부 없는 믿음은 불신보다 위험하다

장기 보유를 위해서는 단단한 각오가 필요하고, 이 각오는 직감이 아니라 깊이 있는 공부에서 나온다. 비트코인을 부정적으로 평가하는 사람들의 공통점은 아이러니하게도 비트코인을 제대로 공부해본 적이 없다는 점이다. 정치인, 학자, 언론인 등 각자의 분야에서는 전문가인 사람들이 비트코인의 고유한 작동 원리나 역사, 철학적 기반을 이해하지 못한 채 기존 패러다임으로만 비트코인을 바라본다.

비트코인은 그저 새로운 자산이 아니다. 기존 금융 시스템의 규칙을 완전히 벗어난 '전인미답의 신세계'이다. 이 세계를 이해하지 못하고 부정적으로 평가하는 것은 이 거대한 신대륙에 단 한 번도 발을 딛지 않은 이들이, 멀리 배 위에서 해안선만 보고 "저건 쓸모없는 땅이야."라고 말하는 꼴이다.

비트코인을 수년간 공부한 사람들의 공통된 말은 "아무리 공부해도 끝이 없다."라는 것이다. 그만큼 비트코인의 세계는 깊고도 방대하다. 진정으로 이 세계를 이해하고자 한다면 배에서 내려 내륙 깊숙이 탐험할 각오가 있어야 한다. '언제든 도망칠 준비'를 하는 마음으로는 결코 성공적인 비트코인 투자를 할 수 없다.

나는 비트코인을 처음 알았을 때 주변 사람들에게 열정적으로 알렸다. 하지만 시간이 지나고 나서 깨달았다. 비트코인을 투자해본 사람은 많지만 3~4년 이상 보유해 실질적인 성과를 거둔 사람은 극히 드물다는 점이다.

비트코인이 장기적으로 우상향할 것이라는 믿음은 분명하지만 단지 구입했다고 해서 모두가 성공하는 건 아니다. 나는 이 점을 되새긴 후, 무조건 사라고 권유하는 일은 그만두었다. 대신 이렇게 조언한다.

"할 거면 제대로 하고, 안 할 거면 아예 가까이하지 말라."

이 말은 비트코인을 멀리하라는 의미가 아니라 비트코인을 가볍게 보고 투자에 뛰어드는 것은 위험하다는 뜻이다. 겉핥기식으로 투자하면 단기 상승에 흥분하고 단기 하락에 좌절하며, 결국 자신의 본업에 집중하지 못하고, 투자 역시 중도 포기하는 경우가 많다. 이후 비트코인이 크게 오르면 실패의 원인을 자기 자신이 아니라 '운'이나 '시장', 심지어는 자신에게 비트코인 투자를 권한 지인 탓으로 돌리게 된다.

지루함을 견디는 자가 기회를 잡는다

비트코인은 알트코인에 비해 가격이 빠르게 움직이지 않는 경우가 많아 지루하다고 느껴질 수도 있다. 그래서 사람들은 한 달 안에 수십 배, 수백 배가 오르는 알트코인으로 눈을 돌린다. 물론 이런 단기성 프로젝트를 통해서도 간혹 높은 수익을 내는 경우도 있다. 그러나 그런 성공이 오히려 '독'이 되기도 한다. 연 20~30% 수익률이 우습게 느껴지고, '더 큰 자극'을 좇는 수익률 중독에 빠지기 때문이다.

이런 투자자는 비트코인의 본래 취지인 '인플레이션으로부터 자산을 지키는 안전망'으로서의 기능은 망각하고, 자극적인 프로젝트, 사기, 다단계와 같은 '도박성 투자'에 휘말리기 쉽다.

비트코인 투자는 신중해야 한다. 막연한 기대감이나 남의 추천에 떠밀려 투자해서는 안 된다. 스스로 깊이 공부하고 충분히 이해한 다음, 자신의 자금 사정에 맞게 꾸준히 모아가야 한다. 특히 최소 3년 이상은 들고 갈 명확한 투자 원칙과 인내심이 필요하다.

그리고 무엇보다 중요한 것은 자기 직업에 충실한 것이다. 안정적인 수입이 있어야 하락장에서도 추가 매수를 할 여력이 생긴다. 전업 투자자가 되면 지루한 횡보장에서 자극적인 도박으로 빠져들기 쉽다. 그래서 비트코인을 전업으로 삼는 것은 바람직하지 않다.

비트코인 투자에 성공하려면 일상을 성실하게 유지하면서 꾸준히 공부하고, 자기만의 목표와 신념을 끝까지 지켜 나가려는 흔들림 없는 태도가 필요하다. 비트코인은 그런 확신과 지식을 갖춘 사람에게만 진짜 보상을 허락하는 자산이다. 그렇기에 투자에 나서기 전에, 나는 과연 그런 준비가 되어 있는지 스스로 점검해 볼 필요가 있다. 충분한 이해와 각오가 갖춰졌을 때, 비로소 비트코인과 함께하는 이 여정은 의미를 갖게 된다.

비트코인 투자 무작정 따라하기

- **015** 비트코인 투자 전 반드시 알아야 할 과세 제도
- **016** 비트코인 투자 시 알아야 할 세금: 양도소득세와 증여세
- **017** 거래소와 자산보호: 소비자 보호 장치의 유무
- **018** 글로벌 규제 환경: 미국, 유럽, 일본

셋째 마당

비트코인과 세금·규제 이해하기

015

비트코인 투자 전 반드시 알아야 할 과세 제도

과세의 형평성 문제

우리나라 정부는 이미 2020년 '소득세법' 개정을 통해 가상자산 소득을 기타소득으로 분류하고 2022년부터 과세를 시행하려 했으나 현실적인 집행 기반이 부족하다는 이유로 2025년으로 한 차례 미뤘다. 이후에도 관련 제도와 국제 기준이 완비되지 않아 2027년으로 재연기되었다.

우리나라의 가상자산 과세가 2027년까지 유예된 배경에는 정치적 고려를 넘어선 복합적인 이유가 존재한다. 대표적으로 과세 형평성 문제, 기술적 인프라 부족, 국제 공조 체계의 미비 등이 있다.

그중에서도 과세 형평성 문제가 가장 큰 쟁점이었다. 현행 제도하에서는 국내 거래소를 이용하는 투자자만 세금을 내고, 해외 거래소나 개인 지갑을 이용하는 투자자는 사실상 과세 대상에서 벗어나게 되는 불공평 문제가 발생한다. 비트코인을 비롯한 가상자산은 본질적으로 국경의 개념이 없기 때문에 국내 거래소에서만 과세한다면 투자자들은 손쉽게 해외로 자산을 이동해 탈세할 수 있다. 정부 입장에서는 모든 투자자를 동일하게 과세할 수 있는 시스템이 갖춰져야만 조세 정의를 실현할 수 있다.

이러한 형평성 문제를 해결하기 위해 필요한 것이 바로 거래소 간 데이터베이스(DB) 연결과 정보 공유 체계다. 현재 한국 국세청은 국내 가상자산 거래소들과 실명계좌 기반의 입출금 정보를 공유하고 있다. 하지만 해외 거래소나 디파이(탈중앙화 금융) 플랫폼과의 정보 교환은 거의 불가능한 상태이다. 세무당국이 납세자의 전체 거래 내역을 파악할 수 없으니 실제 수익이나 손실을 객관적으로 산정하기 어려운 것이다.

이 문제를 해결하기 위해 OECD가 추진하고 있는 국제 공조 체계가 바로 CARF(암호자산 보고기준, Crypto-Asset Reporting Framework)이다.

CARF(암호자산 보고기준)

CARF는 기존의 금융정보 자동 교환 제도인 CRS(Common Reporting Standard)를 가상자산 영역으로 확대 적용한 것이다. 이 시스템은 각국 세무당국이 거래소로부터 이용자의 지갑 주소, 거래 내역, 보유 자산 규모 등을 자동으로 보고받아 국가 간 정보를 교환하는 방식으로 작동한다.

OECD는 2023년 CARF 최종안을 채택했으며, 회원국들은 2027년부터 본격 시행을 목표로 시스템 구축에 나서고 있다. 한국 역시 이 협약에 참여할 계획이며 실제로 가상자산에 대한 과세가 가능해지는 시점은 바로 이 국제 정보교환 체계가 완성되는 때로 예상된다.

가상자산 과세를 어렵게 만드는 주요 요인 중 하나는 손실 이월공제 제도가 미비하다는 점이다. 선진 금융시장에서는 주식이나 채권 등 금융투자상품에서 발생한 이익과 손실을 합산하여(손익통산) 순이익에 대해서만 과세하는 것을 원칙으로 하며, 손실이 발생할 경우 다음 연도의 이익에서 이를 차감(손실 이월공제)하는 제도를 운용한다. 한국 역시 금융투자소득세가 시행될 경우 이 원칙이 적용될 예정이었으나 금융투자소득세가 유예되었다.

그러나 가상자산 소득은 현행 세법상 '기타소득'으로 분류된다. 따라서 같은 연도 내 다른 자산과의 손익통산이나 손실을 다음 해로 이월하여 이익에서 차감할 수 있는 명확한 규정이 없다. 이 때문에 투자 손실이 발생했더라도 이월하여 공제받을 수 없어 과세의 형평성 문제가 발생하는 것이다.

구체적으로 말하면, 가상자산 투자자는 이익을 크게 본 해에는 그 이익분에 대해 세금을 내야 하지만, 손실을 본 해에는 세금을 돌려받거나 이익을 본 해의 과세액에서 손실분을 차감할 수 없다. 이는 4년마다 주기적으로 큰 상승장을 맞는 비트코인과 가상자산의 특수성을 고려할 때, 가상자산 투자자에게만 특별히 불리한 과세 구조라 할 수 있다. 실제로 국민들의 가상자산에 대한 이해가 높아지면서 정치권에서도 과세 체계의 합리화 필요성이 제기되고 있으며, 손실 이월공제에 대한 문제 제기도 증가하는 추세이다.

미국과 일본, 독일을 비롯한 여러 나라가 이미 가상자산 양도소득세를 부과하고 있다. 그러나 이 나라들은 점차 가상자산 투자자들에게 유리한 세법으로 변경하고 있다. 예를 들어 소득공제구간을 높이기도 하고 장기투자자를 우대하려고 한다. 가상자산 투자를 억제하거나 탈세를 방지하려는 접근에서 가상자산 투자를 권장해서 국내 자본이 해외로 유출되는 것을 방지하는 쪽으로 선회하는 추세라 볼 수 있다. 한국은 아직 가상자산 양도소득세를 부과하지 않고 있지만 세금을 부과하라도 국제적 추세에 발맞출 필요가 있다.

요약하자면, 한국의 가상자산 (양도소득세) 과세 유예는 형평성, 기술 인프라, 국제 협력, 제도적 정비가 모두 충분히 갖춰지지 않았기 때문이라 할 수 있다.

CARF가 2027년 전후로 시행될 예정이므로 한국 정부는 그 시점에 맞춰 국내 세제 시스템을 정비하고 글로벌 거래소와의 정보 연결망을 구축하려는 전략을 취하고 있다. 다시 말해, 2027년은 단순한 유예 기간이 아니라 한국이 국제 기준에 부합하는 디지털 자산 과세 체계를 완성하기 위한 준비기인 셈이다.

투자자라면 꼭 알아야 할 제도적 기반

비트코인 투자를 시작하기 전에 반드시 점검해야 할 필수 제도와 규범이 있다. 무턱대고 투자를 했다가 나중에 낭패 보지 말고 미리 알아두자.

가상자산 실명제 & KYC(본인 확인)

한국에서는 가상자산 실명계좌 제도를 시행하고 있다. 업비트·빗썸·코인원·고팍스 등 원화 마켓을 운영하는 거래소에서 거래하려면 반드시 본인 명의의 은행 계좌를 연결해야 한다.

거래를 시작하기 위해서는 먼저 주민등록증이나 운전면허증으로 신원을 확인한 후 본인 명의 계좌 인증까지 완료해야 비로소 입출금이 가능해진다. 이는 자금 세탁 방지와 투자자

보호를 위한 필수적인 절차이다.

해외 거래소를 이용할 때도 상황은 크게 다르지 않다. 대부분의 해외 거래소 역시 KYC 절차를 요구한다. 신분증 사진 제출과 실시간 얼굴 인증 과정을 거쳐야 계정이 활성화되며 본격적인 거래가 가능해진다.

AML(자금 세탁 방지) & FATF 규제

거래소는 국제 자금 세탁 방지 기구(FATF, Financial Action Task Force)의 권고에 따라 엄격한 규제를 준수해야 한다. 주요 의무사항으로는 KYC, 의심 거래 보고, 특정금융정보법 준수 등이 있다.

특히 일정 금액 이상의 입출금 거래는 자동으로 금융당국에 보고될 수 있다. 이는 모든 거래 내역이 기록으로 남는다는 것을 의미한다. 따라서 가상자산이 익명성을 보장한다고 믿고 불법 자금 이동을 시도하는 것은 매우 큰 위험이 된다.

세금 & 신고 의무

2027년 1월 1일부터 한국에서는 가상자산 양도소득세가 본격 시행될 예정이다. 과세 기준은 연간 250만 원을 초과하는 이익으로 22%(지방세 포함)의 세율이 적용된다. 주의해야 할 점은 해외 거래소에서 거래한 경우에도 한국 거주자라면 신고 의무가 있다는 것이다. 즉, 국내 거래소든 해외 거래소든 가상자산으로 발생한 모든 소득은 신고 대상이며, 미신고 시 가산세가 부과될 수 있다. 따라서 투자자는 매년 자신의 가상자산 거래 손익을 정리해야 하며, 필요한 경우 세무사와 상담하여 정확한 신고를 준비하는 것이 바람직하다.

보안 & 투자자 보호 규정

한국에서 가상자산 거래소가 영업하려면 ISMS 인증(정보보호관리체계 인증)을 반드시 받아야 한다. ISMS 인증은 해킹, 정보 유출 등 사이버 보안 위험을 체계적으로 관리할 수 있는 시스템을 갖추었는지 정부가 심사하여 부여하는 일종의 보안 자격증이다.

또한 거래소는 고객의 돈(예치금)과 회사 운영 자금을 반드시 분리해야 한다. 고객이 거래소에 입금한 원화는 거래소가 직접 보관하지 않고 은행 계좌에 별도로 예치하도록 법으로 정해져 있다. 가상자산의 경우에도 고객이 맡긴 자산의 100%를 보관해야 하며, 이를 대출이나 투자, 거래소 운영 등 다른 용도로 사용할 수 없다. 이러한 규정은 거래소에 문제가 생기더라도 고객 자금을 최대한 보호하기 위한 안전장치다. 일찍부터 거래소에 대한 제도가 체계적으로 정비되어, 한국의 주요 거래소들은 대체로 신뢰할 만하다고 평가받는다.

현재 한국에서는 금융위원회가 지정한 원화 마켓 거래소(업비트, 빗썸, 코인원, 코빗 등)만이 원화(KRW)로 직접 입출금이 가능한 합법적 거래소로 인정받고 있다. 이들 거래소는 은행과의 실명확인 입출금 계좌 제도를 운영하고 있어 자금 세탁 위험이 낮다. 또한 문제 발생 시 금융당국의 관리·감독을 받기 때문에 투자자 보호 측면에서 훨씬 안전하다.

하지만 아무리 거래소가 안전하더라도, 사용자의 부주의로 해킹 피해가 발생할 수 있다. 따라서 투자자는 스스로도 다음과 같은 개인 보안 수칙을 반드시 지켜야 한다. 첫째, OTP(일회용 비밀번호)를 반드시 설정한다. OTP는 로그인이나 출금 시마다 새로운 비밀번호를 생성하여 보안을 크게 강화한다. 둘째, 비밀번호를 주기적으로 변경하고, 다른 사이트와 중복 사용하지 않는다.

016
비트코인 투자 시 알아야 할 세금: 양도소득세와 증여세

앞에서 언급했듯이 한국에서는 2027년부터 가상자산 양도소득세가 시행된다. 비트코인이나 이더리움 등 가상자산을 매도해 얻은 이익이 연간 250만 원을 초과하면 과세 대상이 되는 것이다. 세율은 기본 20%이며, 여기에 지방소득세 2%가 추가되어 실제 세금 부담률은 22%이다. 다만 연간 250만 원까지는 비과세 구간으로 설정되어 있어, 수익이 이 금액 이하인 소규모 투자자는 세금을 내지 않아도 된다.

가상자산 양도소득세

양도소득세는 연간 손익을 합산하여 계산한다. 예를 들어 상반기에 300만 원의 수익을 얻고 하반기에 200만 원의 손실이 발생했다면, 최종 과세 대상 이익은 100만 원이 된다. 따라서 투자자는 매 거래마다 손익을 꼼꼼히 기록하고 연말에 정산하는 습관을 들여야 한다. 특히 해외 거래소에서 발생한 손익도 신고 대상이므로 국내 거래소 거래 내역과 함께 빠짐없이 합산해야 한다.

가상자산 양도소득세 과세가 반복적으로 유예되면서 많은 투자자들이 "가상자산은 아직 세금이 부과되지 않는다."라고 오해하지만 현재 유예된 것은 거래차익에 대한 양도소득세뿐이다. 증여세, 상속세, 법인세 등은 이미 일반 자산과 동일하게 과세되고 있다. 예를 들어 부모가 자녀에게 비트코인을 증여하거나 가상자산을 보유한 상태에서 사망하여 상속이 발생하면 즉시 세금 문제가 생긴다.

가상자산 증여세

비트코인을 증여하거나 상속받을 경우, 국내 세법에 따라 증여세 또는 상속세를 신고·납부해야 한다. 가상자산은 '상속세 및 증여세법'상 재산적 가치가 있는 무형자산으로 분류되며, 현금이나 주식과 마찬가지로 과세 대상 자산으로 인정된다.

과세 기준은 증여 또는 상속 시점의 시가(거래소 기준가)이다. 정확히는 증여나 상속 시점 전후 수개월의 평균가액을 산정하여 판단한다.

세금 납부 의무자는 증여자(주는 사람)가 아니라 수증자(받는 사람)이다. 예를 들어 부모가 자녀에게 1비트코인을 이전하면, 그 시점의 거래소 평균가를 기준으로 자녀가 증여세를 신고·납부해야 한다.

증여세는 금액의 크기와 관계없이 반드시 신고 의무가 있다. 신고하지 않으면 가산세(무신고 가산세, 납부불성실 가산세 등)가 부과될 수 있다.

최근 국세청은 블록체인 거래내역을 추적·분석할 수 있는 기술 인프라를 이미 확보하고 있다. 즉, 거래소 지갑뿐 아니라 개인 지갑 간 이동 역시 포착될 수 있다. 따라서 가족 간 거래라 하더라도 가상자산 이전이 발생했다면 반드시 증여 신고를 하는 것이 안전하다.

과세 실무에서는 납세자보다 과세당국의 판단이 우선 적용되는 경향이 있다. 국세청은 출처가 명확히 입증되지 않은 자산에 대해 우선 '증여 또는 상속된 자산'으로 간주해 세금을 부과하는 경우가 많다. 세금을 줄이고자 한다면 납세자가 직접 증빙자료를 제출하여 소명해야 한다.

비트코인을 이용한 증여나 상속의 경우에도 이 원칙은 동일하게 적용된다. 예를 들어 부모가 자녀에게 비트코인을 이전했다면, 그 시점의 가격, 거래(트랜잭션) 내역, 증여 목적 등을 명확히 기록한 자료를 남겨두는 것이 중요하다.

만약 증여 당시 비트코인 가격이 1억 7천만 원이었는데, 세무조사 시점에 2억 원으로 상승해 있다면 어떻게 될까? 증빙 자료가 없을 경우 국세청은 2억 원을 기준으로 증여세를 부과할 가능성이 높다. 이때 납세자는 이를 반박하기 어려워진다.

결국 가상자산의 증여·상속에 대한 세무 리스크를 최소화하려면 거래 내역과 시가 기준을 명확히 기록하고, 증여 시점의 가치와 사유를 입증할 수 있는 자료를 직접 보관하는 것이 가장 확실한 방법이다.

마지막으로, 세금 부담을 줄이기 위한 전략도 고려할 수 있다. 예를 들어 연간 250만 원까지의 비과세 한도를 활용해 분할 매도를 하거나 가족 간 증여 공제 한도를 고려해 이전 시기를 조정하는 방법이 있다.

다만 세법은 자주 바뀌므로 투자자는 국세청 가이드라인을 정기적으로 확인하고 필요하다면 세무 전문가와 상담하는 것이 바람직하다.

해외자산 신고의무

비트코인을 포함한 가상자산 투자자 중에는 바이낸스(Binance)나 크라켄(Kraken) 등 해외 가상자산 거래소에 계좌를 보유한 경우가 적지 않다. 이러한 선택에는 한국 거래소들이 '특정금융정보법(특금법)'에 따라 트래블룰(Travel Rule)을 엄격히 적용하면서 국내 거래소에서 개인 지갑으로 비트코인을 인출하기 어려워진 현실적 이유가 있다.

문제는 이러한 해외 거래소 계좌의 가상자산 가치가 일정 금액을 초과할 경우, 법적으로 '해외 금융계좌 신고 의무'가 발생한다는 점이다.

'국제조세조정에 관한 법률' 제34조 및 시행령 제37조에 따르면, 해외 거래소 계좌에 보관 중인 가상자산을 포함하여 해외 금융회사에 보유한 모든 자산(예금, 주식, 채권, 가상자산 등)의 합산 잔액이 매월 말일 중 단 하루라도 5억 원을 초과한 경우, 다음 해 6월 말까지 국세청에 '해외 금융계좌 신고'를 해야 한다. 중요한 점은 '단 하루라도' 5억 원을 넘으면 신고 대상이 된다는 것이다. 비트코인 가격이 일시적으로 급등하여 평가액이 순간적으로 상승한 경우라도 포함된다. 신고는 국세청 홈택스(www.hometax.go.kr)를 통해 전자신고로 간편하게 진행할 수 있다.

신고 대상은 거래소별로 구분하지 않고, 모든 해외 금융계좌의 합산 금액으로 계산한다. 예를 들어, 해외 거래소(바이낸스 등)에 보유한 가상자산, 해외 은행 예금, 해외 증권사 계좌(해외주식 포함) 등이 있다면, 이들의 잔액을 모두 더한 총액이 5억 원을 넘는지 확인해야 한다. 만약 여러 거래소에 계좌가 분산되어 있어도 총합이 5억 원을 초과하면 모든 계좌를 신고해야 한다.

해외 금융계좌를 신고하지 않거나 금액을 축소하여 신고한 경우 과태료가 부과된다. 미신고 금액의 최대 20%에 해당하는 과태료가 부과될 수 있으며, 금액이 크거나 고의성이 인정될 경우 형사 처벌(최대 2년 이하 징역)을 받을 수도 있다.

따라서 해외 거래소에 상당한 자산을 보유하고 있다면 자산 가치를 정기적으로 확인하고, 5억 원을 초과한 사실이 있는지 꼼꼼히 점검하여 신고 의무를 이행하는 것이 안전하다.

▼ 가상화폐 투자 시 알아야 할 세금 포인트

구분	내용	체크 포인트
과세 대상	가상자산(비트코인, 이더리움 등)을 매도해 얻은 연간 순이익	2027년까지 비과세, 연간 250만 원까지는 비과세, 초과분은 과세
세율	20%(지방세 2% 포함 → 실효세율 22%)	주식과 달리 기본세율 적용, 분리과세
손익 계산	연간 이익 - 손실 합산	모든 거래소·계좌의 손익을 합산해야 함 (국내+해외)
신고·납부 시기	매년 5월(종합소득세 신고 기간)	홈택스에서 직접 신고 또는 세무사 대행 가능
증여·상속 시 과세	증여·상속 시점의 시가 기준 과세	증여세·상속세 모두 신고 필요, 미신고 시 가산세 부과
증여세 신고 기한	증여일이 속한 달의 말일부터 3개월 이내	예: 3월 증여 → 6월 말까지 신고
공제 한도	'부모→자녀' 10년간 5,000만 원까지 증여세 공제	공제 한도 고려해 분할 증여 가능
국세청 모니터링	거래소·지갑·블록체인 데이터 분석 가능	익명 송금·탈세 시 적발 위험 높음
세금 절감 전략	• 연간 250만 원 한도 활용 분할 매도 • 가족 공제 한도 활용한 증여 계획 • 손실 발생 시 같은 해 이익과 상계	사전 계획 세우면 절세 효과 큼

017
거래소와 자산보호: 소비자 보호 장치의 유무

거래소 보안과 투자자의 자기 방어 원칙

거래소의 보안과 자산 보관 방식도 중요하다. 대부분의 거래소는 고객 자산을 콜드월렛(오프라인 보관)과 핫월렛(온라인 보관)에 나눠 보관하여 해킹 위험을 최소화한다.

투자자 입장에서도 자체적인 보안 조치는 필수이다. 예를 들어 OTP, 2단계 인증, 출금주소 화이트리스트를 반드시 설정해야 한다. 또한 장기 보유할 비트코인은 하드웨어 월렛 같은 개인 지갑으로 옮겨두는 것이 안전하다. 거래 편의를 위해 거래소에 두는 자산은 최소한으로 유지하는 것이 원칙이다.

한국은 최근 '가상자산 이용자 보호법'이 제정되면서 거래소의 고객 자산 보호 의무가 대폭 강화되었다. 고객 예치금 분리 보관, ISMS 보안 인증, 이상 거래 모니터링, 내부통제 시스템 구축이 법적으로 요구된다. 일부 거래소는 해킹 보험에도 가입해 보안 사고 시 고객 피해를 일부 보상한다.

반면 해외 거래소는 소비자 보호 규제가 상대적으로 느슨하고, 파산 시 투자자 보상을 받기 어려운 경우가 많다. 대표적인 사례가 2022년 FTX 사태이다. 글로벌 대형 거래소가 붕괴하면서 투자자들이 큰 손실을 입었다. 운 좋게도 FTX는 파산절차에 따라서 피해 복구가 진행되고는 있으나 그럼에도 수년간의 기회손실까지 보전해주지는 않는다.

따라서 투자자는 제도적 보호 장치에만 의존하지 말고 스스로 자산을 관리해야 한다. 거래소 보안 공지를 주기적으로 확인하고 해킹·피싱 사례를 학습해 사전 예방에 힘쓰는 것이 중요하다. 특히 해외 거래소를 이용할 경우 KYC 인증과 2단계 보안을 반드시 설정하고,

P2P 거래 시 사기 피해에 주의하자.

자산 보호는 결국 위험을 분산하고 관리하는 데서 출발한다. 거래용 계좌와 장기 보관용 지갑을 분리하고, 큰 금액은 콜드월렛에 보관하여 해킹 위험을 줄여야 한다. 또한 거래소 선택 시 보안 수준, 보험 가입 여부, 고객자산 보관 비율 등을 꼼꼼히 비교해야 한다. 이렇게 투자자는 거래소의 신뢰성과 자기 보안 습관을 동시에 챙겨야만 시장의 급격한 변동과 예기치 못한 사고에서도 자산을 지킬 수 있다.

마지막으로, 거래소 리스크는 언제든 현실화될 수 있다는 사실을 기억해야 한다. 안전장치를 마련했다고 해도 100% 보호는 불가능하므로, 지나치게 많은 자산을 한 거래소에 집중시키지 않는 것이 최선이다. 분산 보관, 보안 강화, 규제 준수 플랫폼 선택이라는 3가지 원칙만 지켜도 비트코인 투자 리스크를 크게 줄일 수 있다.

FTX 사태: 역외거래소 리스크의 현실

FTX 사태는 암호화폐 시장 역사상 가장 충격적인 사건이자, 중앙화된 역외거래소 이용의 위험을 가장 극명하게 보여준 사례이다. 이 사태는 암호화폐 투자자들에게 '당신의 키가 아니면 당신의 코인이 아니다.'라는 원칙을 다시 한번 각인시켰다. 또한 중앙화된 역외거래소에 자산을 보관하면 그 회사의 내부자 공격 리스크와 규제 및 법적 보호 부재라는 이중의 위험에 노출될 수도 있다는 것을 드러냈다.

이 사건에서 투자자들은 돈을 회수하는 데 수년이 걸렸으며, 이는 전통적인 은행 파산 시 예금자보호기금으로 보호받는 것과는 극명하게 대비되었다. 암호화폐 투자자들에게 그 어떤 보호 장치도 제공되지 않은 것이다. FTX의 몰락은 비트코인 기술의 실패가 아닌, 중앙화된 금융기관에 대한 통제력 상실의 실패였다.

그렇다면 당시 FTX는 어떤 거래소였으며, 무엇이 잘못되었고, 투자자들은 어떻게 되었을까? 이제 이 사건의 전말을 구체적으로 들여다보자.

1. 사고 당시 FTX의 위상

사고 당시(2022년 11월), FTX는 세계 2~3위권 규모의 거대 암호화폐 거래소였다. 포브스(Forbes), NFL 등 주류 미디어를 통해 막대한 광고를 집행하며 합법적인 금융기관이라는 이미지를 구축했으며 창립자 샘 뱅크먼-프리드(Sam Bankman-Fried, 이하 SBF)는 시장 위기 때마다 구제 자금을 투입하는 '구원투수(White Knight)'로 불리며 업계의 신뢰를 한몸에 받던 인물이었다. 이러한 거대 기업이 단 며칠 만에 무너졌다는 사실 자체가 역외거래소 시스템의 구조적 취약성을 적나라하게 드러낸다.

2. 사고 경위와 본질

FTX 사태의 핵심은 고객 자금의 무단 유용이었다. FTX의 자매 회사이자 SBF가 소유한 헤지펀드 알라메다 리서치(Alameda Research)가 최소 80억 달러 이상으로 추정되는 FTX 고객 예치금을 무단으로 유용해 고위험 투기와 대출에 사용한 것으로 밝혀졌다.

이는 블록체인 기술의 문제가 아니라, '신뢰할 수 없는 중앙기관'에 자금을 맡겼을 때 발생하는 전통적인 금융 사기(횡령)였다. FTX는 바하마에 본사를 두고 미국의 엄격한 규제를 회피하고 있었으며, 이러한 규제 공백이 내부자의 도덕적 해이를 막지 못하는 결정적 원인이 되었다.

3. 사후 처리

- **규제·사법 조치**: 미국 CFTC와의 합의·명령에 따라 FTX는 고객에 약 127억 달러 규모의 변제를 이행하도록 명령을 받았고(정부 청구는 고객 변제 후로 후순위화), 형사 부문에서는 앞서 언급한 바와 같이 SBF의 25년형이 확정되었으며 항소가 예정되어 있다.
- **회생계획 인가와 효력 발생**: 2024년 10월 8일 델라웨어 파산법원은 FTX의 파산 계획을 인가했고, 2025년 1월 3일 효력이 발생했다. 법원과 관리인은 회수·현금화한 자산으로 고객·채권자 변제를 진행 중이다. 변제는 원칙적으로 파산 신청일(2022년 11월) 기준의 미국 달러 환산 금액을 토대로 이뤄진다. 암호자산 가격이 이후 급등했기 때문에 일부 고객은 시점 평가 기준의 형평성을 문제 삼았으나 미국 파산법은 청구액을 청원일 기준으로 평가하도록 정하고 있어 법원이 이를 확인했다. 계획안은 소액 채권자 등 다수를 대상으로 원금 100%와 이자(일부는 최대 118%)를 목표로 한다는 점이 특징이다.

- **분배 진행 상황**: 2025년 들어 FTX 재단(에스테이트)은 여러 차례 분배 라운드를 집행하고 있다. 예컨대 2025년 9월 30일부터는 약 16억 달러 규모의 3차 분배가 공지되었다. 고객 포털의 '분배 현황 대시보드(Distribution Dashboard)'가 가동 중이며 지급 채널로 지정한 자산보관업체(Custody)와 결제대행업체를 통해 지급이 이루어진다.

018

글로벌 규제 환경: 미국, 유럽, 일본

비트코인 투자의 규제 환경은 각 나라마다 조금씩 다르다. 미국, 유럽연합, 일본의 비트코인 규제 및 과세 환경을 구체적으로 비교 분석하여 비트코인 제도화 시대의 현실을 살펴보자.

미국

미국은 비트코인을 법정화폐로 인정하지는 않지만, 합법적인 투자자산으로 명확히 규정하고 있다. 미국 증권거래위원회(SEC)는 비트코인을 주식이나 채권과 같은 증권(Security)이 아니라 상품(Commodity)으로 분류하며, 이에 따라 비트코인 선물(Futures) 거래는 상품선물거래위원회(CFTC)가 감독한다. 이러한 구분은 비트코인이 중앙 발행 주체가 없는 '탈중앙화 자산'이라는 점을 반영한 것이다.

SEC는 최근 비트코인 현물 ETF(Spot ETF)까지 승인함으로써 비트코인을 제도권 금융 안으로 편입시키는 결정을 내렸다. 반면, 이더리움을 제외한 상당수의 알트코인은 발행 구조나 유통 방식이 '증권성'을 띤다고 판단해, ICO(가상자산공개)나 거래소 상장에 대해 강력한 규제와 제재를 가하고 있다.

과세 측면에서 보면 미국 국세청(IRS)은 2014년 이후부터 비트코인을 '통화(Currency)'가 아닌 '재산(Property)'으로 간주한다. 따라서 비트코인 매매로 얻은 이익은 일반 소득이 아니라 양도소득으로 분류된다. 이는 주식이나 부동산을 사고팔아 이익이 발생했을 때와 동일한 방식으로 세금을 계산한다는 의미이다.

중요한 점은 모든 비트코인 거래가 잠재적인 과세 대상이라는 것이다. 매매는 물론이고, 다른 가상자산과의 교환, 상품·서비스 결제, 심지어 커피 한 잔을 비트코인으로 지불하는 소액 거래까지도 양도소득세 대상이 될 수 있다.

따라서 납세자는 연말에 모든 거래 내역을 기록하고, 양도차익을 IRS 신고서(Form 8949 및 Schedule D)에 기재해야 한다. IRS는 2020년부터 모든 세금 신고서의 첫 페이지에 "올해 가상자산 거래를 했는가?"라는 문항을 추가하여, 납세자의 가상자산 거래 여부를 직접 확인하고 있다.

세율은 보유 기간에 따라 크게 달라진다.

- **단기 보유(Short-term Capital Gains)**: 비트코인을 1년 이하로 보유한 후 매도한 경우, 일반 근로소득세율과 동일하게 과세된다. 소득 수준에 따라 10%에서 최대 37%까지 적용될 수 있다.
- **장기 보유(Long-term Capital Gains)**: 1년 이상 보유 후 매도한 경우에는 세율이 크게 낮아진다. 소득 구간별로 0%, 15%, 20%의 3단계 세율이 적용된다. 특히 일정 소득 이하(부부합산 약 9만 달러 미만)의 경우에는 비과세(0%) 혜택을 받는다.

즉, 미국의 조세 제도는 단기 매매를 억제하고 장기 보유자(HODLer)를 우대하는 방향으로 설계되어 있다. 실질적으로 장기 보유자는 세금을 거의 내지 않거나, 경우에 따라 완전히 면세되는 구조이다. 이 때문에 미국 내에서는 비트코인을 단기 투기 수단보다는 장기 자산 축적 수단으로 인식하는 투자자가 많다.

또한 손실이 발생한 경우에는 주식 투자와 마찬가지로 손익통산(Loss Offset)이 가능하다. 가상자산 거래 손실은 다른 자본이익에서 차감할 수 있으며, 그해에 다 공제하지 못한 손실은 최대 3,000달러까지 일반소득에서 공제한 뒤, 나머지는 무기한 이월이 가능하다.

결국, 미국의 가상자산 과세제도는 비트코인을 '투기적 자산'이 아니라 '합법적 투자대상'으로 제도적으로 인정한 체계이다. IRS가 철저한 신고 의무를 요구하는 한편, 장기 보유자에게는 면세 구간을 넓게 설정함으로써 '투명한 거래와 건전한 보유'를 동시에 유도하는 방향으로 나아가고 있다.

유럽연합(EU)

유럽연합은 미국보다 한발 앞서 가상자산의 제도권 편입과 규제 표준화에 나섰다. EU는 2023년 5월, 세계 최초의 포괄적 가상자산 규제법인 MiCA(암호자산시장규제법, Markets in Crypto-Assets Regulation)를 공식 채택했다. 이 법은 유럽 내 모든 회원국에서 동일한 기준으로 가상자산 사업자를 관리하는 것을 목표로 한다. MiCA의 핵심은 '투명성과 소비자 보호, 그리고 금융 안정성 확보'이다. 이에 따라 EU 내에서 영업하려는 거래소나 수탁 기업은 아래의 조건 등을 충족해야 한다.

- 발행한 토큰의 백서(Whitepaper) 공개
- 자본금 요건
- 고객 자산 분리 보관 의무
- 경영진의 신원 검증(KYC/AML)

특히 스테이블코인 발행사는 중앙은행과 유사한 수준의 규제를 받게 된다. 발행 자산의 1:1 담보 유지와, 고객이 언제든 법정화폐로 환개할 수 있는 유동성 의무가 법적으로 규정되어 있다.

세제 측면에서 EU는 각 회원국의 자율에 맡기고 있지만 공통된 원칙은 비트코인을 자산으로 간주해 양도소득세를 부과한다는 점이다. 대부분의 국가에서 과세 시점은 비트코인을 현금화(법정화폐로 환전)하거나 상품·서비스 결제에 사용했을 때 발생한다.

다만 국가별로 세제 혜택에는 큰 차이가 있다. 특히 독일과 포르투갈은 장기 보유에 대한 면세 혜택을 제공한다. 독일은 비트코인을 1년 이상 보유한 뒤 매도하면 완전 비과세, 포르투갈은 개인 투자자의 매매이익에 대해 사실상 양도세 면제를 적용한다. 반면 프랑스, 이탈리아 등은 30% 내외의 고정세율을 적용하며 손실 발생 시 다른 자본이익에서 상계할 수 있는 손익통산 제도를 운용한다.

EU의 과세 방향은 명확하다. "단기 투기에는 세금을 부과하되, 장기 보유에는 인센티브를 준다."라는 원칙 아래, 가상자산을 제도권 금융의 한 축으로 편입시키면서도 금융 투기와 시장 불안을 억제하려는 정책 균형을 추구하고 있다.

일본

일본은 아시아에서 가장 먼저 가상자산을 제도권에 편입한 국가로, 2017년부터 '자금결제법(資金決済法, Payment Services Act)'을 개정하여 비트코인을 비롯한 가상자산을 '법정화폐는 아니지만 결제수단으로 인정되는 자산'으로 규정했다.

이 법 개정으로 일본 내 모든 가상자산 거래소는 반드시 금융청(FSA)의 인가를 받아야 하며, 고객 자산의 분리 보관, 외부 감사, 자금 세탁 방지(AML) 및 본인 확인(KYC) 절차를 충실히 이행해야 한다.

흥미로운 점은 일본이 이처럼 강력한 법적 규제를 도입하면서도, 동시에 업계의 자율규율을 제도화했다는 것이다. 2018년 일본은 코인체크 유출 사건을 비롯한 거래소 해킹 사고를 계기로 업계 스스로 규범을 마련하도록 장려했다. 그 결과, 일본 내 주요 거래소들이 모여 일본가상자산거래소협회(JVCEA, Japan Virtual and Crypto Assets Exchange Association)를 설립했고, 정부는 이 단체를 공식적으로 인가된 자율규제기구(認定自主規制団体)로 인정했다.

JVCEA는 단순한 민간 협회가 아니라 법적 구속력을 가진 준공공기구로 기능한다. 회원 거래소는 내부통제 기준, 상장 심사 절차, 고객 자산 보호 방안 등을 자율적으로 설정하되, 이 기준은 금융청의 감독 아래 법규와 동일한 효력을 갖는다.

즉, 일본의 가상자산 산업은 정부가 모든 세부 규정을 일방적으로 통제하기보다 업계 스스로 표준을 세우고 이를 정부가 승인·감독하는 '민관 협력형 규제 모델'을 운영하고 있다. 이러한 자율규율 전통은 일본 금융제도의 오랜 특징으로, 시장 참여자의 책임을 전제로 한 '규제의 신뢰 기반'이라고 할 수 있다. 그 덕분에 일본의 가상자산 산업은 엄격하면서도 예측 가능한 규제 아래, 투자자 보호와 산업 성장 간의 균형을 비교적 안정적으로 유지해 왔다.

세금 제도는 상대적으로 엄격한 편이다. 일본은 비트코인과 같은 가상자산의 매매 차익을 기타소득(Miscellaneous Income)으로 분류한다. 즉, 주식처럼 분리과세되지 않고 근로소득·사업소득 등과 합산되어 누진세율(최고 55%)이 적용된다. 이 때문에 일본 내 개인 투자자들은 "비트코인으로 이익을 내면 세금이 너무 높다."는 불만을 꾸준히 제기해왔다. 다만 일본 정부는 최근 이러한 비판을 반영해 제도를 점진적으로 완화하고 있다.

2024년부터는 기업이 장기 보유 중인 가상자산에 대해 시가 평가 의무를 면제하여 계상 이익이 발생하지 않는 한 과세를 미루는 방향으로 세제를 개정했다. 법인세 적용 대상에서 가상자산 발행 기업(예: 토큰 프로젝트)의 자사 보유분을 일부 제외함으로써 국내 블록체인 산업의 해외 유출을 막으려는 시도도 있다.

한편, 개인 투자자에 대해서는 미국식 장단기 구분 과세 체계를 도입하는 방안이 검토 중이다. 즉, 일정 기간(예: 1년 이상) 장기 보유한 비트코인에 대해서는 세율을 대폭 낮추거나 일정 금액 이하를 면세하는 방안이 논의되고 있다. 이 개편안이 확정되면 일본 역시 장기 보유자에게 실질적 비과세 혜택을 제공하는 체계로 전환될 전망이다.

▼ 나라별 규제 비교

구분	미국	유럽연합	일본
법적 지위	재산(Property), 합법적 투자자산	자산(Asset), 결제·투자 모두 인정	결제 가능한 자산(법정화폐는 아님)
규제 주체	SEC, CFTC, IRS	유럽증권시장청(ESMA), 각국 금융청	금융청(FSA)
대표 법률	증권거래법, 세법, FATCA	MiCA(2023)	자금결제법(2017년 개정)
과세 방식	자본이득세(Capital Gains)	자본이득세, 국가별 자율	종합소득세(누진세율)
장기 보유 혜택	최대 0%(1년 이상)	독일·포르투갈 등 면세	도입 검토 중
손익통산/이월	가능, 3,000달러 이월 공제	가능, 국가별 차이	제한적 허용
제도 방향	장기보유 장려, 투명한 신고 강화	소비자보호 + 시장 안정	과세 완화로 산업 유출 방지

세 지역 모두 공통적으로 가상자산을 '합법적 자산'으로 인정하고 있으며 단기 트기 억제와 장기 보유 장려라는 세제 철학은 점차 비슷한 방향으로 수렴되고 있다. 결국, 미국·EU·일본의 제도는 각각의 방식으로 가상자산을 제도권 금융의 일부로 흡수하는 중이며, 이는 글로벌 차원에서 '비트코인의 제도화 시대'를 여는 기반이 되고 있다.

비트코인 투자 무작정 따라하기

019 단기투자와 장기투자
020 반감기와 유동성, 그리고 인간 심리의 반복
021 온체인과 차트를 함께 읽는 법

넷째
마당

비트코인

실전 투자 전략

019

단기투자와 장기투자

사이클을 이해하는 투자 전략은 무엇인가?

비트코인 투자에 대해 이야기할 때 항상 투자 기간에 따른 전략의 차이를 강조한다. 단기투자와 장기투자가 모두 의미 있지만, 전제와 접근 방식이 달라야 한다. 단기투자는 변동성을 활용해 빠른 수익을 추구하는 것이고, 장기투자는 비트코인의 희소성과 채택 확대라는 거시적 흐름을 믿고 보유하는 것이다.

단기투자는 철저한 리스크 관리가 핵심이다. 비트코인은 24시간, 365일 거래되고 변동성이 크기 때문에 작은 시간 단위의 차트 분석과 빠른 대응이 필요하다. 손절 기준을 미리 정하고 포지션 규모를 제한해야 한다. 초보자가 무리하게 단기 트레이딩에 뛰어드는 것은 위험하다. 감정에 휘둘려 손실을 키우기 쉽고, 파생상품이나 레버리지를 쓰면 강제청산으로 자본을 잃기 쉽기 때문이다.

반면 장기투자는 비트코인의 사이클과 철학을 이해한 후 꾸준히 모아가는 접근이다. 반감기 주기를 투자 기준으로 삼아 저점 구간에서 분할 매수하고, 고점 구간에서는 일부 매도해 현금을 확보하는 전략을 권한다. 장기투자는 가격의 단기 변동보다 네트워크 성장, 글로벌 채택률, 규제 환경 등이 더 중요하다. 따라서 인내와 심리적 안정이 매우 주요하다.

무엇보다 장기투자가 단기투자보다 생존 확률이 높다. 단기 매매는 하루하루 스트레스를 받기 쉽고, 시장의 노이즈에 과민 반응하게 만든다. 반대로 장기투자는 '디지털 금'으로서의 비트코인의 가치를 믿고, 큰 흐름에서 시장이 성장한다고 보는 관점이기 때문에 변동성에 흔들리지 않는다. 이렇게 투자자가 장기적인 안목을 가져야만 사이클 전체에서 수익을 얻을 수 있다.

물론 단기투자가 무조건 나쁜 것은 아니다. 단기 매매 경험은 시장의 심리를 이해하고 차트 보는 눈을 기르는 데 도움이 된다. 다만 자본의 대부분은 장기 보유 포지션에 두고, 일부 소액으로만 단기 매매를 연습하는 것이 좋다. 이렇게 하면 시장에서 살아남으면서도 학습 효과를 얻을 수 있다.

결론적으로 '장기투자가 중심, 단기투자는 보조'로 봐야 한다. 장기투자로 비트코인의 상승 사이클을 놓치지 않으면서 단기 매매로 시장의 템포를 익히는 균형 잡힌 접근이 이상적이다. 이때도 가장 중요한 원칙은 과도한 레버리지 금지, 분할 매수·매도, 스스로 보관하는 보안 습관이다.

마지막으로 투자자가 자신만의 투자 계획을 세우고 지켜야 한다. 단기든 장기든 목표 수익률, 손절 기준, 보유 비중을 미리 정해야 시장 변동에 휘둘리지 않는다. 비트코인은 누구에게나 열려 있는 자유로운 시장이지만, 그만큼 자기 책임이 따르기 때문에 스스로 세운 원칙이 가장 강력한 보호 장치이다.

▼ 단기투자와 장기투자 비교

구분	단기투자(Trading)	장기투자(HODL)
투자 목적	단기 가격 변동에서 빠른 수익 추구	반감기·채택률 등 거시적 성장 수혜
투자 기간	몇 분~며칠, 최대 몇 주	1년~수년, 전체 사이클 보유
분석 방법	차트 패턴·거래량·지표 중심(RSI, MACD 등)	온체인 데이터, 반감기 주기, 글로벌 매크로
필요 역량	빠른 대응력, 손절·익절 기준 준수	인내심, 장기적 관점, 심리적 안정
리스크 관리	포지션 규모 제한, 레버리지 주의, 손절 필수	분할 매수·매도, 현금 비중 관리
장점	시장 경험 축적, 단기 수익 가능	생존 확률 높음, 심리적 부담 적음
단점	변동성에 휘둘려 손실 가능, 스트레스 큼	긴 투자 기간 동안 기회비용 발생
조언	전체 자본 중 일부 소액으로 연습, 감정 통제 중요	포트폴리오 중심 전략, 비트코인의 본질 이해 필수

매도는 '결정'이 아닌 '관점'이다

매도를 이익 실현을 하는 기계적 행동으로 보아서는 안 된다. 매도를 하나의 철학적 행위, 즉 자신이 비트코인을 어떻게 이해하고 있는지를 드러내는 '관점의 표현'으로 봐야 한다. 가격의 변동은 외부 요인이지만, 매도는 내적 신념과 세계관의 결과물이다.

비트코인은 단순히 매수와 매도로 돈을 버는 자산이 아니라 하나의 시스템, 더 나아가 미래 사회의 신뢰 구조를 상징한다. 따라서 비트코인을 매도한다는 것은 단순히 현금을 얻는 것 이상의 의미가 있다. 이는 "나는 이 시스템에서 한발 물러나겠다."라는 선언에 가깝다. 비트코인을 보유한다는 것은 탈중앙화된 화폐 질서를 지지한다는 뜻이기도 하다. 매도가 단순한 차익 실현이 아니라, 탈중앙화라는 철학적 신념에서 물러나는 행위일 수도 있다. 그래서 매도 시점에 스스로에게 물어야 한다.

"나는 왜 팔고 있는가?"

"이 시스템에 대한 신념이 흔들린 것인가?"

그러나 많은 투자자들이 이런 본질적 질문에 고민하기보다는 단기 가격에만 집중한다. 항상 가격 변동에 휘둘려 매도하는 것을 경계해야 한다. 단기적 가격 하락이나 공포 국면에서 매도하는 것은 결국 시장의 소음에 굴복하는 행위이다. 매도 결정을 내릴 때, 자신의 장기적 관점과 철학적 확신을 다시 확인하는 과정을 거쳐야 한다.

또한 매도 시점을 개인의 삶의 단계와 목표에 맞춰야 한다. 예를 들어, 자녀 교육비나 은퇴 자금 등 실질적 필요가 있을 때 매도는 합리적이다. 비트코인을 단순한 투기 수단이 아니라 삶을 더 안정적으로 만드는 도구로 봐야 한다.

나는 모든 자산을 비트코인으로 바꾸어야 한다는 '맥시멀리스트'적 발상은 현실에 맞지 않는다고 본다. 실현 가능하지도 않지만 바람직하지도 않다. 그렇게 무리해서 투자를 하면 생활에 문제가 생기고 정신적 건강에도 좋지 않기 때문이다. 일상이 제대로 돌아가지 않으

> **알아두세요**
> - **맥시멀리스트** 단 하나의 선택지가 절대적으로 우위라고 믿고, 다른 대안은 열등하거나 불필요하다고 보는 사람을 뜻한다. 비트코인 분야에서 이 단어는 비트코인을 절대적 자산으로 여겨 자금을 비트코인에 집중 투자하고 끝까지 보유해야 한다고 믿는 투자자 또는 신념 체계를 의미한다.

면 결국 비트코인을 지키지 못하게 된다.

비트코인이 크게 오를 때마다 이익의 일부를 현금화해 놓으면 일상을 유지하는 데 큰 도움이 된다. 비트코인의 가격 등락에도 불구하고 생활에 쫓기지 않으면서 평정심을 유지하는 것이야말로 나머지 비트코인을 더 장기적으로 지켜나갈 수 있는 비법이다.

020

반감기와 유동성, 그리고 인간 심리의 반복

사이클 기반의 분할 매수·매도 전략

비트코인의 가격은 약 4년 주기로 반복되는 사이클을 따른다. 이 사이클을 이해하는 것이 성공적인 투자 전략의 출발점이다. 공급이 줄어드는 반감기와 그 전후의 심리 변화가 가격에 강력한 영향을 주기 때문이다.

사이클의 첫 단계는 축적 구간(Accumulation)이다. 가격은 바닥권에서 횡보하고, 대중의 관심은 거의 없다. 이때가 가장 좋은 분할 매수 구간이다. 이 시점에서 일정 금액을 꾸준히 적립식으로 매수하고, 거래소에서 빠져나간 코인을 온체인 데이터로 확인해 장기 보유자들이 매집하는지 살펴보아야 한다.

다음은 상승 구간(Markup)이다. 가격이 이전 고점을 돌파하면 시장은 강세로 전환되고 거래량이 늘어난다. 이때 매수 속도를 줄이고 이미 매수한 코인은 홀딩하는 전략을 권한다. 추세를 거스르기보다 상승 흐름에 올라타되 무리한 추가 매수는 피하는 것이 중요하다.

사이클이 진행되면서 과열 구간(Distribution)이 온다. 언론에서 비트코인을 집중 보도하고, 대중이 뒤늦게 FOMO(기회를 놓칠까 하는 두려움)에 휩싸여 매수한다. 이때 분할 매도를 시작해 일부 현금을 확보해야 한다. 전체 포트폴리오의 20~30% 정도를 현금화해도 좋다. 아직 상승 여력이 남았더라도 이익을 일부 실현해 심리적 여유를 확보하는 것이 중요하다.

과열 구간의 후반부에는 알트코인 랠리가 동반된다. 비트코인 도미넌스(시장 점유율)가 떨어지고, 소규모 코인들이 폭등할 때가 매도의 신호이다. 이 시점에서는 남은 비트코인도 점차 줄이고, 리스크가 큰 알트코인은 우선적으로 정리하는 것이 좋다.

고점 형성 후에는 조정 구간(Markdown)이 찾아온다. 이때 가격은 고점 대비 70~80%까지 빠질 수 있다. 이 구간에서 성급하게 다시 매수하지 말고 바닥을 확인할 때까지 현금 비중을 유지하라고 강조한다. 거래량이 줄고, 투자자 관심이 식고, 공포가 극대화될 때가 진짜 바닥 근처이다.

바닥이 확인되면 다시 축적 사이클이 시작된다. 이때부터 다시 분할 매수를 재개하고 온체인 데이터로 장기 보유자의 비중이 늘어나는지 체크한다. 특히 반감기가 다가올수록 매수 속도를 높이고, 다음 사이클에 대비해 포지션을 구축한다.

나는 항상 분할 매수·분할 매도를 강조한다. 바닥을 한 번에 맞추려고 하지 말고, 여러 구간에 나눠서 매수하면 평균 매입 단가를 낮출 수 있다. 매도도 같은 방식으로 분할해 실행하면 고점에서 모두 팔지 못하더라도 만족할 만한 수익을 거둘 수 있다.

또한 현금 비중 관리가 중요하다. 상승장에서는 과도하게 올인하지 않고, 하락장에서는 매수할 현금을 남겨두어야 한다. 이 원칙이 지켜지면 사이클이 돌 때마다 다시 시장에 참여할 여력이 생긴다.

비트코인 투자는 단순한 가격 게임이 아니라 자기 자신과의 심리 싸움이다. 사이클의 각 단계에서 탐욕과 공포를 이기고 일관된 전략을 지키는 것이 진짜 실력이다. 사이클을 이해하고 원칙대로 매매하면 결국 시장에서 살아남고 장기적인 복리 효과를 누릴 수 있다.

사이클 단계	가격·시장 특징	매수/매도 전략	참고 지표 & 확인 포인트
① 축적 (Accumulation)	바닥권 횡보, 거래량 적음, 대중 관심 낮음	분할 매수 시작, 적립식 투자(DCA) 활용	거래소 보유량 감소, 장기 보유자 비중 증가, MVRV 비율 낮음
② 상승(Markup)	이전 고점 돌파, 거래량 증가, 강세 전환	추가 매수 줄이고 보유 유지, 추세 따라가기	이동평균선 정배열, 거래량 상승, 펀딩비 정상
③ 과열 (Distribution)	언론 집중 보도, 신규 투자자 급증, 알트코인 랠리	분할 매도 시작, 포트폴리오 일부 현금화(20~30%)	MVRV Z-score 고점, RSI 과매수, 거래소 유입량 증가
④ 과열 후반부	비트코인 도미넌스 하락, 소형 알트코인 폭등	남은 물량 점진적 매도, 알트코인 우선 정리	공포·탐욕지수 극단적 탐욕, 펀딩비 과열, OI(오픈이자) 급증
⑤ 조정 (Markdown)	고점 대비 70~80% 하락, 공포 심리 극대화	무리한 매수 금지, 현금 비중 유지, 바닥 확인 대기	거래량 감소, 온체인 손실 누적, 장기 보유자 매도세 줄어듦
⑥ 바닥 확인	가격 횡보, 변동성 축소, 투자자 무관심	분할 매수 재개, 다음 사이클 대비 포지션 구축	장기보유자 매집 신호, 거래소 보유량 최저치, MVRV Z-score 저점

> **잠깐만요** 비트코인 투자 시 지켜야 할 원칙 6가지

1. 사이클을 이해하라

비트코인 투자는 단순히 가격이 오르고 내리는 게임이 아니라 시장의 큰 흐름과 사이클을 읽는 과정이다. 반감기라는 공급 사이클과 글로벌 유동성 환경이 맞물려 비트코인 가격은 상승과 하락을 반복한다. 투자자는 이 사이클을 이해하고 현재 어느 국면에 있는지 파악해야 한다.

2. 장기적 관점을 가지고 분할 매매하라

무엇보다 장기적 관점이 중요하다. 단기 급등·급락에 휘둘리지 않고 몇 년 단위의 흐름을 보면서 투자해야 한다. 이를 실천하는 구체적인 방법이 바로 분할 매매이다. 비트코인을 매수할 때는 한 번에 전액을 투입하지 말고 분할 매수로 위험을 줄여야 한다. 마찬가지로 매도할 때도 분할 매도를 통해 감정을 조절하는 것이 중요하다.

3. 레버리지 투자는 지양하라

레버리지 투자는 되도록 피해야 한다. 파생상품은 시장 변동성을 확대하며, 강제 청산 위험이 커서 초보자가 접근하기에는 매우 위험하다. 비트코인의 본질적 가치는 긴 시간에 걸쳐 실현되므로 단기 수익을 노리는 과도한 레버리지는 오히려 시장에서의 생존을 어렵게 만든다.

4. 보안 관리를 철저히 하라

보안 역시 투자 원칙의 중요한 축이다. 거래소는 해킹 위험이 있으므로 장기 보유 자산은 개인 지갑으로 옮겨 두어야 한다. 또한 OTP, 출금주소 화이트리스트, 이중 인증 등 기본 보안을 철저히 해야 한다. 비트코인은 자기 책임 자산이기 때문에 스스로 지키는 습관이 필수이다.

5. 온체인 데이터를 활용하라

온체인 데이터를 참고할 것을 권한다. 거래소 보유량, MVRV Z-score 지표, 채굴자 매도 패턴 같은 데이터는 시장의 과열 구간과 저평가 구간을 객관적으로 보여준다. 차트 분석과 함께 온체인 데이터를 병행하면 매수·매도 타이밍을 더욱 합리적으로 잡을 수 있다.

6. 금융 패러다임의 변화로 인식하라

마지막으로, 비트코인을 단순한 투자 수단이 아니라 금융 패러다임의 변화로 이해해야 한다. 가격 변동에 겁먹기보다는, 왜 비트코인이 탄생했고 어떤 가치를 지향하는지 공부하는 과정이 필요하다. 이런 철학적 이해가 있어야 시장이 흔들려도 끝까지 버티고, 다음 사이클의 과실을 얻을 수 있다.

021

온체인과 차트를 함께 읽는 법

주식 투자와 비트코인 투자에서 차트 분석의 같은 점과 다른 점

차트 분석의 기본 원리는 주식과 비트코인 모두 같다. 가격은 인간 심리의 산물이고, 차트는 그 심리의 흔적을 시각적으로 보여준다. 이 때문에 이동평균선, 지지·저항선, 캔들 패턴, 거래량 분석 같은 기술적 지표는 양쪽 시장에서 모두 유효하다. 예를 들어 상승 추세에서는 고점과 저점이 점점 높아지고, 하락 추세에서는 그 반대가 나타난다는 기본 개념은 두 시장 모두 동일하다.

하지만 같은 원리를 적용하더라도 시장 구조의 차이는 차트 분석 방식에 중요한 영향을 미친다. 가장 먼저 주목해야 할 차이는 거래 시간이다. 주식시장은 정해진 시간에만 거래되지만 비트코인 시장은 24시간 365일 열려 있다. 그 결과 비트코인 차트에는 장 시작과 종료의 가격 차이인 '갭(Gap)'이 거의 나타나지 않는다. 반면 주말과 심야에도 가격이 지속적으로 움직이므로 변동성은 더 크다. 따라서 투자자는 시간대별 거래 패턴을 고려해 전략을 세워야 한다.

거래 시간뿐 아니라 거래 주체와 수급 구조도 크게 다르다. 주식시장은 기관 투자자와 외국인 비중이 높으며 공시나 실적 같은 펀더멘털 정보가 가격에 중요한 영향을 미친다. 이와 달리 비트코인 시장은 개인 투자자 비중이 상대적으로 높고, 달러 강세·약세, 금리, 유동성 같은 글로벌 매크로 환경이 가격 변동에 큰 영향을 준다. 따라서 차트를 분석할 때도 특정 국가 시장의 흐름보다는 글로벌 거래소 전체의 움직임을 종합적으로 살펴봐야 한다.

이러한 시장 특성 차이는 기술적 지표 해석에도 영향을 준다. 비트코인은 변동성이 큰 자산이기 때문에 이동평균선 이격도가 주식보다 훨씬 크게 벌어지고, RSI나 스토캐스틱 같은 모멘텀 지표가 과매수·과매도 구간에 더 자주 진입한다. 이 때문에 일반적인 주식 기준치보다 다소 완화된 시그널 해석이 필요할 때가 많다. 예를 들어, 주식에서는 RSI 30 이하를 과매도로 보지만, 비트코인에서는 RSI 20~25까지 하락해도 추가 하락이 나올 수 있다. 여기에 더해 비트코인 시장은 파생상품의 영향을 크게 받는다는 점도 간과할 수 없다. 선물이나 옵션 포지션이 대량으로 청산되면 차트가 급격히 흔들리며 숏·롱 포지션 강제 청산(롱 스퀴즈·숏 스퀴즈)이 강한 변동성을 만들어낸다. 이러한 파생상품 청산 구간은 차트상 특정 가격대에서 강력한 지지선이나 저항선으로 작용하기도 한다. 따라서 차트 분석과 함께 온체인 데이터나 파생상품 오픈이자(미결제약정, Open Interest) 같은 보조 지표를 함께 보는 것이 좋다.

결국 주식과 비트코인의 차트 분석은 기본 원리를 공유하지만 시장 구조와 변동성, 거래 시간의 차이로 인해 해석의 깊이와 접근법이 달라질 수밖에 없다. 물론 주식 차트 분석 경험이 있는 투자자라면 비트코인 시장에서도 충분히 유용한 통찰을 얻을 수 있다. 그러나 24시간 거래되는 시장의 특성과 극심한 변동성을 반드시 염두에 두어야 한다. 이러한 차이를 제대로 이해할 때, 차트 분석은 단순한 그림 맞추기가 아니라 시장 심리를 읽는 강력한 도구가 될 수 있다.

▼ 주식과 비트코인의 공통점과 차이점

구분	공통점	차이점
차트 원리	가격은 심리의 산물, 캔들·추세선·이동평균선 등 기술적 분석 가능	비트코인은 변동성이 더 크고 신호가 더 잦음
거래 시간	주식: 정해진 장 시간(예: 09:00~15:30)	비트코인: 24시간 365일 거래. 갭 거의 없음
가격 패턴	상승·하락 추세, 지지·저항 개념 동일	비트코인은 밤·주말에도 움직여 예상치 못한 변동 발생
거래 주체	기관·외국인 비중 높음. 실적·공시 영향 큼	개인 투자자 비중 높고 글로벌 매크로 영향 큼
기술 지표	RSI·MACD·거래량 모두 활용 가능	과매수·과매도 구간 더 자주 발생. 기준치 조정 필요
외부 요인	기업 실적, 산업 전망 반영	온체인 데이터, 파생상품 청산·오픈이자 확인 필수

실전 차트 매매 방법

주식에서는 차트 매매 시 장 마감 후 호재·악재 뉴스가 나오면 다음 날 시초가에서 갭 상승·갭 하락이 발생한다. 하루에 한 번 '시작점'이 생기기 때문에 갭 메우기 전략, 시초가 매매 전략이 유효하다. 이와 달리 비트코인 차트는 갭이 거의 없고, 시간대별로 연속적 흐름이 이어진다. 대신 특정 시간대(뉴욕 개장, 아시아 장 마감)에 거래량이 급증하며 변동성이 커진다. 주말에도 움직이므로 주말 급등·급락 패턴을 함께 분석해야 한다.

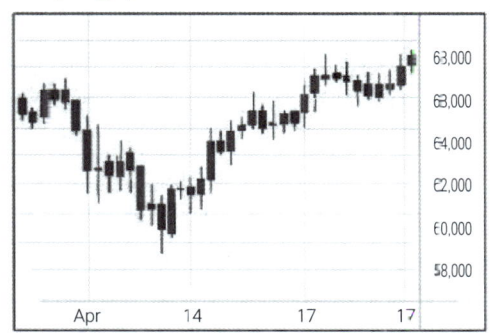

비트코인 차트는 24시간 365일 열려 있어 주식처럼 '갭'을 중심으로 한 시초가 매매 전략이 통하지 않는다. 대신, 비트코인 투자자들은 선물시장의 미결제약정(Open Interest, OI)을 핵심 보조지표로 활용한다.

미결제약정이란 이미 체결된 선물 포지션 중에서 아직 청산되지 않은 계약 수를 말한다. 쉽게 말해, '시장에 걸려 있는 베팅의 총량'이다. 미결제약정은 단순히 거래량과는 다르다. 거래량이란 하루 동안 사고팔린 계약의 횟수이고, 미결제약정은 '현재 시장에 남아 있는 포지션의 총합'을 나타낸다. 예를 들어, 비트코인 선물시장에서 새로운 매수 포지션(롱)과 매도 포지션(숏)이 동시에 생기면 미결제약정은 증가한다. 반대로, 기존 포지션이 청산되면 미결제약정은 감소한다.

이 지표가 중요한 이유는 시장 참여자의 '확신의 정도'를 반영하기 때문이다. 가격이 상승하는데 미결제약정이 함께 늘어나면, 새로운 매수세가 유입되며 강세 흐름이 이어질 가능성이 높다. 반대로 가격이 오르는데 미결제약정이 줄어든다면, 상승은 기존 포지션 청산에 따른 '단기 반등'일 가능성이 크다. 즉, 미결제약정의 증감 방향은 단순한 가격보다 시장의 진짜 힘을 읽게 해주는 선행 지표로 작용한다.

그렇다면 이를 실제 매매에 어떻게 활용할 수 있을까? 실전에서는 가격 추세와 미결제약정의 관계를 교차 분석한다.

가격과 OI의 동조 여부 확인

> 가격 ↑ + 미결제약정 ↑ → 새로운 자금 유입에 따른 추세 강화('진짜 상승')
> 가격 ↑ + 미결제약정 ↓ → 청산성 매수(단기 반등, '가짜 상승')
> 가격 ↓ + 미결제약정 ↑ → 신규 숏 포지션 유입(하락 지속 가능성)
> 가격 ↓ + 미결제약정 ↓ → 롱 포지션 손절에 따른 일시적 조정(단기 바닥 신호 가능)

가격이 오르면서 미결제약정이 함께 오르면 상승세에 힘이 붙고 있다는 신호로 본다. 반대로 가격이 오르는데 미결제약정이 줄면 단기 반등일 가능성이 크므로 주의해야 한다. 또한 미결제약정 데이터는 선물 청산(Liquidation)과 함께 분석하면 더욱 유효하다.

특정 구간에서 롱 포지션 청산이 급증하면서 미결제약정이 급감한다면, 과열 포지션이 정리된 후 반등할 가능성이 높다. 반대로 숏 청산이 급증하면서 미결제약정이 줄면 단기 고점 형성을 의심해야 한다.

거래소별로 공개되는 '롱/숏 청산 데이터'에서 특정 방향으로 대규모 청산이 발생한 뒤 미결제약정이 급감했다면 이는 '과열 포지션의 정리'로 해석된다. 이러한 구간은 종종 추세 전환의 신호로 작용한다.

예를 들어, 비트코인 가격이 100,000달러에서 120,000달러로 올랐는데 미결제약정이 급증했다면, 이는 신규 매수세의 진입으로 해석되어 추가 상승을 기대할 수 있다. 반대로, 가격은 120,000달러로 상승했지만 미결제약정이 줄었다면 단기 차익 실현 매물이 나올 가능성이 크다.

비트코인 시장을 읽는 3가지 지표: 미결제약정·펀딩비율·청산 규모

펀딩비율은 무기한 선물 계약에서 롱(매수) 포지션과 숏(매도) 포지션 간의 수급 균형을 맞추기 위해 정기적으로 교환되는 수수료이다. 롱 포지션이 시장에 많아지면 펀딩비율은 양(+)이 된다. 이 경우 롱 포지션 보유자들이 숏 포지션 보유자들에게 일정 금액을 지불한다. 반대로, 숏 포지션이 많아지면 펀딩비율은 음(-)이 된다. 이때는 숏 포지션 보유자들이 롱 포지션 보유자들에게 지불한다.

펀딩비율이 지속적으로 높다는 것은 시장 참가자 대부분이 상승에 베팅하고 있다는 뜻이다. 즉 시장이 과열되어 있고 조만간 시장이 차갑게 얼어붙는 롱 포지션 청산이 시작될 가능성이 높다는 것을 의미한다.

미결제약정이 늘고 펀딩비율(Funding Rate)이 높은 상태라면 시장에 과열된 롱 포지션*이 누적되고 있음을 의미한다. 이때 갑작스러운 하락이 오면 대규모 롱 청산**으로 이어지며 '롱 스퀴즈***'가 발생할 수 있다.

이처럼 미결제약정은 단순한 선물시장 통계 수치가 아니라 시장의 숨은 에너지를 보여주는 핵심 보조지표이다. 주식시장에서는 거래 시간이 제한되어 이런 심리 압력을 실시간으로 읽기 어렵지만 비트코인은 24시간 365일 움직이는 시장이기에 미결제약정을 통해 투자자들의 포지션 변화와 심리 흐름을 시각적으로 파악할 수 있다. '시간 외 변동성'이 존재하지 않기 때문에 이러한 파생상품 지표가 중요한 단서로 작용하는 것이다.

전통 주식시장이 갭과 거래량을 중심으로 시장의 방향을 읽는다면, 비트코인 시장에서는 미결제약정, 펀딩비율, 청산 규모(Liquidation)라는 3가지 지표가 그 역할을 맡는다. 이들은

> **알아두세요**
>
> * **롱 포지션(Long Position)** 금융 거래에서 투자자가 특정 자산의 가격이 상승할 것을 예상하고 해당 자산을 매수하여 보유하는 행위를 말한다.
> ** **롱 청산(Long Liquidation)** 선물·마진 거래에서 롱 포지션 보유자의 자산 가치가 하락해 증거금 부족 시 거래소가 강제로 포지션을 종료(청산)하는 현상이다.
> *** **롱 스퀴즈(Long Squeeze)** 선물 시장에서 가격 하락이 대규모의 롱(매수) 포지션 강제 청산을 유발하고 이 청산이 다시 가격 하락을 가속화하는 현상을 말한다.

시장의 심리와 자금 흐름을 보여주는 핵심 신호이다. 세 지표의 변화를 함께 읽으면 진짜 추세와 단기 조정의 경계를 구분할 수 있다. 결국 가격 그 자체보다 포지션 데이터를 중심으로 볼 때 '진짜 매수세'와 '일시적 반등'을 구분할 수 있다.

> **잠깐만요** 크립토 데이터 분석 플랫폼
>
> 대표적인 크립토 데이터 분석 플랫폼으로는 코인글래스, 크립토퀀트, 글래스노드 등이 있다.
>
> **코인글래스(CoinGlass)**
> 거래소별 미결제약정 변화를 실시간으로 보여주며, 롱·숏 비율, 청산 규모, 포지션 비율까지 한눈에 확인할 수 있다. 예를 들어, 바이낸스 선물 시장의 미결제약정이 하루 만에 10% 이상 급증했다면, 이는 새로운 자금이 들어오고 있음을 의미한다.
>
> **크립토퀀트(CryptoQuant)**
> 온체인 데이터와 결합된 선물시장 지표를 제공한다. 거래소 보유 비트코인 잔량, 펀딩비율, 청산 규모 등을 함께 볼 수 있어, 미결제약정의 증감이 실제 현물 이동과 어떤 연관이 있는지를 분석하기 용이하다.
>
> **글래스노드(Glassnode)**
> 블록체인에 기록된 모든 거래 데이터를 심층 분석하여 암호화폐 시장에 대한 정밀한 인사이트를 제공하는 서비스이다. 주요 기능으로는 HODL 웨이브, 장기/단기 보유자 비율 등 비트코인 네트워크의 다양한 온체인 지표를 제공하며, 활성 주소 수, 신규 주소 생성, 거래소 유입·유출 등 시장 참여자 행동 패턴 분석도 가능하다.

> **잠깐만요** 2025년 10월 초, '레버리지 연쇄 청산' 사태

2025년 10월 초, 자산시장에 '레버리지 연쇄 청산'이라는 역사적 사건이 벌어졌다. 이 사건은 레버리지 투자의 위험성을 적나라하게 보여주었다. 작은 충격에도 레버리지 투자는 순식간에 투자금을 잃게 만들 수 있다는 사실이 현실로 드러난 것이다.

레버리지란 쉽게 말해 빚을 내서 투자하는 방식이다. 예컨대 당신이 1천만 원을 투자하고 거래소에서 9천만 원을 빌려 총 1억 원 규모의 포지션을 잡았다면 이는 10배 레버리지다. 그런데 이 경우 가격이 10%만 반대로 움직여도 원금 전액이 사라진다. 거래소가 손실을 막기 위해 자동으로 포지션을 청산하기 때문이다. 이것이 강제 청산(Liquidation)이다.

2025년 10월, 미·중 무역관세 발표를 비롯한 지정학적 충격이 암호화폐 시장을 휩쓸었다. 비트코인은 고점 약 122,574달러에서 14% 이상 급락해 약 104,782달러까지 떨어졌다. 이 과정에서 24시간 내에 미화 약 190억 달러 규모의 레버리지 포지션이 청산됐으며, 이는 암호화폐 역사상 최대 규모였다. 레버리지의 과잉, 유동성 부족, 그리고 거시정책·지정학적 충격이 맞물리면서 일어난 폭풍이었다. 투자자 대부분이 사전에 이를 대비하지 못했고, 사후에 남은 건 "왜 그랬을까?"라는 자책뿐이었다. 이처럼 레버리지는 수익을 높일 수 있는 도구인 동시에, 시장 변동성이 조금만 커져도 연쇄적으로 붕괴될 수 있는 위험한 폭탄이다.

이 사건은 자산시장에 존재하는 '블랙스완'의 위험을 생생하게 보여준다. 검은 백조, 즉 블랙스완이란 통계적으로는 거의 발생하지 않을 것으로 여겨져 대비가 어려운 사건이지만, 일단 발생하고 나면 예견되었다고 해석되는 경향이 있는 충격적인 사건을 의미한다. 이런 사건은 예측 자체가 어렵기 때문에 전통적인 위험관리 체계로는 포착하거나 대비하기 힘들다. 하지만 그 영향력은 매우 커서 시장 전반에 깊은 흔적을 남긴다.

자산시장에 등장하는 블랙스완은 보통 상관관계가 낮다고 여겨졌던 자산들에서도 위험을 일으킬 수 있다. 레버리지 구조가 퍼져 있을수록, 유동성이 적을수록 위험은 증폭된다. 따라서 투자자는 단기적인 탐욕을 버리고 레버리지 위험을 회피하며 장기적이고 분산된 관점으로 접근해야 한다.

마지막으로 이 사건이 우리에게 주는 교훈을 요약하면 다음과 같다.

첫째, 레버리지 투자는 수익도 위험도 확대한다. 작은 하락에도 큰 손실이 나올 수 있다.

둘째, 지정학적·거시경제적 충격은 자산시장에 즉시 반영될 수 있으며, 특히 유동성이 얕은 영역에서 폭발적이다.

셋째, 블랙스완처럼 예측하기 어려운 사건에 대비하기 위해서는 무리한 레버리지 사용보다는 자산군의 분산, 위기 시 대응력 확보, 리스크 허용 범위의 설정이 필요하다.

넷째, 시장이 정상인 것처럼 보여도 구조적 취약성이 쌓여 있을 수 있으며, 한 번의 충격이 시스템 전체를 무너뜨릴 수 있다는 점을 기억해야 한다

이처럼 2025년 10월 초의 대형 청산 사태는 암호화폐만이 아니라, 자산시장 전체에 걸쳐 존재하는 구조적 위험을 보여주었다. 투자자는 이를 통해 '내가 통제할 수 없는 리스크가 분명히 존재함'을 인식하고, 변동성 높은 시장일수록 더욱 신중히 접근해야 한다.

비트코인 투자 무작정 따라하기

- **022** 이더리움: 세계 컴퓨터를 꿈꾸는 블록체인
- **023** 솔라나: 이더리움의 약점을 겨냥한 초고속 블록체인
- **024** 글로벌 등기소, NFT 이해하기
- **025** 트럼프 2기 정부의 선택, 달러 스테이블코인
- **026** 기업형 블록체인의 원조, 리플
- **027** 자산의 토큰화: 모든 금융이 온체인으로 이동한다

비트코인 이후, 확장되는 블록체인 세상

022

이더리움: 세계 컴퓨터를 꿈꾸는 블록체인

거대한 가상 컴퓨터 이더리움의 변천사

2025년 5월, 이더리움의 창시자 비탈릭 부테린(Vitalik Buterin)은 흥미로운 발언을 했다. "이더리움도 비트코인처럼 단순해질 필요가 있다."라는 그의 말은 많은 이들을 놀라게 했다. 이더리움은 비트코인과 달리 '거대한 가상 컴퓨터'이자 '프로그래밍 가능한 블록체인'을 지향하며 탄생했기 때문이다. 복잡하고 다양한 기능을 품으려 했던 이더리움이 왜 다시 '단순함'을 이야기하는 것일까?

그리고 공교롭게도 창시자의 이 제안 이후 몇 개월 동안 침체되어 있던 이더리움 가격이 본격적인 상승을 시작했다. 이 발언과 이더리움의 가격 사이에는 어떤 연결고리가 있는 것일까? 이 의문을 풀기 위해서는 이더리움이 걸어온 길을 되짚어볼 필요가 있다. 여기서는 '유용성(낮은 가스비)'과 '자산 가격 상승' 사이의 딜레마를 중심으로 이더리움의 변천사를 살펴볼 것이다.

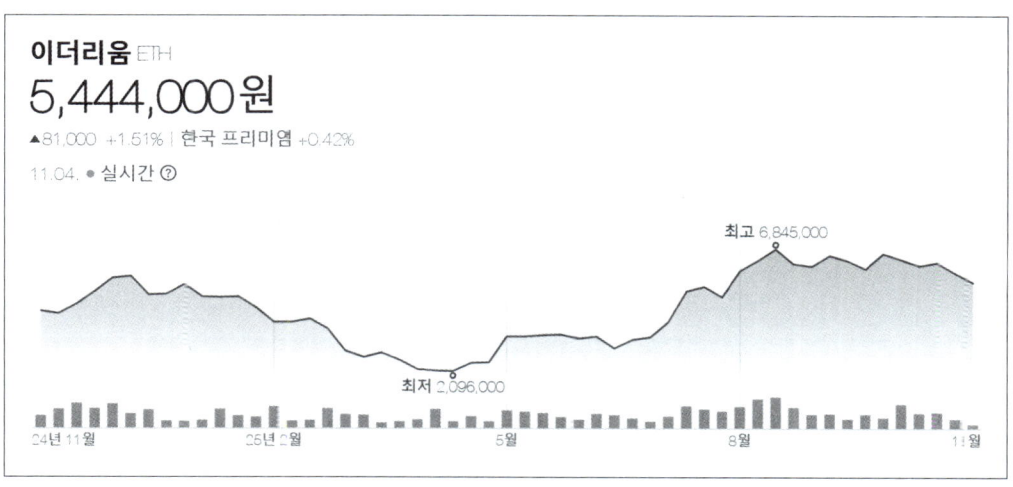

창시자 비탈릭 부테린이 '이더리움도 비트코인처럼 단순해질 필요가 있다.'라고 발언한 2025년 5월 초 이후 이더리움 가격은 치솟기 시작했다.

이더리움의 탄생: '세계 컴퓨터'를 향한 야심

이더리움은 비트코인에 대한 문제 제기에서부터 시작되었다. 2014년, 비탈릭 부테린은 비트코인 블록체인의 한계를 지적하며 이더리움이라는 새로운 프로젝트를 제안했다. 비트코인이 오직 '돈'의 역할에만 집중하여 단순하고 견고한 블록체인을 만들었다면, 이더리움은 블록체인 위에서 모든 종류의 프로그램을 실행할 수 있는 '세계 컴퓨터(World Computer)'를 꿈꿨다. 목표는 개발자들이 자유롭게 프로그램을 만들고 실행할 수 있는 플랫폼, 즉 '프로그래밍 가능한 블록체인'이었다.

이더리움의 핵심은 '스마트 계약(Smart Contract)'이다. 스마트 계약은 특정 조건이 충족되면 자동으로 실행되는 '코드화된 약속'이다. 이 스마트 계약을 통해 이더리움은 단순한 화폐 거래를 넘어, 복잡한 금융 서비스, 게임, 소셜 미디어 등 다양한 '탈중앙화 애플리케이션(이후 디앱)'을 구현할 수 있는 기반을 마련했다. 이더리움이 사용하는 화폐 단위는

> **알아두세요**
>
> • **탈중앙화 애플리케이션(Decentralized Application, DApp)** 기존의 애플리케이션(예: 은행, 페이스북, 구글)은 데이터와 서비스가 특정 중앙 서버나 기관에 의해 통제된다. 반면 디앱(DApp)은 단일 주체가 아닌 분산된 다수의 컴퓨터(노드)에 의해 운영되는 블록체인 네트워크에 기록되므로 특정 주체의 검열이나 통제로부터 자유롭다.

'이더'이며, 이더는 스마트 계약을 실행하는 데 필요한 '가스비'로 사용된다. 마치 자동차가 움직이는 데 휘발유가 필요한 것처럼 이더리움 네트워크에서 어떤 작업을 하려면 이더가 필요하다.

초기 성장과 ICO 붐: 가스비 폭등의 시작(2017~2018년)

이더리움은 '누구나 프로그램을 올릴 수 있는 블록체인'이라는 혁신적인 아이디어로 세상에 나왔다. 이 개념은 곧 현실이 되었다. 2017년 무렵부터 스타트업들이 이더리움 블록체인 위에서 새로운 코인(토큰)을 만들어 판매하며 투자금을 모으는 방식이 유행처럼 번졌다. 이것이 바로 'ICO'이다. 이 ICO 열풍으로 이더리움 네트워크가 활성화되었고 다양한 디앱이 쏟아져 나왔다.

그러나 이러한 폭발적인 성장은 곧 이더리움의 약점을 드러냈다. 네트워크 사용량이 급증하면서 가스비가 폭등하기 시작한 것이다. 이더리움 네트워크에서 스마트 계약을 실행하거나 거래를 처리하려면 가스비를 지불해야 하는데, 사용자가 몰리면서 가스비가 수십 달러, 심지어 수백 달러까지 치솟는 일이 빈번해졌다. 이는 이더리움이 지향하던 '모두가 자유롭게 사용할 수 있는 세계 컴퓨터'라는 비전에 큰 걸림돌이 되었다. 낮은 가스비는 이더리움의 '유용성'을 결정하는 핵심 요소였기 때문이다.

비탈릭 부테린은 이더리움을 비트코인과 다르게 무한발행으로 설계했다. 이더 코인의 가격이 오르면 플랫폼으로서 이더리움의 사용성이 떨어질 것을 우려했기 때문이다. 그런데

> **알아두세요**
>
> - **이더(Ether, ETH)** 이더리움 블록체인 네트워크의 고유 화폐 단위이다. 이더리움 네트워크에서 모든 활동(거래 전송, 스마트 계약 실행 등)의 수수료, 즉 가스비로 사용되며 비트코인처럼 디지털 자산으로서 투자 및 거래에 사용된다.
> - **가스비(Gas Fee)** 이더리움 네트워크에서 거래를 처리하거나 스마트 계약을 실행하는 데 필요한 수수료를 의미한다. 이더리움 네트워크에서 작업을 처리하려면 분산된 컴퓨터(채굴자 또는 검증자)들이 연산 능력을 사용해야 한다. '가스(Gas)'는 이 연산 작업의 수행량을 측정하는 단위이다. 작업이 복잡할수록 더 많은 가스가 필요하다.
> - **ICO(Initial Coin Offering)** ICO는 블록체인 프로젝트가 초기 개발 자금을 마련하기 위해 토큰을 판매하는 자금 조달 방식으로, 주식시장 IPO(기업공개)의 암호화폐판으로 볼 수 있으며 불특정 다수로부터 자금을 모은다는 점에서 크라우드펀딩과 유사한 형태라고 할 수 있다.

이더리움이 주목을 받으면서 이더의 가격이 크게 오르자, 이더로 지불하는 가스비 역시 치솟았다. 결국 이더리움의 사용성에 한계가 있다는 사실이 드러나고 만 것이다. 이더리움은 비트코인과 달리 사용성을 주창하면서 시작된 프로젝트이다. 그래서 탄생부터 지금까지 이더의 가격과 사용성 사이에서 힘겨운 줄타기를 해왔다.

더 다오 해킹과 이더리움 클래식의 분리: '코드 이즈 로'의 시험대(2016년)

이더리움의 역사에서 2016년은 잊을 수 없는 해이다. 이 해에 발생한 '더 다오(The DAO)' 해킹 사건은 이더리움의 철학과 거버넌스를 근본부터 흔드는 중대한 시험대였다. 더 다오는 이더리움 기반의 탈중앙화 자율 조직으로 혁신적인 실험이었다. 투자자들이 이더를 예치하고 투표를 통해 프로젝트에 자금을 지원하는 구조였다. 그러나 스마트 계약 코드의 취약점을 노린 해커의 공격으로 더 다오 프로젝트가 모금했던 총 자금 약 1,200만 ETH 중 약 360만 ETH(2016년 6월 기준 약 5천만 달러)가 탈취되었다.

이 사건은 이더리움의 핵심 원칙을 시험하는 철학적 딜레마를 불러왔다. '코드 이즈 로(Code is Law)', 즉 '코드가 곧 법이다.'라는 원칙은 이더리움 추종자들 사이에서 헌법과도 같은 기본 원칙이었다. 블록체인의 불변성에 따르면 스마트 계약 코드는 곧 법이며, 한 번 실행된 계약은 그 누구도 되돌릴 수 없어야 했다. 설령 그것이 해킹을 통한 것이라 할지라도 말이다. 그러나 막대한 금액이 해킹되면서 피해를 복구해야 한다는 목소리가 커졌다. 왜냐하면 당시 이더 총 자산의 15% 정도를 해커가 차지했기 때문이었다. 결국, 이더리움 커뮤니티는 투표를 통해 해킹 이전 상태로 블록체인을 되돌리는 '하드포크(Hard Fork)'를 결정했다.

하지만 모두가 이 결정에 동의한 것은 아니었다. 일부 개발자와 사용자들은 코드가 법이라는 원칙을 고수하며 기존 블록체인을 그대로 유지했다. 이것이 바로 이더리움 클래식(Ethereum Classic, ETC)의 탄생이다. 결국 이더리움은 둘로 나뉘었다. 해킹 피해를 복구한 새로운 체인인 이더리움과, 원칙을 지키며 해킹 결과까지 그대로 받아들인 이더리움 클래식으로 말이다.

이 사건은 비트코인 옹호론자들에게 이더리움을 비판할 좋은 구실이 되었다. 한 번 원칙을 훼손했으니, 앞으로도 결정적인 문제가 발생하면 탈중앙화와 중립성에 역행하는 행태를 보일 것이라는 것이다. 실제로 이 하드포크는 이더리움이 '완벽한 탈중앙화'보다는 '실용성'을 더 중요하게 여긴다는 것을 보여주는 증거가 되었다. 환경 변화에 따라 이더리움은 스스로를 지속적으로 변화시키고 있으며, 그러한 의사결정이 고도로 탈중앙화된 비트코인보다 훨씬 수월하게 이루어지는 것이 드러난 것이다.

확장성 문제의 심화와 '이더리움 2.0'의 시작(2019~2021년)

ICO 붐에 이어 디앱(DApp)이 확산되었고, 2020년 이후에는 디파이˙와 NFT˙˙ 시장이 폭발적으로 성장했다. 그러나 이러한 성장의 이면에는 심각한 문제가 도사리고 있었다. 네트워크 사용량이 급증하면서 확장성 문제를 심화시킨 것이다. 가스비는 감당할 수 없는 수준으로 치솟았고 거래 처리 속도는 현저히 느려졌다. 결국 이더리움은 '세계 컴퓨터'라는 비전을 실현하기 위해 반드시 확장성 문제를 해결해야 하는 기로에 서게 되었다.

이에 이더리움 커뮤니티는 대규모 업그레이드 프로젝트를 추진하기 시작했다. 바로 '이더리움 2.0'이다. 현재는 '세레니티(Serenity)' 또는 '컨센서스 레이어(Consensus Layer)' 등으로도 불린다. 이 프로젝트의 핵심은 이더리움의 근본적인 작동 방식을 바꾸는 것이었다.

> **알아두세요**
> - **디파이(DeFi)** 탈중앙화 금융(Decentralized Finance)의 약자로, 은행, 증권사, 보험사 등 전통적인 금융 중개자 없이 블록체인 네트워크를 통해 금융 서비스를 제공하는 개방형 금융 생태계이다. 이 서비스들은 주로 이더리움과 같은 블록체인 위에서 스마트 계약을 통해 자동으로 실행 및 관리된다.
> - **NFT** '대체 불가능 토큰(Non-Fungible Token)'의 약자로, 토큰마다 고유한 인식 값(ID)을 가지므로 서로 일대일 교환이 불가능한 디지털 자산 증명서이다. NFT는 디지털 이미지, 영상, 음악, 게임 아이템 등 디지털 콘텐츠의 원본 소유권을 블록체인 위에 기록하여 해당 자산의 진품성과 희소성을 보장한다.

더 머지(The Merge): PoW에서 PoS로의 대전환(2022년)

2022년 9월 15일, 이더리움은 역사적인 대규모 업그레이드인 '더 머지'를 성공적으로 완료했다. 이는 이더리움 네트워크의 합의 메커니즘을 작업증명(PoW)•에서 지분증명(PoS)••으로 전환하는 엄청난 기술적 도약이었다. 비트코인이 여전히 PoW 방식을 고수하는 것과 달리 이더리움은 에너지 효율성과 확장성 개선을 위해 과감한 변화를 선택한 것이다. 더 머지의 주요 목적은 다음과 같았다.

- **에너지 효율성**: PoW 방식은 채굴에 막대한 전력을 소모한다. PoS는 이더를 예치(스테이킹)한 검증자들이 거래를 검증하므로 에너지 소모를 99% 이상 줄일 수 있다.
- **확장성 개선의 기반**: PoS 전환은 향후 샤딩(Sharding)과 같은 확장성 솔루션을 구현하기 위한 필수적인 기반을 마련했다. 샤딩은 블록체인을 여러 개의 작은 조각(샤드)으로 나누어 병렬로 처리함으로써 네트워크의 처리량을 획기적으로 늘리는 기술이다.
- **디플레이션 압력**: 더 머지 이후, 이더리움은 거래 수수료의 일부를 소각하는 메커니즘을 도입했다. 이는 이더의 공급량을 줄여 디플레이션 압력을 높이고 이더의 가치를 상승시키는 요인이 된다. 더 머지는 이더리움의 '유용성'과 '자산 가치'라는 두 마리 토끼를 잡으려는 시도였다.

> **알아두세요**
>
> • **작업증명(PoW, Proof of Work)** 블록체인 네트워크가 탈중앙화된 합의를 이루기 위해 사용하는 최초이자 대표적인 합의 알고리즘이다. 비트코인 네트워크에 의해 처음 도입되었다. 네트워크 참여자(채굴자, Miner)들이 복잡한 계산 집약적 수학 퍼즐을 풀기 위해 경쟁하며, 이 계산 작업을 수행했음을 증명함으로써 새로운 블록을 생성할 권한을 얻는 방식이다.
>
> •• **지분증명(PoS, Proof of Stake)** 작업증명(PoW)의 에너지 효율성 문제를 해결하기 위해 고안된 합의 알고리즘으로, 이더리움이 '더 머지'를 통해 채택한 방식이다. 해당 블록체인의 암호화폐를 보유하고 예치(스테이킹, Staking)한 정도, 즉 지분율에 비례하여 거래를 검증하고 새로운 블록을 생성할 권한을 부여하는 방식이다.

잠깐만요 — PoS 전환 이후 드리운 그림자: MEV 공격과 구조적 취약성

2022년 9월 15일, 이더리움은 역사적인 '더 머지'를 통해 지분증명(PoS)으로 전환했다. 이 전환은 에너지 효율성, 확장성 개선, 디플레이션 압력 등의 이점을 안겨주며 환영받았지만, 동시에 블록 생성 구조에 내재된 새로운 위험을 드러냈다. 그 핵심에는 'MEV(Maximal Extractable Value)'라는 개념이 있다.

MEV란 검증자가 블록 안의 거래 순서를 바꾸거나 특정 거래를 앞뒤로 끼워 넣음으로써 이득을 취하는 방식이다. 예를 들어 누군가가 대량의 이더를 구매하는 거래를 올리면, 이를 먼저 포착한 검증자가 자신이 먼저 해당 자산을 매수하고, 이후 가격이 오른 뒤 사용자에게 되팔아 차익을 얻는다. 이를 '샌드위치 공격'이라고 부른다.

이 방식은 PoS 구조에서 더욱 심각한 문제가 된다. PoW는 막대한 전력과 장비 비용을 요구하기 때문에 이런 행동을 하기 어렵지만, PoS에서는 거의 비용 없이 누구나 블록을 제안할 수 있다. 이로 인해 PoS 기반 블록체인에서는 조건부 자산 비중이 큰 스마트 계약일수록 공격의 표적이 되기 쉽다. 그리고 그 구조적 허점이 2025년 10월, 현실의 법정에서 폭발했다.

2025년 10월, 미국 뉴욕에서 MEV 공격과 관련한 사상 첫 형사 재판이 시작되었다. 부에노 형제(안톤과 제임스 페라이어)는 약 2,500만 달러(약 한화 347억 원) 상당의 암호화폐를 탈취한 혐의로 기소되었다. 이들은 MEV 봇을 활용해 샌드위치 공격을 실행했고 수많은 피해자의 거래를 교란하며 차익을 챙겼다는 것이다.

검찰은 이들이 "고속 미끼-바꿔치기 방식을 통해 네트워크의 신뢰성을 고의로 훼손했다."라고 주장했다. 거래가 블록에 포함되기 전의 극히 짧은 틈을 노려 끼어드는 정교한 방식으로 피해자들의 거래 결과를 왜곡했다는 것이다.

반면, 변호인단은 "이는 불법이 아닌 고급 거래 전략"이라며 맞섰다. 실제로 이들은 해당 수익에 대해 세금 600만 달러(약 83억 원)를 납부했고, 자금 세탁 혐의도 부인하고 있다.

이번 재판은 단순한 해커 사건이 아니다. PoS의 시스템적인 취약성이 법정에 서게 된 첫 사례로, 향후 이더리움 생태계 전체와 유사 전략을 사용하는 트레이더들에게 중대한 선례가 될 수 있다.

'코드가 곧 법이다.'라는 블록체인 기술주의자들의 강령은 현실에서 강한 도전에 직면했다고 볼 수도 있다. 코드의 허점을 이용하려는 이들 중, 실력과 열정을 가진 이들 중에는 대체로 다른 사람의 노력을 가로채려는 마음을 먹은 이들이 많기 때문이다. 코드가 곧 법이라는 강령은 블록체인 생태계가 완벽하게 성숙하지 않는 한 약탈자들의 손을 들어주는 변론으로 사용될 것이다.

PoS는 전력 소모를 없앴다. 하지만 그와 동시에 블록을 '사적으로 최적화'할 수 있는 여지를 열어줬다. 검증자들은 거래를 검증하는 동시에, 자신의 이익을 극대화할 기회를 가지게 된다. 더 나아가, MEV 수익이 특정 세력에 집중되면 PoS는 중앙화 문제와 신뢰도 붕괴라는 이중의 위협에 직면할 수 있다.

스마트 계약, 디파이, 자동화된 조건부 거래가 활발한 이더리움에서는 이 구조적 문제가 큰 영향을 준다. 고도화된 MEV 알고리즘이 적용되는 순간, 거래의 순수성은 무너지고 네트워크 전체가 '탐욕의 메커니즘' 속에서 왜곡될 수 있기 때문이다.

이더리움, '본질 회귀'를 선택하다

더 머지 이후 이더리움은 기술적으로 진화했지만, '유용성(낮은 가스비)'과 '자산 가격 상승(디플레이션)' 사이의 딜레마는 더욱 심화되었다.

이더리움이 '세계 컴퓨터'로서 다양한 디앱을 품고 대중적으로 사용되려면 가스비가 매우 저렴해야 한다. 커피 한 잔을 사는데 몇만 원의 가스비를 내야 한다면 아무도 이더리움을 사용하지 않을 것이다. 그러나 가스비가 너무 낮아지면 소각되는 이더의 양이 줄어들어 이더가 디플레이션 자산으로서의 매력을 잃게 된다. 이더의 가치가 오르려면 희소성이 중요하고 이를 위해서는 충분한 양의 이더가 소각되어야 한다.

이런 딜레마 속에서 갈피를 잡지 못하는 가운데 강력한 경쟁자들이 등장했다. 솔라나, 트론 등 새로운 블록체인들이 이더리움이 독식했던 NFT와 디파이(DeFi) 시장을 빠르게 잠식하기 시작했다. 그들이 내세운 무기는 명확했다. '더 빠르고, 더 저렴하다.' 이더의 가격이 오르면 유용성이 떨어지는 건 맞지만 그렇다고 가격이 내릴 때 유용성이 높아지지는 않았다. 경쟁자들의 존재 때문에 가격이 낮아지면 투자자들로부터 외면을 받게 되고 심지어 사람들로부터 잊힐 위기에 처하게 되는 것이다.

바로 이러한 위기 속에서 나온 것이 "이더리움도 비트코인처럼 단순해질 필요가 있다."라는 비탈릭 부테린의 발언이었다. 그의 발언은 이더리움이 너무 많은 기능을 한꺼번에 담으려다 본질적인 '유용성'을 잃을 수 있다는 우려를 담고 있다. 비트코인이 오직 '가치 저장'과 '보안'이라는 단순한 기능에 집중하여 견고함을 유지하는 것처럼 이더리움도 핵심 기능에 집중하고 복잡한 기능들은 레이어2나 다양한 애플리케이션 레벨에 맡겨야 한다는 의미이다. 또한 이더리움이 경쟁자들을 따돌리고 스마트 계약 플랫폼에서 가장 지배력 있는 위치를 유지하려면 비트코인처럼 희소성을 추구해서 가격을 올려야 한다는 것을 뜻하기도 한다. 그의 발언 이후 이더리움의 가격이 크게 오른 것은 시장이 그의 '본질 회귀' 주장에 긍정적으로 반응했음을 보여준다.

이더리움의 미래: 엔드게임과 레이어2의 역할

이더리움은 현재 '엔드게임(Endgame)'이라는 장기적인 로드맵을 통해 확장성 문제를 해결하고 있다. 엔드게임은 이더리움 메인넷은 보안과 탈중앙화에 집중하고, 대부분의 거래는 롤업(Rollup)과 같은 레이어2 솔루션에서 처리하는 것을 목표로 한다.

롤업은 수많은 거래를 묶어서 이더리움 메인넷에 한 번에 기록하는 기술이다. 이를 통해 메인넷의 부담을 줄이고, 거래 처리 속도를 획기적으로 높이며 가스비를 낮출 수 있다. 아비트럼(Arbitrum), 옵티미즘(Optimism), 지케이싱크(zkSync), 폴리곤(Polygon) 등이 현재 활발하게 사용되고 있는 대표적인 레이어2 솔루션이다.

'비싸고 단순한' 메인넷을 통해 보안과 가치 저장을 담당하고, '저렴하고 유용한' 레이어2를 통해 일상적인 거래와 디앱 실행을 처리하는 것이다. 이를 통해 이더리움은 여전히 '세계 컴퓨터'라는 비전을 포기하지 않고 있다.

이더리움의 변천사는 탈중앙을 외치는 크립토 세계에서도 리더십이 통한다는 걸 보여준다. 이더리움은 처음 설계와는 많은 부분이 바뀌었지만 이는 시장의 요구에 끊임없이 적응하는 과정이기도 했다.

미래를 정확하게 내다보는 것은 불가능하다. 다만 예상하지 못했던 일이 닥칠 때마다 적절하게 현실에 적응하는 것이 불확실한 미래에 대한 최선의 전략이라는 사실을 감안하면 유연한 생태계와 유연한 리더십은 단점이 아니라 장점이다. 비트코인이 현실 적응에 어려움을 겪는 데 반해서 이더리움은 리더십을 활용해서 과감하게 방향을 전환해왔다. 이더리움은 탈중앙화라는 크립토의 이상과 효과적인 리더십이 조화를 이룰 수 있으며 살아있는 블록체인 생태계를 운영할 수 있다는 것을 보여주고 있다.

자산 토큰화와 월가의 선택

"모든 자산은 토큰화(Tokenization)되어야 한다."

블랙록(BlackRock)의 CEO 래리 핑크(Larry Fink)가 던진 이 말은 단순한 비전이 아니라 월가의 방향성을 상징하는 선언이었다. 그는 최근 인터뷰에서 이렇게 말했다.

"우리는 이제 막 모든 자산의 토큰화 시대가 시작되는 시점에 서 있다. 부동산에서 주식, 채권에 이르기까지 모든 자산이 블록체인 위에서 거래될 것이다."

그의 발언은 월가가 더 이상 블록체인을 '투기적 자산'으로만 보지 않기 시작했다는 신호이다. 토큰화가 의미하는 것은 명확하다. 전통적인 금융자산이 기존 금융망에 머무르지 않고, 블록체인이라는 새로운 인프라 위에서 이동하기 시작했다는 것이다.

이 변화의 흐름에는 규제 당국의 인식 전환이 자리하고 있다. 트럼프 2기 행정부에서 SEC 위원장으로 임명된 폴 앳킨스(Paul Atkins)는 "토큰화는 금융시장 현대화의 다음 단계"라고 언급했다. 또한 SEC가 추진 중인 '프로젝트 크립토' 정책은 금융을 '오프체인(Off-chain)'에서 '온체인(On-chain)'으로 옮기겠다는 방향성을 분명히 하고 있다. 이제 미국의 금융 규제 기관조차 블록체인을 '대체 기술'이 아닌 '미래 금융의 필수 인프라'로 보기 시작한 것이다.

그렇다면 수많은 블록체인 중에서 왜 이더리움이 월가의 선택지로 부상했을까? 그 이유는 이더리움이 이미 실질적인 자산 토큰화의 인프라로 자리 잡았기 때문이다.

현재 전 세계 스테이블코인(달러 기반 암호화폐)의 약 55%가 이더리움 네트워크 위에서 발행된다. 세계 최대 자산운용사 블랙록은 기존의 ETF 브랜드 '아이셰어즈(iShares)'에 머무르지 않고, 이더리움 네트워크를 활용해 '토큰화된 펀드' 개발에 나서며 블록체인 기반 자산운용 시장에 본격 진입하고 있다.

이 말은 실물 자산이 디지털 토큰으로 전환될 때 가장 먼저 선택되는 플랫폼이 바로 이더리움이라는 뜻이다. 즉, 월가는 "이더리움 위에서 자산을 토큰화하겠다."라는 전략적 결정을 이미 내린 셈이다.

금융분석업체 XBTO는 이를 두고 "이더리움이 월가의 블록체인 선택지가 되고 있다."라고 평가했다. 실제로 실물자산 토큰화(Real World Assets, RWA) 시장의 상당 부분이 이더리움 위에서 처리되고 있다. 이는 월가가 이더리움을 단순한 암호화폐 네트워크가 아니라,

'디지털 금융 인프라'로 보기 시작했다는 결정적 증거이다.

이러한 인식 전환은 주요 인물과 기관들의 행보에서도 뚜렷하게 드러난다.

- **피터 틸(Peter Thiel)**: 실리콘밸리의 대표적 벤처투자자이자 페이팔 공동창업자로, 암호화폐 시장의 초기 투자자이기도 하다. 그의 투자사 계열은 '비트마인 이머전 테크놀로지스(BitMine Immersion Technologies)'에 약 9.1%의 지분을 확보했다. 이 회사는 이더리움을 대규모로 보유한 이른바 '트레저리 기업'으로, 이는 이더리움이 단순한 투자자산이 아니라 기업의 자산관리 전략의 일부로 편입되고 있음을 보여준다. 이후 피터틸의 파운더스 펀드는 이전에 보유했던 비트마인 이머전 테크놀로지스(BMNR) 지분(9.1%, 약 509만 주) 중 대략 절반을 매도하고 현재 약 254만 7천 주를 보유 중인 것으로 SEC 공시를 통해 확인되었다.
- **톰 리(Tom Lee)**: 오랫동안 비트코인 중심론자로 알려졌던 그는 최근 포트폴리오의 중심을 이더리움으로 옮겼다. 월가의 대표적 애널리스트이자 전략가인 그의 전환은, 금융 전문가들의 분석 모델 속에 이더리움이 본격적으로 들어왔다는 신호이다.
- **캐시 우드(Cathie Wood)**: 캐시 우드가 이끄는 아크 인베스트(ARK Invest)는 비트코인 ETF 외에도 이더리움 관련 기업에 대한 투자를 공격적으로 확대하고 있다. 특히 비트마인 이머전 테크놀로지스 주식 등 이더리움 노출이 가능한 상장사를 편입하며 이더리움 중심의 재무 전략을 지지했다. 비트코인을 '디지털 금'으로 보면서도, 이더리움을 '혁신 플랫폼' 및 '수익 창출 자산'으로 보고 기술 인프라에 대한 전략적 투자를 늘리고 있다.
- **헤데라 해시그래프**: 글로벌 기업들이 참여한 헤데라 해시그래프 프로젝트는 근본적으로는 이더리움과 경쟁관계에 있다. 그러나 최근 헤데라 프로젝트가 ERC(Ethereum Request for Comments, 이더리움 기술 표준)와 상호운용되는 길을 모색하고 있다. 헤데라는 EVM(Ethereum Virtual Machine) 개발자들이 기존 이더리움 개발도구(Hardhat, Web3.js, ethers.js 등)를 그대로 활용할 수 있도록 JSON-RPC 인터페이스 등 EVM 친화적 환경을 제공하고 있다. 이는 산업표준으로서 이더리움의 영향력을 인정하고, 이더리움 생태계와의 상호운용성을 높여 더 큰 시장에 편입하려는 움직임이다.
- **피델리티(Fidelity Investments)**: 전통 금융업계의 거대 자산운용사인 피델리티는 최근 이더리움 기반 '토큰화 국채 펀드(Tokenized Treasury Fund)'를 실험하고 있다. 이더리움 네트워크를 활용해 국채, 머니마켓펀드, 나아가 기업채권까지 디지털화하려는 것이다. 블랙록 또한 비슷한 방향으로 움직이고 있으며 여러 기관들이 이더리움 위에서 스테이킹과 토큰화 구조를 검토하고 있다.

이더리움이 월가의 신뢰를 얻은 이유를 정리하면 다음과 같다.

- **활용성**: 이더리움은 단순한 결제망이 아니라 스테이킹·스마트 계약·토큰화 등 실질적인 금융 응용 기능을 갖추고 있다.
- **실물 연계성**: 머니마켓펀드, 국채, 부동산 등 전통 자산을 블록체인에 옮길 수 있는 가장 현실적인 플랫폼이다.
- **인프라의 성숙도**: 오랜 기간 검증된 안정성과 깊은 생태계, 확장성 덕분에 기관 투자자들이 신뢰할 수 있다.
- **중립성**: 이더리움은 특정 기업이 통제하지 않는다. 구글·애플·마이크로소프트 같은 빅테크의 플랫폼은 서로 견

제하지만 이더리움은 모두가 접속할 수 있는 '공공 인프라'이다. 따라서 빅테크조차 자신들의 시스템이 고립되지 않으려면 이더리움과 상호운용성을 유지할 수밖에 없다.

하지만 이더리움의 우위가 영원히 보장되는 것은 아니다. 지금까지 이더리움이 자산 토큰화 플랫폼으로 독보적인 위치를 차지할 수 있었던 이유 중 하나는, 빅테크가 아직 본격적으로 뛰어들지 않았기 때문이다.

이제 상황이 달라지고 있다. 구글 클라우드는 최근 금융기관과 함께 '유니버설 레저(Universal Ledger, GCUL)' 프로젝트를 발표하며, 자산 토큰화 인프라 시장 진입을 선언했다. 또한 CME 그룹과의 협업을 통해 토큰화된 결제·정산 시스템 구축을 추진하고 있다.

이 움직임은 빅테크 기업들이 자신들만의 블록체인 플랫폼을 들고 시장에 본격적으로 뛰어들고 있음을 보여준다. 앞으로 삼성전자, 애플, 마이크로소프트 등도 각자의 생태계를 중심으로 토큰화 인프라 경쟁에 나설 가능성이 크다.

이것은 곧 이더리움이 처음으로 정면승부를 벌이게 될 무대가 열렸다는 의미이다. 전통 금융기관들이 "모든 자산의 토큰화"를 선언하고 규제당국이 제도적 기반을 마련하는 동안 이더리움은 인프라 우위를 확보했지만 그것은 빅테크의 부재 속에서 형성된 일시적 독점이었을지도 모른다.

결론적으로 말하면 이더리움은 지금 '월가의 선택'이 될 수도 있으나 매우 치열한 시험을 앞두고도 있다. 전통 금융, 규제당국, 빅테크가 모두 움직이고 있기 때문이다. 월가가 일단 이더리움을 선택하더라도 그 선택이 '영원한 독점'을 의미하지는 않는다. 이더리움이 지금의 지위를 유지하려면 기술적 우위뿐 아니라, 정치·제도·플랫폼 경쟁에서도 균형을 잡아야 한다. 그래서 투자자라면 이더리움이 왜 선택됐는지를 이해하면서 변화의 흐름을 주시해야 한다. 그 흐름 속에서 이더리움이 지속적으로 중심에 남을지, 혹은 새로운 플랫폼이 그 자리를 넘볼지에 따라서 계속 판단 기준을 수정해야만 한다. 시장의 급변속에서 살아남으려면 고집스러운 확신보다는 유연하고 전략적인 상황판단을 할 줄 알아야 한다는 사실을 명심해야만 한다.

023
솔라나: 이더리움의 약점을 겨냥한 초고속 블록체인

속도와 확장성 경쟁

블록체인 세계에서 비트코인이 '디지털 금'으로 불리며 굳건한 자리를 지키고 있다면, 이더리움은 '세계 컴퓨터'를 자처하며 다양한 디앱의 플랫폼으로 군림하고 있다. 그러나 이더리움의 아성에도 도전장을 내민 강력한 경쟁자들이 속속 등장했다. 그중 가장 주목받는 주자가 바로 솔라나(Solana)이다. 솔라나는 이더리움의 아킬레스건인 '느린 속도'와 '높은 가스비'를 정면으로 겨냥하며 등장했다. 한때 '이더리움 킬러'라는 별명까지 얻으며 시장을 뜨겁게 달구기도 했다. 과연 솔라나는 이더리움을 능가할 수 있을까? 여기서는 솔라나와 이더리움의 기술, 생태계, 전략, 그리고 현황을 비교하며 두 블록체인의 치열한 경쟁을 분석해보겠다.

이더리움의 딜레마와 솔라나의 등장 배경

앞에서 이더리움의 '유용성(낮은 가스비)'과 '자산 가격 상승(디플레이션)' 사이의 딜레마를 다루었다. 이더리움은 스마트 계약 기능을 통해 수많은 디앱과 디파이, NFT 생태계를 꽃피웠다. 그러나 이더리움 네트워크의 사용량이 폭증하면서 가스비가 천정부지로 치솟아 이더리움의 '유용성'을 위협했다.
이러한 이더리움의 확장성 문제로 솔라나가 등장했다. 2020년 메인넷을 출시한 솔라나는

'초고속, 저비용'을 전면에 내세우며 이더리움의 대안을 자처했다. 솔라나는 이더리움이 초당 약 15~30건의 거래를 처리하는 데 비해, 이론적으로 초당 수만 건의 거래를 처리할 수 있다고 주장하며 시장의 이목을 집중시켰다. 솔라나가 이더리움보다 훨씬 빠른 속도를 자랑하는 이유는 그들의 독특한 합의 메커니즘과 아키텍처에 있다.

- **이더리움**: 초기에는 작업증명(PoW) 방식을 사용하다가 2022년 '더 머지'를 통해 지분증명(PoS)으로 전환했다. PoS는 에너지 효율적이지만, 여전히 블록 생성 시간과 거래 처리량에 한계가 있다.
- **솔라나**: 솔라나는 지분증명(PoS)을 기반으로 하면서도, '역사증명(Proof of History, PoH)'이라는 독자적인 기술을 결합했다. PoH는 거래가 발생한 순서를 암호학적으로 기록하여 네트워크 참여자들이 거래의 순서를 일일이 검증할 필요 없이 빠르게 합의할 수 있도록 돕는다. 이는 마치 모든 거래에 '시간 도장'을 찍어놓는 것과 같아서 거래 처리 속도를 획기적으로 높인다. 솔라나의 이러한 기술은 잘 구동되기만 한다면 특히 거래 처리 속도 면에서 이더리움을 무력화시킬 수 있다.

아키텍처(구조) 비교

이더리움과 솔라나는 모두 스마트 계약을 실행할 수 있는 퍼블릭 블록체인이지만, 그 아키텍처와 지향점은 크게 다르다.

- **이더리움**: 단일 블록체인 위에서 모든 거래와 스마트 계약을 처리하는 '모놀리식(Monolithic)' 구조를 가지고 있다. 이러한 구조는 모든 거래가 동일한 보안·검증 절차를 거치도록 하여 보안성과 무결성을 높인다. 이는 보안성이 높지만 트래픽이 몰리면 병목 현상이 발생한다. 이더리움은 이 문제를 해결하기 위해 샤딩과 같은 복잡한 레이어2 솔루션을 개발하고 있다. 이는 메인 블록체인의 보안을 유지하면서 일부 거래를 외부에서 처리해 속도를 높이려는 시도이다.
- **솔라나**: 거래 순서를 사전에 확정하는 PoH(Proof of History), 빠른 합의를 위한 타워 BFT(Tower Byzantine Fault Tolerance), 거래 예측 및 사전 전달 기능을 제공하는 걸프스트림(Gulf Stream) 등 여러 기술을 결합하여 초당 수천 건의 거래를 처리할 수 있다. 이러한 설계 덕분에 솔라나는 이더리움보다 훨씬 빠른 속도를 제공하며 수수료가 낮아 특히 게임, NFT, 소액 결제 등 실시간성이 중요한 애플리케이션에서 큰 강점을 보인다.

그러나 각자의 장점은 동시에 약점이 되기도 한다. 이더리움은 신뢰성과 안정성에서 확고한 강점을 지니지만 처리 속도와 비용 경쟁력에서는 불리하다. 반면 솔라나는 빠르고 저렴하지만 네트워크 안정성에 한계가 있다. 실제로 솔라나 네트워크는 과거 여러 차례 트래픽 과부하나 버그로 인해 전체가 멈추는 사태를 겪었고 재가동을 위해 검증자들의 수동 조치가 필요했다. 또한 검증자 노드를 운영하기 위한 서버 사양과 유지 비용이 높아 참여자 수가 제한될 수 있으며, 이는 장기적으로 탈중앙성 저하로 이어질 수 있다는 지적을 받고 있다.

결국 이더리움과 솔라나의 비교는 '속도와 비용'을 중시할 것인지, 아니면 '보안성과 안정성'을 중시할 것인지라는 가치 판단의 문제로 귀결된다. 이더리움은 마치 느리더라도 절차와 안전성을 철저히 지키는 은행과 같고, 솔라나는 매우 빠르고 저렴하지만 때때로 서버가 멈추는 초고속 결제망과 같다.

개발자와 기업은 자신이 만들고자 하는 애플리케이션의 성격과 요구사항에 따라 안정성을 우선할지, 속도를 우선할지를 결정하고 그에 맞는 플랫폼을 선택할 수 있다. 이 선택은 단순히 기술적인 결정이 아니라 어떤 철학과 리스크 프로파일을 받아들일 것인가에 대한 결정이기도 하다.

생태계 비교: 깊이와 넓이의 차이

기술적 우위에도 불구하고 솔라나가 이더리움을 능가하기 어려운 가장 큰 이유는 바로 '생태계의 깊이와 넓이' 때문이다.

- **개발자 커뮤니티**: 이더리움은 2015년부터 시작된 오랜 역사만큼이나 거대하고 활발한 개발자 커뮤니티를 가지고 있다. 수많은 개발자가 이더리움 위에 디앱을 구축하고 있으며, 관련 도구와 라이브러리도 풍부하다. 솔라나는 빠르게 성장하고 있지만 아직 이더리움만큼의 개발자 풀과 생태계 다양성을 확보하지 못했다.
- **디앱 및 프로토콜 수**: 이더리움은 디파이, NFT, 게임 등 모든 블록체인 분야에서 압도적인 수의 디앱과 프로토콜을 보유하고 있다. 유니스왑(Uniswap), 오픈씨(OpenSea) 등 주요 서비스들이 이더리움 기반으로 구축되어 있다. 솔라나도 빠르게 성장하며 많은 프로젝트를 유치했지만 아직 이더리움의 규모에는 미치지 못한다.

이더리움은 이미 거대한 네트워크 효과를 구축했다. 더 많은 사용자와 개발자가 이더리움에 참여할수록, 이더리움의 가치는 더욱 상승하고 새로운 참여자를 끌어들이는 선순환 구조가 형성된다. 솔라나는 이 네트워크 효과를 깨기 위해 고군분투하고 있다.

이더리움과 솔라나의 경쟁은 단순히 '빠른 블록체인'과 '느린 블록체인'의 대결이 아니다. 이는 블록체인 아키텍처에 대한 근본적인 철학 차이를 보여준다. 이더리움은 초기에 모든 거래와 스마트 계약을 단일 메인넷에서 처리하는 '모놀리식(Monolithic)' 구조를 가졌다. 그러나 이 구조는 확장성 한계로 인해 처리 속도 저하와 가스비 급등을 피하기 어려웠다. 이에 따라 이더리움은 점차 메인넷(레이어1)은 보안과 탈중앙화에 집중하고, 확장성 문제는 레이어2 솔루션(롤업, 샤딩 등)에 맡기는 '모듈러(Modular)' 전략으로 방향을 전환하였다. 속도를 희생하더라도 메인넷을 '가장 안전한 기축 블록체인'으로 만드는 것이 목표이며, 복잡한 기능과 대규모 거래 처리는 레이어2에서 담당하게 하는 방식이다.

반면 솔라나는 처음부터 단일 블록체인 위에서 모든 기능을 처리하는 모놀리식 전략을 고수해왔다. 거래 순서를 사전에 확정하는 PoH(Proof of History)와 타워 BFT(Tower BFT), 걸프스트림(Gulf Stream) 등 다양한 기술을 결합하여 초당 수천 건의 거래를 처리할 수 있는 속도와 낮은 비용이라는 2가지 목표를 달성했다. 이러한 설계는 개발과 사용이 간편하고 레이어2 없이도 실시간성이 중요한 게임·NFT·소액 결제 등에 적합하다는 장점이 있다. 그러나 단일 체인에 모든 부하가 집중되기 때문에 과부하나 버그가 발생하면 네트워크 전체가 멈추는 장애에 취약하다는 단점도 있다.

결국 두 플랫폼의 경쟁은 속도와 비용을 극대화하기 위해 모든 것을 한 체인에 담을 것인지, 아니면 보안성과 탈중앙화를 위해 핵심 기능만 레이어1에 두고 나머지를 외부로 분산할 것인지라는 철학적 선택의 문제로 귀결된다.

투자자의 핵심 고려 요소: 초기 코인 분배와 투명성

투자자가 새로운 암호화폐 프로젝트를 고려할 때 기술적 성능이나 생태계의 규모만큼이나 중요한 요소가 있다. 바로 초기 투자자들 사이에서 메인 코인이 어떻게 분배되었는지, 그리고 그들이 보유한 코인이 언제, 어떤 규모로 시장에 풀릴 수 있는지이다. 이는 프로젝트의 투명성과 장기적인 가격 안정성에 직접적인 영향을 미친다.

초기 코인 분배의 투명성

- **이더리움**: 이더리움은 2014년 ICO를 통해 초기 자금을 조달했다. 이때 이더(ETH)가 투자자들에게 분배되었고, 개발팀과 재단에도 일정 물량이 할당되었다. 이더리움의 초기 분배는 비교적 투명하게 공개되었으며, 이는 커뮤니티의 신뢰를 얻는 데 기여했다.
- **솔라나**: 솔라나는 주로 벤처 캐피털(VC) 투자를 통해 자금을 조달했다. 초기 토큰의 상당 부분이 VC, 팀, 재단, 그리고 내부 관계자들에게 배분되었다. 이더리움에 비해 초기 VC의 비중이 높기 때문에 '탈중앙화' 측면에서 비판을 받기도 했다.

락업(Lock-up)과 베스팅(Vesting) 일정

초기 투자자들이나 팀이 보유한 코인이 한꺼번에 시장에 풀리면 대규모 매도 압력으로 작용하여 가격이 급락할 수 있다. 이를 방지하기 위해 대부분의 프로젝트는 락업(일정 기간 동안 코인 매도를 금지하는 것)과 베스팅(락업 해제 후에도 코인을 점진적으로 지급하는 것) 일정을 설정한다. 투자자는 이 락업·베스팅 일정을 반드시 파악해야 한다.

- **이더리움**: ICO 물량에 대한 락업 기간이 있었지만 비교적 초기에 대부분 해제되었다. 이더리움의 PoS 전환 이후에는 이더를 스테이킹(예치)한 물량이 락업되어 네트워크 보안에 기여하고 있다.
- **솔라나**: 솔라나는 초기 VC 물량에 대한 복잡한 락업 및 베스팅 일정을 가지고 있었다. 특히 2022년 FTX 파산 사태는 솔라나에게 큰 타격을 주었다. FTX의 자회사인 알라메다 리서치(Alameda Research)가 솔라나의 주요 초기 투자자이자 대량 보유자였기 때문이다. FTX 파산으로 인해 알라메다가 보유한 막대한 양의 솔라나 코인이 시장에 강제로 매각될 수 있다는 우려가 제기되면서 솔라나 가격은 크게 하락했다. 이는 초기 투자자들의 코인 분배와 락업 해제 일정이 프로젝트에 얼마나 큰 위험이 될 수 있는지를 보여주는 단적인 사례이다.

온체인 데이터가 말하는 투명성

이러한 초기 코인 분배와 락업 여부, 그리고 실제 시장에 풀리는 규모를 파악하는 데는 블록체인의 투명성이 매우 중요하다. 투자자들은 온체인 데이터 분석 도구를 통해 특정 지갑 주소에 묶여 있는 코인의 양, 그리고 그 코인이 언제부터 시장에 유통될 수 있는지 등을 추적할 수 있다. 프로젝트 팀이 아무리 락업되어 있다고 주장해도 온체인 데이터는 거짓말을 하지 않는다. 투자자는 이러한 데이터를 통해 프로젝트의 투명성을 검증하고 잠재적인 매도 압력을 미리 파악할 수 있다.

솔라나의 성장과 이더리움의 진화

현재 솔라나는 이더리움의 아성을 위협하는 가장 유망한 플랫폼의 하나로 자리 잡았다.

- **솔라나의 성장**: 솔라나는 2021년 이후 폭발적으로 성장하며 디파이, NFT, 게임 등 다양한 분야에서 주목할 만한 프로젝트들을 유치했다. 특히 FTX 사태 이후 일시적인 침체를 겪었지만 빠르게 회복하며 강력한 커뮤니티와 기술력을 증명했다.
- **이더리움의 진화**: 이더리움은 '더 머지'를 통해 PoS로 전환하며 에너지 효율성을 높였고, 롤업 등 레이어2 생태계를 빠르게 확장하며 확장성 문제에 대응하고 있다. 이더리움 현물 ETF가 승인되면서 기관 투자자들의 관심도 높아지고 있다.

솔라나가 '이더리움 킬러'라는 별명처럼 이더리움을 완전히 압도할 수 있을지는 여전히 미지수이다. 이더리움은 이미 막대한 네트워크 효과와 개발자 커뮤니티, 그리고 견고한 보안성을 확보하고 있기 때문이다. 그러나 솔라나는 '속도와 비용 효율성'이라는 명확한 강점을 바탕으로 이더리움의 한계를 보완하며 블록체인 생태계의 파이를 키우는 데 기여하고 있다.

결론적으로, 솔라나와 이더리움의 경쟁은 블록체인 기술의 발전을 촉진하는 긍정적인 역할을 한다. 솔라나는 이더리움의 '느린 속도'와 '높은 가스비'라는 약점을 파고들며 새로운 사용자들을 끌어들이고 있고, 이더리움은 레이어2 기술을 통해 확장성을 개선하며 스스로 진화하고 있다. 두 블록체인의 경쟁은 앞으로도 계속될 것이며, 이는 블록체인 기술이 더욱 발전하고 다중화되는 데 중요한 동력이 될 것이다.

024

글로벌 등기소, NFT 이해하기

UTXO 호텔 비유로 풀어보는 NFT

NFT는 이더리움 기반 게임 '크립토키티'로 대중의 관심을 끌었다. 하지만 NFT의 개념은 비트코인에서 시작되었다. 비트코인 초창기에는 기념주화, 즉 컬러드코인이라고 불렀는데 코인에 색을 입혀서 다른 비트코인과 구별한다는 의미였다. 컬러드코인은 비트코인이 인류가 만든 가장 믿을 만한 등기소라는 점 때문에 처음부터 개발자들 사이에서 각광을 받았다.

17살이라는 어린 나이였지만 비트코인 생태계 초기에 비트코인 논객으로 활약했던 비탈릭 부테린을 사로잡은 개념도 바로 이 컬러드코인 개념이었다. 만약 비트코인에 '색'을 입혀서 유일무이한 코인을 만든다면 이론적으로 이 코인은 영원히 그 가치를 지닐 수 있다. 비트코인 등기소가 영원히 이 코인에 새겨진 '색'을 보존할 것이기 때문이다.

컬러드코인의 개념을 설명하려면 UTXO를 다시 소환할 필요가 있다. 뿐만 아니라 UTXO를 설명하기 위해서 들었던 매트릭스 영화에 나올 법한 디지털 호텔 이야기도 다시 꺼내야 한다.

1단계-비트코인과 UTXO: 문만 있는 객실

비트코인은 전 세계 어디서나 검증 가능한 디지털 자산 소유권 체계를 구축했다. 이를 가능하게 한 핵심 구조가 바로 UTXO이다. UTXO를 이해하기 위해 다시 '가상 호텔' 비유를 들어보자.

- **호텔 건물**: 비트코인의 모든 장부
- **객실(UTXO)**: 일정량의 비트코인을 담고 있는 호텔 객실로, 문 앞에는 금액(비트코인 수량)과 소유자(지갑 주소)가 적혀 있다.
- **열쇠(개인키)**: 해당 객실의 소유권을 증명하고 문을 여는 유일한 수단이다.

비트코인 거래는 쉽게 말해 객실을 쪼개거나 합치는 과정이다. 예를 들어 철수가 1비트 객실에서 0.5비트를 갑수에게 보내면, 기존 객실은 사라지고 철수와 갑수의 새 객실이 각각 생긴다. 이 객실에 문은 있지만 내부 공간이 없다. 즉, '얼마를 가지고 있는지'는 기록할 수 있지만 다른 속성이나 디지털 콘텐츠를 저장할 수는 없다.

2단계-NFT: 문 안에 공간이 생기다

컬러드코인, 즉 NFT의 개념은 쉽게 말해 이 호텔의 객실에 내부 공간이 있다는 상상력에서 출발한다. 문을 열고 그 객실에 꽃병을 놓고 문을 닫는다면 그 객실을 둘로 쪼개거나 다른 객실과 합치지 않는 한 그 꽃병은 그 방에 그대로 남을 것이다. 이 객실에 그림을 걸어 놓거나 계약과 관련한 중요한 서류를 넣어놓고 문을 닫을 수도 있다.

이렇게 되면 호텔 객실이 단순한 숫자 정보가 아니라 속성과 콘텐츠를 기록할 수 있는 공간으로 변하게 된다. 그렇다면 이 방은 같은 평수의 다른 비트코인 UTXO와 확실하게 구별된다. 즉 숫자만으로 대체할 수 없게 되는 것이다. 그래서 대체 불가능한 코인, 즉 NFT라고 부른다.

- **가상의 공간**: 호텔 객실 문을 열면 생기는 가상의 공간이다
- **콘텐츠**: 그림, 사진, 영상, 음악 파일 등을 가상공간에 넣을 수 있다.
- **소유권**: NFT 소유자에게 귀속되며 블록체인에 영구 기록한다.

NFT는 스마트 계약을 통해 이 '방' 안에 무엇이 들어 있는지를 정의하고, 그 기록을 누구나 검증할 수 있게 한다. NFT를 통해 블록체인은 단순한 금융 원장 시스템에서 전방위 디지털 소유권 플랫폼으로 확장된 것이다.

3단계-재결합: 오디널스(Ordinals)와 비트코인의 귀환

한동안 NFT는 이더리움과 다른 스마트 계약 플랫폼의 전유물처럼 보였다. 그러나 2023년에 오디널스 프로토콜이 등장하자 상황이 바뀌었다. 오디널스는 비트코인의 최소 단위인 사토시(Satoshi) 하나하나에 고유번호를 붙이고, 여기에 텍스트·이미지·영상 등 데이터를 직접 새길 수 있게 한다. 비트코인 UTXO 안에 '충분한 공간'을 확보하는 방법을 제시한 것이다. 다시 말해, 비트코인 UTXO 안에 '무엇인가를 등기할 공간'을 확보했다.

이렇게 해서 그동안 이더리움으로 옮겨 갔던 NFT의 핵심 아이디어가 다시 비트코인으로 돌아오게 된다. 구체적으로 보면 다음과 같은 변화가 생겼다.

- NFT의 속성 기록 기능이 비트코인으로 돌아왔다.
- 비트코인의 보안성과 희소성을 그대로 이용할 수 있다.
- 이더리움 NFT와 달리, 데이터가 온체인(비트코인 블록체인)에 직접 보관된다.

오디널스의 등장은 NFT 개념이 다시 비트코인 생태계로 '귀환'한 사건이었다. 초기에는 블록 공간을 낭비한다는 비판도 있었지만 이는 비트코인 블록체인의 새로운 수요를 창출하며 채굴자 보상 구조에도 긍정적인 영향을 주었다.

'얼마를'에서 '무엇을'로, 그리고 '어디에'로

UTXO는 '얼마를 가지고 있는가?'라는 양적 정보에 집중했다. 호텔 객실의 내부구조는 의미가 없고 오직 객실문과 전체 크기라는 양적 정보만이 의미를 가졌다. 반면 NFT는 그 공간 안에 '무엇을 가지고 있는가?'라는 질적 속성을 더했다. 이 흐름은 블록체인이 단순한 결제망에서 디지털 소유권의 종합 기록 장부, 즉 명실상부한 글로벌 등기소로 진화하고 있음을 보여준다.

025
트럼프 2기 정부의 선택, 달러 스테이블코인

2025년 트럼프 2기 정부의 출범 이후, 미 정부가 가장 강력하게 추진한 핵심 정책은 달러 스테이블코인 제도화였다. 비트코인과 달러 스테이블코인은 모두 미국의 재정적자 문제 해결과 연결되어 있다. 그런데 왜 트럼프 행정부는 비트코인보다 달러 스테이블코인에 더 집중하는 것일까? 답은 시간에 있다. 비트코인을 통해 가시적인 결과를 얻으려면 시간이 오래 걸린다. 반면 달러 스테이블코인은 트럼프 임기 내에 명확한 효과를 낼 수 있다. 실제로 트럼프 행정부는 비트코인의 전략 자산화보다는 달러 스테이블코인 안착에 더 많은 정책적 노력을 기울이고 있다.

달러 스테이블코인은 미국 달러에 1:1로 가치가 연동되는 디지털 자산이다. 테더(Tether)와 같은 발행사가 스테이블코인 1개를 제시하면 등가의 달러 1달러를 지불하는 것을 보장한다.

달러 스테이블코인은 비트코인의 장점과 달러의 장점을 결합한 자산이다. 국경이 없는 비트코인의 자유로움에 달러의 가격 안정성을 더한 것이다. 이러한 특성 덕분에 달러 스테이블코인은 트럼프 정부가 정책적으로 촉진하기 훨씬 전부터 이미 빠르게 성장하고 있었다. 아이러니하게도 달러 스테이블코인의 초창기 성장은 중국의 규제 조치에서 비롯되었다. 2017년, 중국 정부는 비트코인 거래소를 차단했다. 그러자 중국인들은 달러 스테이블코인을 구해서 바이낸스와 같은 역외 거래소에 보낸 뒤, 비트코인이나 이더리움에 투자했다. 중국 정부가 비트코인을 막자 중국인들이 달러 스테이블코인을 키운 셈이다.

미국 국채 조달과 달러 패권 확장의 전략적 도구, 달러 스테이블코인

그런데 미국의 싱크탱크들은 달러 스테이블코인을 단순한 투자 도구로 보지 않는다. 그들은 이 자산이 유로달러처럼 글로벌 역외금융의 새로운 축으로 발전할 가능성에 주목하고 있다. 실제로 달러 스테이블코인의 성장은 과거 '유로달러(Eurodollar)' 시장의 성장과 유사한 측면이 있다.

유로달러는 미국 외 은행에 예치된 달러를 의미한다. 이는 미국 중앙은행의 통제를 직접적으로 받지 않으면서도 전 세계 국제 무역과 금융 거래의 주요 통화로 활용되어 왔다. 유로달러 시장은 미국의 통화 정책에 큰 영향을 미치지 않으면서도 달러의 글로벌 유동성을 확대하는 데 기여했다.

달러 스테이블코인 역시 이와 유사한 역할을 한다. 해외의 투자자들이나 기업들이 달러 스테이블코인을 구매하면, 그 돈은 스테이블코인 발행사로 흘러들어간다. 그리고 이 발행사들은 규제에 따라 확보한 달러의 일부를 미국 국채에 투자한다.

실제로 테더사는 달러 스테이블코인을 판 달러로 금이나 비트코인을 샀고 남는 돈으로 미국의 국채를 구입했다. 그런데 달러 스테이블코인 시장이 빠르게 성장하자 2024년, 테더사가 보유한 미국채 총 가치가 독일의 미국채 투자금액보다 높아진 놀라운 상황이 벌어졌다.

트럼프 행정부는 여기서 한 걸음 더 나아갔다. 달러 스테이블코인 발행사들이 금이나 비트코인, 혹은 타국의 국채에 투자하는 것을 차단하고 달러 스테이블코인 발행사가 스테이블코인을 판 금액을 전량 달러 현금과 미국 3개월 미만 단기 국채로만 보유하도록 강제한 것이다. 2025년 7월, 트럼프 대통령이 서명한 지니어스 법(GENIUS Act)의 핵심 내용이 바로 이것이다.

이 법안의 효과는 명확하다. 달러 스테이블코인 시장이 수백억, 수천억 달러 규모로 성장할수록 스테이블코인 발행사들은 자동적으로 더 많은 미국 단기 국채를 구매하게 된다. 이는 미국 정부가 발행하는 단기 국채에 대한 안정적이고 예측 가능한 수요를 창출한다. 미국 정부 입장에서는 부채를 발행하는 데 필요한 자금을 훨씬 쉽게 확보할 수 있게 된 것이다. 미국 정부는 2030년까지 달러 스테이블코인 규모가 3조 달러로 성장할 것으로 전망하고 있다. 2025년 3천억 달러 미만 시장을 감안하면 5년 동안 무려 10배 이상 성장한다는 계산이다.

달러 스테이블코인은 전 세계 어디서든 인터넷만 연결되면 즉시 결제 및 송금이 가능하다. 이는 달러가 기존의 은행 시스템을 넘어 디지털 영역에서까지 글로벌 통화로서의 지위를 더욱 공고히 하는 효과를 낳는다. 이러한 달러 스테이블코인의 잠재력을 간파한 인물 중 한 명이 바로 스콧 베센트(Scott Bessent) 미국 재무장관이다. 그는 2025년 7월에 트럼프 대통령이 서명한 '지니어스 법'과 관련하여, 달러 스테이블코인이 미국에게 "일생일대의 기회"라고 표현하기도 했다. 이는 달러 스테이블코인이 미국의 국가 부채를 안정적으로 조달하고, 달러의 글로벌 패권을 디지털 시대에까지 확장할 수 있는 전략적 도구임을 강조한 발언이다.

나아가, 뉴욕대학교 스턴 경영대학원(NYU Stern School of Business)의 오스틴 캠벨(Austin Campbell) 교수와 같은 전문가들은 유로달러 시장 전체가 달러 스테이블코인으로 대체될 수 있다고 주장한다. 캠벨 교수는 "향후 20년 안에 유로달러 시장 전체가 스테이블코인으로 이동할 것"이라고 예측하며, 이는 기존의 복잡한 은행 간 거래 문제를 해소하고 돈을 훨씬 저렴하고 쉽게 보낼 수 있게 할 것이라고 하였다. 또한 유로달러 시장 전체의 준비금 시스템을 표준화하고 안전하게 만들 수 있는 "매우 큰 업그레이드가 될 것"이라고 강조했다. 그의 주장은 달러 스테이블코인이 단순한 암호화폐를 넘어 수십 년간 이어져 온 국제 금융 시스템의 근간을 혁신할 잠재력을 가지고 있음을 시사한다.

비트코인과 스테이블코인의 지정학적 의미

트럼프의 비트코인 및 달러 스테이블코인에 대한 관심은 단순히 경제적 이점을 넘어선 지정학적 의미를 지닌다. 미국은 중국과의 패권 경쟁 속에서 자국의 국가 부채가 약점으로 작용할 수 있음을 인지하고 있다. 중국은 미국의 주요 채권국이며, 언제든 미국 국채를 이용해 금융 시장을 흔들 수 있는 잠재력을 가지고 있다. 비트코인과 달러 스테이블코인은 이러한 지정학적 위험에 대한 대응책이 될 수 있다.

비트코인은 특정 국가의 통제를 받지 않는 중립적인 자산으로서 전통적인 금융 제재를 우회할 수단이 될 수 있다. 한편 달러 스테이블코인은 달러의 디지털 확장을 통해 중국의 디지털 위안화(CBDC)에 대해 견제구를 던지는 역할도 한다.

비트코인과 달러 스테이블코인을 제도권 안으로 포용하고 그 성장을 유도함으로써 미국은 새로운 디지털 금융 시대에도 글로벌 금융 패권을 유지하려 한다. 비트코인 ETF 승인, 스테이블코인 규제 법안 제정 등은 이러한 미국의 전략을 보여주는 단적인 예이다. 특히 미국은 글로벌 금융의 근거 자산을 금에서 비트코인으로 점진적으로 옮기려는 전략을 추진할 가능성이 있다.

중국과 러시아가 최근 몇 년간 실물 금을 대량으로 비축하면서 미국의 금 보유량과 달러의 금 연동성에 대한 의구심이 커지고 있다. 이러한 상황에서 비트코인은 금과 유사한 '안전 자산'이자 '가치 저장 수단'으로 부상했다. 미국 정부로서는 실물 금의 유출에 대비하려고 금을 되사들이려면 엄청난 예산을 투입해야 한다. 그러나 제도만 우호적으로 바꾸면 비트코인은 미국 정부나 미국 금융기관의 감독권 안으로 밀려 들어오게 할 수 있다. 즉 미국 입장에서는 비트코인을 미국 안으로 모으는 것이 금을 모으는 것보다 훨씬 쉽다. 비트코인은 물리적인 운반이나 보관의 제약이 없으며 디지털 네트워크를 통해 전 세계 어디서든 유입될 수 있기 때문이다. 각국 정부가 비트코인에 대해 적극적으로 대응하지 못하는 현 상황에서 미국은 비트코인 ETF 승인과 같은 우호적인 환경을 조성하는 식으로 돈을 들이지 않고 전 세계에 흩어져 있는 비트코인을 미국 내 금융권으로 끌어들일 심산이다. 실제로 비트코인 현물 ETF가 승인된 2024년 1월 이후 약 1년 6개월 동안, 140만 개 이상의 비트코인이 미국 금융권 안으로 유입되었다.

결론적으로, 트럼프 대통령이 비트코인과 달러 스테이블코인에 몰입하는 것은 단순히 암호화폐에 대한 개인적인 관심 때문만은 아니다. 그것은 미국의 거대한 국가 부채라는 경제적 위기, 그리고 중국과의 패권 경쟁이라는 지정학적 현실 속에서 비트코인과 달러 스테이블코인이 미국의 금융 안정성과 글로벌 패권을 유지할 수 있는 새로운 전략적 도구가 될 수 있다는 판단에서 비롯된 것이다. 이는 비트코인이 단순한 기술적 혁신을 넘어, 21세기 국제정치와 경제의 핵심 변수로 부상했음을 의미한다.

달러 스테이블코인과 은행망의 해체 가능성

달러는 명실상부한 기축통화이다. 그 위력은 단순히 세계 중앙은행 외환보유액의 절반을 차지하는 것에 그치지 않는다. 예를 들어, 한국 원화를 일본 엔화로 환전할 때조차도 오늘날 대부분 달러를 한 차례 거치는 구조를 유지하고 있다. 물론 양국 통화 간 상호 수요가 충분하다면 달러를 매개하지 않고도 원화 대 엔화의 직접 환전이 가능하겠지만 글로벌 결제 인프라의 표준은 여전히 달러를 경유하는 방식에 기반한다.

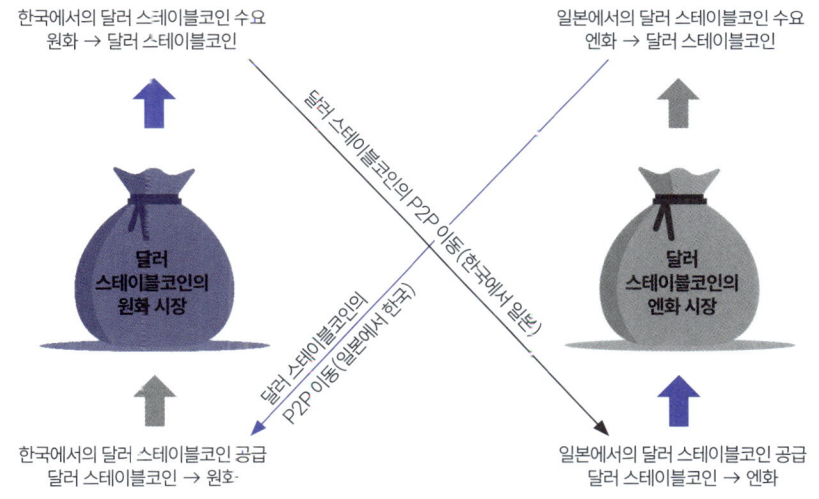

달러 스테이블코인은 이 '달러 경유'라는 기축통화의 위력을 한층 배가한다. 만약 달러 스테이블코인 생태계가 성숙하여 소수(1~2개)의 표준 토큰으로 통합되고 토큰 간 교환의 복잡도가 줄어든다면, 국제 송금의 표준 경로 자체가 은행망이 아니라 달러 스테이블코인 네트워크로 이동할 가능성이 크다.

각국 로컬 통화와 달러 스테이블코인 간 교환 시장이 수요와 공급에 따라 형성되고 해당 시장의 유동성이 충분히 확보된다면, 은행의 송금 기능은 사실상 필요 없어질 수 있는 것이다. 이 경우 은행이 제시하는 달러 환율과 스마트폰 앱에서 형성되는 달러 스테이블코인 환율의 차이는 미미해질 것이다.

물론 당분간은 소규모·저유동성 통화 시장에서 동시 청산이 어렵다는 한계가 존재한다. 그러나 로컬 통화가 부실할수록 달러 스테이블코인 수요는 송금과 무관하게 증가할 것이며, 이는 해당 통화와 달러 스테이블코인 간 환율 시장의 안정성에 기여할 것이다. 결국 시장이 충분히 활성화되면 결제와 청산의 연결은 은행 창구가 아니라 스마트폰을 통해 이루어질 가능성이 높다.

다만, 시장 규모가 지나치게 작은 로컬 통화는 여전히 소외될 것이다. 이는 사업성이 낮아 민간 사업자가 서비스를 제공하지 않는 '낙도 노선'과 유사하다. 이후에 다룰 '은행을 위한 비트코인' 리플도 이러한 공익 목적을 위해 설계되었다고 보기는 어렵다. 시장 수요가 없으면 공급도 불가능하고 청산이 불가능한 포지션은 손실로 귀결되기 때문이다. 설령 결제를 성사시킨다 하더라도 해당 통화를 다시 달러 스테이블코인으로 전환할 수 없다면 금융망 전체가 위험에 처한다. 금융의 힘은 수요가 존재할 때 발휘되며, 수요가 단절되면 기술적 우위로도 이를 메울 수 없다.

정리하면, 달러 스테이블코인 생태계의 성숙은 다음 조건을 전제한다.

> 1. 발행되는 달러 스테이블코인 종류가 3~4개 이내로 통합된다.
> 2. 각국 통화와 달러 스테이블코인 간 교환 시장이 충분한 유동성을 확보하고, 은행권 환율을 거의 오차 없이 반영한다.

이 조건이 충족되면 다음과 같은 귀결이 뒤따른다.

> 1. 국제 송금은 은행망이 아니라 스마트폰 기반의 달러 스테이블코인 송금으로 대체된다.
> 2. 주요 통화 간 송금에서는 유동성 부족 문제가 사실상 해소되며, 스마트폰·모바일 앱 사업자가 청산 기능을 직접 제공할 수 있다.
> 3. 국제 송금 및 무역 관련 은행 업무는 물리적 건물에서 벗어나 모바일 네트워크로 이전된다. 이 과정에서 '누가 가상의 유동성을 공급하며, 중앙은행의 자원을 무제한 활용할 면허를 가질 것인가'의 문제는 기술이 아니라 정치의 영역이 된다.

026

기업형 블록체인의 원조, 리플

비트코인이 '탈중앙화된 돈'이라는 혁명적인 개념으로 세상을 뒤흔들었다면, 이더리움은 '탈중앙화된 세계 컴퓨터'를 꿈꾸며 블록체인의 활용 범위를 확장했다. 이 두 프로젝트가 '탈중앙화'라는 이상을 추구하는 동안, 또 다른 거대한 암호화폐 프로젝트가 조용히, 때로는 시끄럽게 자신만의 길을 걸어왔다. 바로 리플(Ripple)이다.

리플은 엄밀히 말해 비트코인이나 이더리움처럼 순수한 의미의 '탈중앙화된 블록체인 프로젝트'라고 보기는 어렵다. 그러나 비트코인이 제도권 안으로 편입되고 대기업들이 암호화폐 시장에 눈독을 들이기 시작하면서, 리플은 역설적으로 '기업형 블록체인의 원조'이자 새로운 시대의 선구자로 재평가받고 있다.

리플의 역사는 꿈과 현실, 좌절과 기대, 그리고 수많은 오해와 조롱으로 점철되어 있다. 동시에 코인을 판매한 돈으로 기업을 경영하고, 막대한 로비 비용과 법적 비용을 감당하며 살아남은 '기업형 암호화폐'의 원조이기도 하다.

여기서는 리플의 원대한 목표부터 그 영욕의 역사, 그리고 현재 미국의 '애국주의' 물결 속에서 어떻게 새로운 위상을 얻고 있는지 자세히 들여다본다.

은행을 위한 비트코인

리플의 역사는 비트코인보다도 앞선다. 2004년에 라이언 푸거(Ryan Fugger)가 리플페이(RipplePay)'라는 혁신적인 아이디어를 제시했다. 본격적인 전환점은 2012년이었다. 제드 맥케일럽(Jed McCaleb, 스텔라 창시자), 크리스 라슨(Chris Larsen), 아서 브리토(Arthur Britto) 등이 모여 '오픈코인(OpenCoin)'이라는 이름으로 리플 프로젝트를 본격화했다. 이후 2015년 회사명을 현재의 이름인 '리플(Ripple)'로 변경했다.

리플의 원대한 목표는 명확했다. 바로 '국제 송금의 혁신'이다. 앞에서 느린 속도, SWIFT 시스템의 문제점인 높은 수수료, 복잡한 절차로 점철된 구식 시스템에 대해 다루었다. 리플은 이러한 문제를 해결하고 전 세계 은행들이 빠르고 저렴하게 국경을 넘어 돈을 주고받을 수 있는 새로운 금융 인프라를 구축하고자 했다. 그들은 비트코인의 탈중앙화 철학을 '은행 시스템'에 접목하려 했다. 그래서 리플은 종종 '은행을 위한 비트코인'이라는 별명으로 불리기도 했다.

리플은 XRP라는 자체 암호화폐를 발행했다. XRP는 리플 네트워크(XRP Ledger) 내에서 국제 송금의 '브릿지 통화(Bridge Currency)' 역할을 한다. 예를 들어, 한국의 은행이 미국의 은행으로 원화를 송금할 때 원화를 XRP로 바꾸고, XRP를 미국으로 보낸 뒤 다시 달러로 환전하는 방식이다. 이 과정은 기존 SWIFT보다 훨씬 빠르고 저렴하게 이루어진다.

리플은 비트코인이나 이더리움과 달리, '블록체인'이라는 용어 사용에 있어서 논란의 여지가 있다. 엄밀히 말해 리플은 비트코인이나 이더리움처럼 모든 노드가 동일한 장부를 검증하는 '작업증명(PoW)'이나 '지분증명(PoS)' 방식의 블록체인은 아니다.

리플은 XRP 레저 합의 프로토콜(XRP Ledger Consensus Protocol)이라는 독자적인 합의 메커니즘을 사용한다. 이는 리플이 지정한 신뢰할 수 있는 검증자(Validator)들이 거래를 검증하고 합의하는 방식이다. 비트코인이나 이더리움처럼 '누구나' 검증자가 될 수 있는 것이 아니라, 리플사가 선정한 소수의 기관들이 주로 검증자 역할을 한다. 이 때문에 리플은 중앙화되어 있다는 비판을 끊임없이 받아왔다.

그러나 리플은 이러한 중앙화 비판에 대해 '효율성'과 '확장성'으로 맞섰다. 은행들이 실제 국제 송금에 활용하려면 비트코인이나 이더리움처럼 느리고 가스비가 비싼 네트워크는 현실적으로 어렵다는 것이 리플의 주장이다. 리플은 초당 수천 건의 거래를 처리할 수 있는 속도와 낮은 수수료를 강점으로 내세웠다.

영욕의 역사: 오해와 조롱, 그리고 소송

리플의 역사는 오해와 조롱, 그리고 법적 분쟁으로 점철된 '영욕의 역사'였다. 리플은 탈중앙화를 지향하는 암호화폐 커뮤니티에서 '은행 코인'이라는 조롱을 받았다. 비트코인이 중앙은행과 정부에 대항하는 '민중의 돈'이라는 이미지를 가졌다면, 리플은 기존 금융 시스템에 편입되려 한다는 이유로 비판의 대상이 된 것이다.

그러나 주로 비트코인 원칙주의자들로부터 받아온 이 조롱이 리플의 진정한 어려움은 아니었다. 은행을 효율화하겠다는 리플사의 원대한 이상에 동의하고 끌리는 이들의 수가 부족했던 적은 없기 때문이다. 정작 리플의 맞수는 미국 정부였다.

리플의 가장 큰 시련은 바로 SEC와의 소송이었다. 2020년 12월, SEC는 리플사를 상대로 'XRP가 미등록 증권에 해당한다.'라며 소송을 제기했다. SEC는 리플사가 XRP를 발행하고 판매한 행위가 증권법을 위반했다고 주장했다. 이 소송은 리플의 사업을 마비시켰고 XRP 가격은 폭락했다. 리플은 이 소송으로 인해 막대한 법적 비용을 지불해야 했다.

이 소송은 암호화폐 업계 전체에 큰 파장을 일으켰다. 만약 XRP가 증권으로 확정판결이 나면 여러 가지 크립토 프로젝트들도 증권으로 분류되어 SEC의 규제를 받게 될 것이라는 우려가 커졌다.

기업 경영과 코인 판매: 새로운 자금 조달 모델

리플은 다른 암호화폐 프로젝트와 달리, '리플'이라는 명확한 기업 구조를 가지고 있다. 이 기업은 XRP를 판매한 자금으로 운영된다. 리플은 총 1,000억 개의 XRP를 발행했으며, 이 중 상당 부분을 리플사가 보유하고 시장에 판매하여 운영 자금을 확보한다. 즉, XRP 판매 수익은 리플사의 운영 비용, 연구 개발, 인재 채용 등에 사용된다.

특이한 점은 리플의 경영에서 로비 활동이 차지하는 비중이다. 리플은 미국 의회와 규제 당국에 막대한 로비 자금을 투입하여 암호화폐 산업에 우호적인 규제 환경을 조성하려 노력했다. 앞서 언급한 SEC와의 소송 역시 막대한 법적 비용을 요구했다. 결국 XRP에 투자한 이들은 단순히 암호화폐에 투자한 것이 아니라, SEC와의 소송에서 리플사와 그 경영진을 지켜내기 위한 법적 비용, 그리고 로비 활동까지 감당한 셈이다.

리플은 코인 판매를 통해 기업을 경영하고, 법적 비용을 감당하며, 로비 활동까지 펼치는 새로운 형태의 자금 조달 모델을 보여주었다. 만약 리플이 크립토 프로젝트 중에서도 괄목한 만한 성공을 거둔 것으로 결론이 난다면 이는 크립토를 기존의 기업경영과는 다른 민주적인 프로젝트라고 믿어온 초창기 크립토 근본주의자들과의 바람과는 달리 크립토라는 신산업에서조차 기업가적 리더십이 통했다는 것을 입증하는 것이다.

미국의 애국주의 물결 속 리플: 스토리를 잃고 가격을 얻다

리플과 SEC의 소송은 3년 넘게 이어졌다. 그리고 2023년 7월, 법원은 'XRP 자체가 증권이 아니다.'라는 판결을 내렸다. 이는 리플의 부분적인 승리였고, 암호화폐 시장 전체에 큰 안도감을 주었다.

이 판결 이후 리플의 위상은 크게 달라졌다. 특히, 2024년 트럼프 전 대통령의 재선 도전과 함께 미국의 '애국주의' 물결이 거세지면서 리플은 새로운 서사를 얻게 되었다.

트럼프는 비트코인과 달러 스테이블코인을 미국의 국가 부채 해결과 달러 패권 유지의 도구로 활용하려 한다. 이러한 흐름 속에서 리플은 비트코인과 이더리움과 달리, 메이드인 USA로서 미국 정부가 힘을 실어주는 프로젝트라는 이미지를 얻게 되었다. 또한 국제 송금의 효율성을 높여 달러의 국제적 유동성을 강화할 수 있다는 서사를 창출하는 데 성공했다. 이로써 미국이 달러의 기축통화 지위를 디지털 시대에도 유지하는 데 리플이 크게 기여할 수 있다는 인식이 투자자들 사이에 확산되고 있다.

미국 정부 입장에서도 리플 프로젝트가 다른 크립토 프로젝트와 달리 편리한 면이 있다. 리플은 비트코인처럼 기존 금융 시스템에 대항하기보다 은행들과 협력하여 국제 송금 문제를 해결하려 한다. 이는 전통 금융권의 입장에서 '안전하고 통제 가능한' 암호화폐 프로젝트로 여겨질 수 있다.

리플은 SEC와의 소송을 통해 '미등록 증권'이라는 오명을 벗고 '미국 정부가 인정하는 암호화폐'라는 새로운 스토리를 얻게 되었다. 이는 리플이 '탈중앙화'라는 암호화폐의 본질적인 스토리를 일부 잃었을지 모르지만 '가격 상승'과 '제도권 편입'이라는 현실적인 이득을 얻게 되었음을 의미한다.

'달러 스테이블코인'이 리플 서사의 허구를 드러내다

리플은 현재 전 세계 수백 개의 금융기관과 파트너십을 맺고, 리플넷(RippleNet)이라는 국제 송금 네트워크를 통해 실제 송금 서비스를 제공하고 있다. 이 네트워크의 핵심 솔루션인 온디맨드 유동성(ODL, On-Demand Liquidity)은 송금 시 중간 단계에서 XRP를 브릿지 통화로 활용하여 은행 간 결제를 빠르고 저렴하게 처리하는 방식이다. 전통적인 SWIFT가 은행망을 통한 메시지 기반 결제라면 ODL은 은행망은 유지하되 송금 속도와 비용을 개선한 블록체인 기반의 대안이라고 할 수 있다.

그러나 "XRP를 브릿지 통화로 사용하여 SWIFT를 대체하겠다."라는 리플의 원대한 목표는 달러 스테이블코인의 등장으로 구조적인 도전에 직면하고 있다. 달러 스테이블코인(예: USDT, USDC)은 은행 계좌를 거치지 않고, 블록체인 네트워크 상에서 직접 달러 유동성을 전송할 수 있다. 즉, 지갑에서 지갑으로 곧바로 달러를 옮기는 방식이 가능하다.

달러 스테이블코인이 보편화되면 송금의 백엔드(Back-end) 구조, 즉 뒤에서 보이지 않게 돌아가는 구조 자체가 바뀐다. 리플 ODL은 '은행 ↔ 은행' 경로를 전제로 하지간, 달러 스테이블코인은 아예 은행망을 거치지 않는 '지갑 ↔ 지갑' 구조이기 때문이다. 여기에 각 지갑 앱이 실시간 환율 변환 기능을 탑재하면 달러를 사용하지 않는 국가에서도 쉽게 현지 통화로 결제·송금이 가능하다. 예를 들어, 한국의 사용자가 원화 표시 상태로 결제하면 백엔드에서는 스마트폰 제조사나 스테이블코인 지갑 앱 사업자가 유동성 공급자로서 달러 스테이블코인과 원화 간 환전을 처리할 수 있다. 이 과정에서 환율 변동 위험은 사용자 대신에 이들 유동성 공급자가 부담하게 된다. 물론 리스크의 이면에는 막대한 이득도 있다. 환율의 변화를 잘 활용해서 그 대가로 환율 스프레드에서 수익을 창출할 수도 있기 때문이다. 이는 스마트폰 OS 기업인 구글, 혹은 스테이블코인 지갑 앱이 단순한 중계자가 아니라 파이낸스 쪽으로 한발 나아가는 계기가 될 가능성이 높다.

즉, 달러 스테이블코인은 글로벌 결제망 그 자체로 기능할 수 있다. 이 구조에서는 국제 송금의 '중간 브릿지 통화'라는 개념이 크게 의미를 잃게 된다. XRP를 브릿지로 쓰는 ODL의 존재 이유가 근본적으로 약화되는 것이다.

이러한 흐름을 리플도 외면할 수 없었다. 2024년 12월, 리플은 미국 뉴욕주 금융서비스국(NYDFS)으로부터 자체 달러 스테이블코인 RLUSD(Ripple USD) 발행 허가를 받고 실제 발행에 돌입했다. 이는 어느 정도 자기 자신을 부정하는 전략적 전환이라 할 수 있다. 그동안 리플은 은행망을 위한 글로벌 장부를 지향했지만 앞으로는 은행망을 전혀 거치지 않고 폰에서 폰으로 전달되는 달러 스테이블코인이라는 신상품을 앞세워서 금융망 파괴자로서도 자리매김하려고 노력할 것이기 때문이다.

리플사나 리플 추종자들은 달러 스테이블코인이 리플 생태계를 더욱 다채롭게 만들 것이라고 주장하지만 달러 스테이블코인과 리플이 내세운 '브릿지 통화' 서사가 서로 충돌하는 것은 사실이다. 달러 스테이블코인의 환율 변환과 결제 기능이 통합된 스마트폰과 스마트폰 앱들은 글로벌 백엔드 송금망을 우회한다. 즉 달러 스테이블코인의 파괴력은 은행망을 무력화시키는 쪽으로 작동하므로 은행망 기반의 ODL 모델 역시 덩달아 무력화될 가능성이 높다.

이렇게 리플의 달러 스테이블코인 발행은 XRP가 국제 송금의 유일한 브릿지 통화가 될 것이라는 목표에서 한발 물러선 것처럼 보이는 선택이기는 해도 대신 RLUSD 발행 소식과 함께 가격 상승과 제도권 내 새로운 사업 기회라는 현실적인 이득을 확보했다.

기업은 환경 변화에 따라 전략을 조정해야 생존할 수 있다. 리플은 거대한 흐름을 거스르기보다 새로운 구조 안에서 자사의 위치를 재정립하는 길을 택했다. XRP 중심의 이상을 고수하기보다 RLUSD라는 현실적인 상품으로 응답한 셈이다. 결과적으로 달러 스테이블코인은 리플의 원래 서사를 약화시켰지만 스테이블코인을 받아들인 리플은 오히려 더 오래 살아남을 가능성이 높아졌다.

기업형 블록체인의 원조

이렇듯 리플의 원대한 목표는 사실 실현되기 쉽지 않다. 그러나 리플이 SEC와의 소송에서 벗어나 미국의 정책 변화에 힘입어 새로운 위상을 얻게 된다면 앞으로도 크립토 생태계와 변화하는 글로벌 금융망에서 의미 있는 역할을 할 수 있을 것으로 보인다.

무엇보다 리플은 기업들이 블록체인 기술을 활용하여 비즈니스 효율성을 높이는 '기업형 블록체인'의 원조 격이다. 이더리움이 '탈중앙화 앱'의 리더십을 가졌다면 리플은 '기업의 사업적 리더십'을 블록체인에 더한 프로젝트라 할 수 있다.

리플은 은행, 결제 서비스 제공업체 등 기존 금융권과 긴밀하게 협력하여 블록체인 기술을 실물 경제에 적용하는 데 주력하고 있다. 이는 리플의 현실적인 문제 해결에 기여하려는 실용적인 접근 방식을 보여준다. 그러니까 리플의 진짜 서사는 SWIFT의 대체보다는 실용성과 적응력이라는 경영적 차원의 경쟁력을 앞세워서 크립토 세계가 직면하고 있는 불확실한 미래를 헤쳐 나가는 것인지도 모른다.

기업의 투자자들은 기업의 초창기 정체성에 연연하는 기업가보다는 어떻게 해서든지 생산적인 사업을 펼쳐서 주주가치를 높이는 기업가를 높이 평가한다. 리플의 미래는 투자자들의 이익을 최대한 보호하면서 확보한 막대한 자금을 효과적으로 투입해서 어떤 형태로든 크립토 생태계에서 살아남느냐에 달렸다. XRP를 팔아서 마련한 자금으로 크립토와 무관한 사업을 펼치더라도 리플이 살아남고 성장해서 코인의 가치를 보호할 수 있다면 투자자들도 그쪽을 더 선호할 것이다.

그래서 리플의 행보는 크립토 산업 전체에 중요한 선례가 될 것이다. 리플이 성공하든 혹은 실패하든 그 결과는 코인에 투자하거나 코인 프로젝트를 준비하는 이들에게 소중한 사례가 될 것이 분명하다. 무엇보다 대기업들이 막대한 자금을 동원해서 크립토 산업에 뛰어들기 전에 리플의 사례를 면밀히 분석할 가능성이 크다.

얄밉고 기민한 2등주의, JP모건의 크립토 전략

달러 스테이블코인이 은행망을 대체하는 강력한 국제송금 시스템이라는 것을 일찍이 간파한 사람들이 있다. 바로 월가의 금융기업 직원들이다. 암호화폐 프로젝트에 몰두하는 사람들은 기성 기업이나 기성 권력을 종종 무시하는 경향이 있다. 하지만 그들은 크립토 생태계의 가장 '강력한 경쟁자'로 부상할 준비를 하고 있다. 그것도 얄밉고 기민하고 돈 많은 2등주의자들로서 말이다.

리플의 원대한 서사가 무너진다면 바로 이미 판세의 변화를 알고 준비하면서 등장 시기를 조율하고 있던 기성 금융기업들이 나설 것이다. 이미 출사표를 던진 기업도 있다. 바로 JP모건(JPMorgan)이다.

JP모건의 CEO 제이미 다이먼은 비트코인을 '사기'라고 비난하고 암호화폐에 대해 극도로 부정적인 발언을 해왔다. 그러나 JP모건은 뒤에서 조용히, 그러나 매우 기민하게 다음과 같이 크립토 금융 시장을 연구하고 대비해왔다.

- **JPM 코인(JPM Coin) 개발**: JP모건은 2015년 무렵부터 블록체인 기반의 금융 플랫폼을 연구하기 시작했고, 2018년 JPM 코인(JPM Coin)을 공개했다. JPM 코인은 은행 간 송금 및 결제에 사용되는 스테이블코인으로, 이는 리플이 XRP를 통해 해결하고자 했던 문제와 정확히 동일한 영역이었다. 리플이 '은행을 위한 비트코인'을 외칠 때, JP모건은 이미 스스로 '은행을 위한 스테이블코인'을 만들고 있었던 것이다.

- **'JPMD' 예금 토큰 출시**: 2025년 6월, JP모건은 한 발 더 나아가 자체 예금 토큰인 'JPMD'를 출시하며 암호화폐 시장으로 진출했다. JPMD는 이더리움 기반의 공개 블록체인 베이스(Base)에서 발행되는 토큰으로, 은행 시스템과의 긴밀한 연결을 유지하면서도 기관 고객들이 자금을 24시간, 즉각적으로 이동시킬 수 있는 솔루션을 제공한다. 이는 전통 금융 시스템의 약점을 보완하고, 블록체인 기술을 활용하여 '온체인' 금융으로 전환하려는 JP모건의 전략을 보여준다.

- **리플의 '피 같은 돈'과 JP모건의 '얄미운 리더십'**: 리플은 XRP를 판매한 돈으로 기업을 경영하고, 막대한 로비 비용과 소송 비용을 감당하며 국제 송금 시장의 1등이 되기 위해 고군분투해왔다. 그러나 JP모건은 리플이 닦아놓은 길을 따라가면서도, 리플의 철학을 깎아내리고 시장을 선점하려 했다. 리플의 초기 추종자들로서는 이러한 JP모건의 행태가 얄밉고 얄팍하게 느껴질 수밖에 없다. 그들이 소송으로 시름하고 있을 때, JP모건은 팔짱을 끼고 지켜보다가 가장 안전하고 확실한 시점에 크립토 시장에 뛰어들어 자신들만의 '2등주' 리더십을 발휘한 것이다.

이처럼 강력한 2등주의자들의 존재는 암호화폐 프로젝트가 기술적인 이상만으로 성공할 수 없음을 보여준다. 시장의 모든 물고기가 욕조 안에 있을 때는 문제가 되지 않지만, 물이 강으로 흐르고 바다로 나아가면 기존 강자들의 먹잇감이 될 수 있기 때문이다.

> **잠깐만요** XRP 초기 투자자들의 '투매'와 스텔라 분리의 여파
>
> 암호화폐 프로젝트의 가격 안정성과 투명성을 평가할 때, 초기 코인 분배 방식과 대량 보유자들의 매도 압력은 핵심적인 요소이다. 리플의 XRP는 이 문제에서 자유롭지 않다.
>
> 리플은 총 1,000억 개의 XRP를 발행했고, 이 중 약 200억 개는 공동 창업자들에게, 800억 개는 리플사(Ripple Labs)가 보유하는 방식으로 초기 분배되었다. 이는 채굴을 통해 점진적으로 공급되는 비트코인과는 달리, 소수 창립자들이 막대한 양의 코인을 한꺼번에 보유하는 구조다. 이로 인해 시장에서는 리플의 중앙화된 배분 구조와 내부자 매도 리스크에 대한 우려가 꾸준히 제기돼 왔다.
>
> 가장 논란의 중심에 섰던 인물은 리플의 공동 창업자인 제드 맥케일럽(Jed McCaleb)이었다. 그는 리플 공동 창립 후, 내부 경영 철학 및 사업 방향을 두고 다른 창업자들과 갈등을 빚었다. 특히 크리스 라슨(Chris Larsen)과의 마찰이 컸으며, "리플이 점점 더 중앙화된 기업처럼 변하고 있다."라는 이유로 프로젝트를 떠나게 되었다.
>
> 맥케일럽은 퇴사 당시 약 90억 개의 XRP를 보유하고 있었고, 이는 전체 발행량의 9%에 해당하는 엄청난 물량이었다. 그가 2014년, 자신이 독자적으로 새로운 암호화폐 프로젝트를 시작하겠다고 발표하자 시장은 즉각 반응했다. 그는 이후 리플에서 얻은 기술적 통찰을 바탕으로, 스텔라(Stellar)라는 새로운 프로젝트를 론칭했고, 이더리움의 공동 창업자였던 조이스 김(Joyce Kim)과 함께 스텔라개발재단(Stellar Development Foundation)을 설립했다.
>
> 맥케일럽이 리플을 떠나자마자 보유한 XRP를 전량 시장에서 매도할 것이라는 루머가 퍼졌고, 이는 XRP 가격에 심각한 하락 압력을 가했다. 실제로 그는 XRP를 꾸준히 매도하기 시작했고, 매도 규모는 그의 지갑 활동이 포착될 때마다 시장 뉴스로 보도되며 '덤핑'에 대한 공포심을 확산시켰다.
>
> 리플사는 이를 제어하기 위해 맥케일럽과 XRP 매도에 대한 법적 합의를 체결했다. 합의에 따르면, 그는 하루 혹은 주 단위로 일정량 이하의 XRP만 매도할 수 있도록 제한되었으며, 그 판매 속도는 전체 XRP 거래량의 일정 비율을 넘지 않도록 조정되었다.
>
> 그러나 그의 매도는 수년간 지속되었고, 이로 인해 XRP의 장기 가격 안정성은 상당한 영향을 받았다. 특히 XRP가 잠시 상승세를 탈 때마다, 그의 지갑에서 XRP가 거래소로 이동하는 움직임이 포착되면 "또 덤핑이 시작되는가." 하는 투자자의 불안 심리가 반복적으로 작동했고, 이는 리플 커뮤니티 내부에서도 상당한 분열을 불러왔다.
>
> 또 다른 공동 창업자인 크리스 라슨도 상당한 XRP를 보유하고 있다. 외부 분석에 따르면 그는 한때 최대 55억 개의 XRP를 보유했던 것으로 추정된다. 라슨은 맥케일럽처럼 정기적으로 매도하지는 않았다. 그러나 2025년 8월, 그의 지갑에서 약 1억 4천만 달러(한화 약 1,900억 원) 규모의 XRP가 주요 거래소 및 신규 지갑으로 이동하면서, 시장에 일시적인 매도 우려가 발생했다. 라슨은 이후 "장기 보유를 전제로 한 내부 자산 구조 재편"이라고 해명했지만, 여전히 초기 보유자들의 대규모 물량이 시장에 영향을 미칠 수 있는 구조적 리스크는 남아있다.

027 자산의 토큰화: 모든 금융이 온체인으로 이동한다

모든 자산이 토큰화될 것이라는 블랙록 CEO 래리 핑크의 발언은 더 이상 미래의 희망사항이 아니다. 미국 증권거래위원회(SEC) 역시 '프로젝트 크립토(Project Crypto)'를 통해 금융 시스템을 '오프체인'에서 '온체인'으로 옮기겠다는 방향을 제시했다. 이제 자산 토큰화는 피할 수 없는 흐름이 된 것이다.

자산 토큰화(Tokenization)란 주식, 채권, 부동산, 예술품, 심지어 위스키와 와인 같은 실물 자산까지 블록체인 위에 '디지털 증서' 형태로 올려 거래할 수 있게 만드는 기술이다. 이 디지털 증서, 즉 토큰은 해당 자산의 소유권을 나타낸다. 미국의 대형 금융 서비스 기업인 찰스 슈왑(Charles Schwab)의 금융 분석에 따르면, 이 토큰은 법적 소유권을 나타낼 수도 있고, 특정 자산의 성과를 추적하는 구조로 설계될 수도 있다. 마치 ETF가 실제 주식이나 지수를 추적하는 것과 유사한 방식이다.

이러한 토큰화는 금융의 작동 원리를 근본적으로 바꿀 것이다. 예를 들어, 부동산 같은 자산은 그 자체로는 유동성이 낮지만 블록체인 위에 올리면 쉽게 쪼갤 수 있어 누구나 '조각투자'에 참여할 수 있다. 실제로 미국 콜로라도의 고급 호텔 '세인트 레지스 아스펜 리조트'는 일부 지분을 토큰화한 '아스펜코인(AspenCoin)'을 발행해 일반 투자자에게 제공했다.

또한 아일랜드산 위스키인 '타이타닉 디스틸러스'는 숙성 중인 위스키 배럴을 토큰화한 캐스크코인(CaskCoin)을 발행해 소액 투자자를 끌어들였다. 미국 국채도 예외는 아니다. 오픈에덴(OpenEden)은 미국 재무부가 발행한 단기채권(T-bill)을 블록체인 위에 토큰화해 거래하는 서비스를 제공하고 있으며 금 기반 디지털 자산인 팩스 골드(PAX Gold)는 실제 금과 1:1로 연결되어 거래된다.

이런 흐름은 금융 시스템 전반을 다음과 같은 방식으로 재편하고 있다.

- **즉시 정산(Instant Settlement)**: 거래가 발생하면 실시간으로 소유권이 이전된다.
- **유동성 증가**: 유동성이 낮은 자산도 쪼갤 수 있어 누구나 쉽게 사고팔 수 있다.
- **투명성 향상**: 모든 거래가 블록체인에 기록되어 감사와 추적이 용이하다.
- **중개자 제거 및 자동화**: 스마트 계약을 통해 중개인의 역할이 줄고 배당·이자·소유권 이전이 자동으로 이뤄진다.

요컨대, 자산 토큰화는 단지 자산을 디지털로 바꾸는 것이 아니라, 소유권, 유동성, 접근성의 개념 자체를 재정의하는 변화다. 금융의 '형태'가 바뀌는 것이 아니라, '구조'가 블록체인이라는 새로운 뼈대 위에 다시 설계되는 것이다. 그리고 이 거대한 변화의 중심에 블록체인이 있다.

하지만 장밋빛 전망만 있는 것은 아니다. 자산 토큰화에는 법적 불확실성, 보안 리스크, 전통 시스템과의 통합 문제, 세무 복잡성 등의 여러 난제가 남아 있다. 법률이 디지털 소유권을 완전히 인정하지 않는 나라도 많고 세법이 거래에 대해 어떻게 과세할지 명확하지 않은 경우도 적지 않다. 토큰이 해킹되거나 분실될 위험도 여전히 존재한다.

그럼에도 월가는 자산 토큰화를 '단기 유행'이 아닌 '구조적 변화'로 받아들이고 있다. SEC는 제도 정비를 가속화하고 있고, 금융 당국은 샌드박스를 열어 새로운 금융 실험을 장려하고 있다. 결국 금융의 '크립토 전환'은 블록체인을 축으로 한 거대한 흐름이 되었고, 이제는 거스를 수 없는 변화로 인식되고 있다. 그리고 미국 정부는 이 전환을 제도적으로 뒷받침하는 데 앞장서고 있는 것이 현실이다.

국가 주도의 온체인 금융 혁신, SEC의 프로젝트 크립토

미국 정부는 달러 스테이블코인의 급격한 확산과 글로벌 금융 질서의 변화를 인식하고, 이제는 방어가 아니라 선제적 제도화를 택하고 있다. 2025년, SEC는 '프로젝트 크립토(Project Crypto)'라는 전사적 이니셔티브를 출범시키며 금융 시장의 온체인 전환(On-Chain Transition)을 공식 선언했다. 이는 국가 차원에서 블록체인 기술을 금융 인프라의 핵심에 통합하려는 전략적 시도이다.

프로젝트 크립토의 방향은 명확하다. 첫째, 미국은 규제 불확실성 때문에 해외로 빠져나갔던 암호화폐 기업과 개발자들을 다시 미국 안으로 불러들이기 위해 리쇼어링(Reshoring) 전략을 추진하고 있다. 이를 위해 '대다수의 암호자산은 증권이 아니다.'라는 원칙을 법제화해 규제 불확실성을 해소하려 하고 있다. 둘째, 자산 토큰화에 대한 법적 지침을 마련하고, 전통 증권·디지털 자산·스테이킹·대출을 모두 허용하는 통합 거래소 모델을 구상하고 있다.

또한 SEC는 탈중앙금융(DeFi)과 시장 인프라를 제도권에 맞춰 정비하고, 코드 발행자 보호 및 활동 분류 체계를 도입함으로써 개발자와 프로젝트가 법적 위험 없이 혁신을 지속할 수 있는 환경을 만들고자 한다. 특히 주목할 점은, 새로운 금융 모델을 시험할 수 있는 혁신적 면제 제도를 마련해, 규제 샌드박스를 한층 확장하려 한다는 점이다.

결국 프로젝트 크립토는 블록체인 기술을 기존 금융 시스템에 병합하는 과정이자, 미국이 향후 디지털 금융 패권을 장악하기 위한 정책적 선언이다. 과거 유로달러 시장에서 미국이 간접적 지배력을 행사했다면, 이번에는 기술 인프라와 규제 프레임워크 모두를 자국 내에 통합시켜 글로벌 금융의 주도권을 직접 확보하려는 시도라 할 수 있다.

궁극의 디지털 담보이자 미래 금융의 기축 인프라, 비트코인

모든 자산이 토큰화되고 달러 스테이블코인을 통해 실시간 유동화되는 거대한 크립토 금융 시스템이 현실이 되어가고 있다. 그렇다면 이 시스템의 '최종 담보'는 무엇이어야 할까? 답은 분명하다. 바로 비트코인이다.

비트코인은 발행량이 2,100만 개로 고정되어 있으며, 세계 어디서나 동일한 가격에 거래되고, 중앙 통제가 불가능하며, 누구나 그 진위를 검증할 수 있다. 이러한 특성은 비트코인을 '디지털 금' 이상의 존재로 만든다. 특히 스마트 계약 기반 담보 시스템에서 비트코인이 가지는 장점은 압도적이다. 비트코인이 크립토 금융 시스템의 최종 담보이자 기준 자산으로 활용되는 몇 가지 사례를 살펴보자.

- **스마트 계약 기반 단기금융(Crypto Repo) 구현**: 전통 금융의 레포(Repo) 시장처럼 비트코인을 담보로 스테이블코인을 대출하고 자동 상환하는 구조를 구현할 수 있다.
- **24시간 365일 글로벌 작동**: 법원의 개입 없이 계약이 자동으로 이행되므로 국경과 시간의 제약이 사라진다.
- **오라클 기반 자동 변제**: 체인링크(Chainlink)와 같은 외부 데이터 공급자를 통해 정확한 가격 데이터를 받아 담보 가치를 평가하고, 필요 시 자동 청산이 가능하다.

달러 스테이블코인은 '유통'을 혁신했고, 자산 토큰화는 '내용'을 혁신했으며, SEC의 프로젝트 크립토는 '제도'를 준비하고 있다. 그러나 이 모든 혁신이 안정적으로 작동하기 위해서는 변하지 않는 가치의 기준점이 필요하다. 비트코인은 바로 그 토대이다.

결국 이 모든 흐름은 하나의 구조로 귀결된다. 모든 실물·금융 자산은 블록체인 위에서 토큰화되고 토큰들은 달러 스테이블코인을 통해 글로벌 유동성을 얻는다. 그리고 이 모든 유동성을 지탱하는 신뢰 기반은 비트코인이라는 변하지 않는 디지털 담보이다.

이 구조는 단지 새로운 기술 조합이 아니라 금융 질서의 재편이다. 비트코인은 이제 '혁신적인 디지털 화폐'의 지위를 넘어 미래 금융 시스템의 기축 인프라로 자리 잡아가고 있다. 새로운 글로벌 금융 질서의 중심에는 더 이상 금이나 미국 국채가 아니라, 변조 불가능하고 검증 가능한 비트코인이 존재하게 될 것이다.

비트코인 레포: 무한 등비수열로 작동하는 새로운 금융 엔진

레포 시장이 보여주는 '금융의 무한 반복'

레포(Repo) 시장은 전통 금융 시스템의 핵심 인프라 중 하나이다. 레포는 '환매 조건부 채권(Repurchase Agreement)'의 줄임말이다. 금융기관들이 단기 자금을 조달할 때 사용하는 방식으로, 한 금융기관이 다른 금융기관에 채권을 팔면서 "일정 기간 후 정해진 가격에 다시 사겠다."라고 약속하는 거래이다.

겉으로 보면 담보대출과 유사하지만 레포가 '판매와 재매입' 구조를 택하는 이유는 파산법의 영향을 피하기 위해서이다. 단순 담보대출이라면 채무자가 파산했을 때 채권자는 복잡한 파산 절차 속에서 다른 채권자와 담보 순위를 두고 경쟁해야 한다. 그러나 레포에서는 소유권이 처음부터 대출자에게 완전히 넘어가기 때문에 파산 시에도 해당 자산은 이미 매입된 것이 되어 법원의 담보순위 판단을 거칠 필요가 없다. 이 덕분에 레포는 부도 위험을 최소화하는 금융의 엔진이 된다.

그런데 레포 거래에서는 담보물의 가치를 100% 인정하지 않는다. 가격 변동 위험을 감안해 실제 가치보다 낮게 대출해 주는데, 이 깎이는 비율을 헤어컷(h)이라 한다. 예를 들어, 1억 달러 가치의 미국 국채를 담보로 제공하고, 5%의 헤어컷을 적용하면 9,500만 달러만 대출된다. 이 경우 'h=0.05', 'r=1-h=0.95'가 된다. 비트코인은 변동성이 큰 자산이기 때문에 시장에서는 일반적으로 담보인정비율을 약 80% 수준으로 본다. 즉, 'r=0.8', 'h=0.2'이다.

국채 담보와 비트코인 담보의 차이

미국 국채는 '무위험 자산'으로 불리지만, 실제로는 미국 정부라는 카운터파티 리스크, 즉 거래 상대방이 약속을 지키지 못할 위험을 내포하고 있다. 미국의 부채 한도 위기, 정부 셧다운, 그리고 지정학적 갈등 상황에서 제재·압류 가능성은 완전히 배제할 수 없다. 특히 미국 정부의 외교 정책과 충돌하는 국가나 조직은, 미국채를 담보로 사용하는 순간 미국의 금융 제재망에 포섭될 위험이 있다.

반면, 비트코인은 발행 주체가 없고 중앙 통제가 불가능하다. 전 세계 어디서나 동일한 가격에 거래되며, 누구나 소유권과 거래 내역을 검증할 수 있다. 즉, 카운터파티 리스크가 존재하지 않는 '중립적 담보 자산'이다. 이 때문에 미국의 영향력을 의식하는 국가·기업·기관들은 헤어컷이 더 높더라도 비트코인 레포를 선호할 수 있다. 정치적 압력으로부터 자유롭고 담보 자산의 몰수 가능성이 사실상 없기 때문이다.

비트코인 매입의 무한 등비수열

비트코인을 담보로 달러 스테이블코인(USDT, USDC 등)을 빌리는 구조를 생각해보자. 이때 담보인정비율(대출가능비율, LTV)을 r이라고 하고 r=0.8이라면, 다음과 같이 계산된다.

> 1. 초기 담보 비트코인 가치 = A = 100
> 2. 대출 가능 금액 = A × r = 100 × 0.8 = 80
> 3. 이 80으로 비트코인 재매입 → 새 담보 = 80
> 4. 80을 다시 담보로 맡기면 80 × 0.8 = 64 대출 → 재매입
> 5. 이렇게 반복
>
> 이 구조는 무한 등비수열로 나타난다.
>
> $$\text{총 매입 가치} = A + Ar + Ar^2 + Ar^3 + \cdots = \frac{A}{1-r}$$
>
> 수치로 계산하면:
>
> $$\frac{100}{1-0.3} = \frac{100}{0.2} = 500$$
>
> *r = 대출가능비율(LTV, Loan-to-Value Ratio)

즉, 초기 100의 담보가 이론적으로는 500의 매입 효과를 낼 수 있다. 물론 실제 시장에서는 가격 변동성, 청산 리스크, 거래비용 때문에 무한 반복은 불가능하지만 원리는 전통 레포와 동일하다.

비트코인 레포는 전통 레포보다 국경의 제약이 없고 은행 승인이나 법원 절차 없이 스마트 계약으로 자동 실행된다. 24시간 365일 작동하며, 파산 시에도 소유권이 이미 이전되어 있으므로 담보 순위 분쟁이 없다. 여기에 정치·외교적으로 중립적인 담보라는 특성이 더해져 비트코인은 글로벌 크립토 금융의 최종 담보 자산으로 자리 잡을 가능성이 크다.

M·E·M·O